헌법은 밥이다 2

헌법은
밥이다 2

초판인쇄 2018년 5월 25일
초판발행 2018년 5월 25일

지은이 최진열
펴낸이 채종준
기 획 이강임
디자인 김정연
마케팅 송대호

펴낸곳 한국학술정보(주)
주소 경기도 파주시 회동길 230(문발동)
전화 031 908 3181(대표)
팩스 031 908 3189
홈페이지 http://ebook.kstudy.com
E-mail 출판사업부 publish@kstudy.com
등록 제일산—115호(2000. 6. 19)

ISBN 978-89-268-8440-9 03360

대한민국 국민이라면
반드시 알아야 할
헌법

최진열 지음

헌법
밥이다 2

다이내믹 코리아

2016년 하반기부터 2017년 상반기까지, '다이
내믹 코리아'라는 말에 걸맞게 정국은 빠르게 바뀌었다. 언론의 최순
실 국정농단 보도와 폭로, 촛불집회와 대통령 탄핵안의 국회 통과, 헌
법재판소의 탄핵 판결. 이 정국을 지켜보고 촛불집회에 참여하며 국
민주권을 행사한 한 사람으로서 감격을 느끼며 헌법을 다시 들여다
보기 시작했다. 이전과는 달리 단순한 호기심에서 시작한 헌법 읽기
는 분석이 되었다. 기본권과 의무, 경제와 관련된 조항, 지방자치와
관련된 조항을 1948년 헌법(헌법 제1호)부터 현행 헌법(헌법 제10
호)까지 변화 과정을 조사해봤다. 나중에는 권력구조, 즉 국회와 행정
부, 사법부, 기타 헌법기관, 헌법 개정에 관한 조항들도 마찬가지 작
업을 통해 비교해봤다. 그 결과물이 "헌법은 밥이다"라는 제목의 원
고였다. 분량이 많아 출판사의 권유로 개헌과 헌법으로 나누게 되었

다. 이 책은 헌법전문과 권력구조, 지방자치, 경제조항 등이 변하는 과정과 배경, 즉 정치 및 경제와 관련된 헌법 조항의 역사이다. 헌법으로 보는 한국현대사라고 할 수도 있다.

필자는 옛날 신문까지 뒤져보며 사실을 발굴하였다. 헌법학자들이 쓴 책이나 이를 참조한 헌법 대중서에서는 장면 정권 시기까지 지방자치가 제대로 시행되지 않았다고 쓰여있다. 그러나 동아일보와 경향신문을 검색한 결과 6·25 전쟁 중에도 제한적으로 지방의회 의원선거가 실시되었고, 지방자치단체장 선거도 실시되었다. 민주당 구파와 신파의 정쟁 때문에 유권자의 외면을 받았을 뿐 장면 정권 때에도 지방선거가 실시되었음을 확인하였다. 박정희 정권 때 헌법 조항이 바뀐 배경을 찾아보기 위해『프레이저 보고서』를 읽었다. 또 국무위원과 장관의 지위가 모순된 이유도 관련 조항의 변화 과정에서 확인할 수 있었다. 박정희가 쿠데타를 일으킨 후 만든 헌법(헌법 제6호)에서 사라진 국무원은 대통령의 독재를 막고 대통령을 비롯한 국무위원들의 합의를 존중하는 역할을 하던, 1919년 대한민국임시정부부터 존재하던 최고 행정기관이었다. 적어도 헌법에서는 그랬다. 헌법 제6호부터 국무원이 사라지고 국무회의는 의결기구가 아니라 심의기구로 격하되었다. 바꾸려면 꼼꼼히 바꿔야 하는데 국무원이 사라졌음에도 국무원의 우두머리인 국무총리의 '국무'는 그냥 두었다. 바뀐 헌법 조항에 국무위원이 권한을 가진 직책이 아니었음에도 관련 조항을 삭제하지 않았다. 또 중요한 국정 현안에 대통령뿐만 아니라 총리, 관계

장관이 서명하는 부서 조항도 헌법에까지 기록할 필요는 없었지만 그대로 두었다. 이런 조항은 개헌 때마다 용케 살아남았고 조항이 만들어진 이유를 모르면 해석조차 불가능한 조항이 되었다. 이처럼 헌법을 바꾸려면 현행 헌법의 문제점뿐만 아니라 해당 조항이 바뀌게 된 정치적·경제적 배경도 살펴봐야 한다. 이 책에서 헌법학 교과서나 대중적인 헌법에서 그다지 다루지 않은 헌법 조항의 변화 과정 및 대한민국의 정치, 경제사를 훑어보게 될 것이다.

필자는 한국 현대사 연구자도 헌법학자도 아니다 보니 사실이나 해석의 오류가 있을 수도 있다. 이런 오류를 줄이기 위해 헌법이나 한국 현대사 논문들을 읽어보았고, 옛날 신문들을 검색해보고 『프레이저 보고서』와 최근 연구성과를 반영하기도 했다. 그런데도 발생하는 오류는 모두 필자의 몫이다.

이 책은 촛불집회와 그 성과인 대통령 탄핵이 아니었으면 쓸 생각조차 못했을 것이다. 박근혜와 최순실을 향한 분노가 필자를 광화문으로 이끌었지만 두려움이 앞서기도 했다. 백남기 농민이 '민중의 지팡이'라 불리는 경찰이 쏜 물대포를 맞고 사경을 헤매다가 결국 사망했다. 나도 똑같은 처지가 되지 않을까? 경찰들이 민중의 '지팡이'로 촛불집회에 참여한 시민들을 구타하지 않을까? 다행히 박원순 서울시장은 경찰들이 물대포를 쏘지 못하도록 수돗물 사용을 막아 물대포를 원천적으로 봉쇄하였다. 그리고 촛불집회에 참석한 시민들을 위해 광화문 광장 주변의 화장실을 확보하는 등 질서유지와 '촛불시민'

들의 편의를 위해 지원을 아끼지 않았다. 그가 아니었으면 촛불집회는 성공하지 못 했을 것이다. 여야 국회의원들이 박근혜 전 대통령에게 2선 후퇴, 질서 있는 퇴진 등을 요구할 때 제일 먼저 탄핵을 주장한 김용민 시사평론가와 처음에 촛불 들기를 주저하던 '촛불시민'들에게 사이다 발언으로 용기를 준 이재명 성남시장, 심상정 정의당 대표(당시) 등 용기 있는 소수가 앞장서지 않았더라면 어떻게 되었을까? 어떤 국회의원의 말대로 '촛불이 바람에 꺼졌'을지도 모른다. 정유라의 불법 입학에 분노한 학생들, 박근혜, 최순실의 비리와 국정농단에 화가 난 시민들 등 이유는 다양하지만, 광화문을 비롯한 전국 각지의 촛불집회에 참여한 1,600여만 이상의 시민들에게도 이 지면을 빌려 감사의 뜻을 표한다.

원래 이 책을 출판하기 위해 한 출판사에 문의했으나 출판사 사정으로 무산되었다. 촉박한 시간에도 필자의 원고를 꼼꼼히 검토하고 흔쾌히 출판에 동의해준 이담북스 이강임 팀장 이하 직원들께도 사의를 표한다.

최진열

차
례

서문 다이내믹 코리아 · 4

Part 1
헌법이
말하는
대한민국의
정치

대한민국의 건국은 1919년? 1948년? · 13
민주주의와 자유민주주의 · 18
개헌 때마다 생기는 새로운 공화국? · 22
한반도의 유일한 합법정부와 통일의 모순 · 33
아~ 탄핵이여 · 47
대통령중심제와 의원내각제 · 78
국무원과 국무회의 · 90
대통령과 행정부가 무시하는 지방자치 · 115

Part 2
헌법이
말하는
대한민국의
경제

경제민주화 조항은 현행 헌법에 처음 생겼다? · 143
서울 사람은 농지를 살 수 있을까? · 153
자연자원은 누구의 것인가? · 159
국토개발과 토건 국가 · 164
국가는 공공기업과 사영기업을 소유할 수 있다? · 168
무역 통제에서 무역 육성으로 · 175
농업·어업·중소기업·소비자를 보호한다고? · 188
국민의 혈세, 세금 · 204
날림으로 처리되는 예산안 · 227

Part 3
우리가 만든 헌법,
그들이
지키지 않는
헌법

대통령부터 지키지 않는 헌법 · 247
사회적 특수계급을 묵인한 상속과 상속세 · 259
정교분리 원칙과 기독교의 정치 간섭 · 268
지켜지지 않는 국가의 의무 · 275
그들이 지키는 헌법 조항, 방치되는 기본권 · 283
정치인만을 위한 개헌론 · 289
개헌? 우리를 위한 헌법 조항부터 지키자 · 301

Part 4
헌법 조항들이
실현되는
사회를
꿈꾸며

헌법은 최고 규범이다 · 313
국민에서 시민으로 · 317
헌법을 가르치고 배우자 · 320
헌법을 읽기 쉽게 써달라고 요구하자 · 326
헌법 가치의 실현 · 329
시민이 참여하는 개헌 · 337

Part 1

헌법이
말하는
대한민국의
정치

대한민국의 건국은 1919년? 1948년?

1987년 이후 정권이 바뀔 때마다 "역사 바로세우기"를 벌이며 정부의 한국 현대사는 너무나 자주 바뀌고 있다. 특히 이명박 정권과 박근혜 정권은 현행 헌법에 명시된 대한민국임시정부의 법통 계승을 부정하고 1948년 8월 15일에 "대한민국이 건국되었다"며 광복절을 없애고 건국절을 만들자고 주장하였다. 말장난일 수 있으나 이미 '개천절'이라는 건국절이 있다. 그러니 건국절을 만들면 두 개의 건국절이 존재한다. 박근혜 정권은 아예 자기 입맛에 맞는 국정교과서를 만들어 배포하려고 했다. 그러나 그들이 '국부'로 받드는 이승만은 1948년 8월 15일을 어떻게 생각했을까? 먼저 1948년 헌법전문을 살펴보자.

유구한 역사와 전통에 빛나는 우리들 대한국민은 기미 삼일운동으로 대한민국을 건립하여 세계에 선포한 위대한 독립정신을 계승하여 이제 민주독립국가를 재건함에 있어서 정의 인도와 동포애로써 민족의 단결을 공고히 하며 모든 사회적 폐습을 타파하고 민주주의제제도를 수립하여 정치, 경제, 사회, 문화의 모든 영역에 있어서 각인의 기회를 균등히 하고 능력을 최고도로 발휘케 하며 각인의 책임과 의무를 완수케 하여 안으로는 국민생활의 균등한 향상을 기하고 밖으로는 항구적인 국제평화의 유지에 노력하여 우리들과 우리들의 자손의 안전과 자유와 행복을 영원히 확보할 것을 결의하고 우리들의 정당 또 자유로이 선거된 대표로써 구성된 국회에서 단기 4281년 7월 12일 이 헌법을 제정한다.

위의 헌법전문은 1948년부터 1961년까지 약 14년 동안 5개의 헌법(헌법 1~5호)에 실려 있던 헌법전문이다. 이승만 정권과 장면 정권의 잦은 개헌에도 살아남았다. 위의 헌법전문에는 기미년에 대한민국을 건국했다고 기록되어 있다. 기미년은 1919년이다. 즉 제1공화국과 제2공화국 당시 헌법에는 대한민국이 1919년에 건국되었다고 명시하였다. 이를 존중하여 학계의 다수설을 반영한 중고등학교 교과서와 대부분의 한국사 개설서에도 1948년에 대한민국 정부가 수립되었다고 명시되어 있다. 1948년에 정부가 '건국'된 것이 아니라 '수립'되었다고 쓰는 이유는 이미 그 전에 건국되었다는 뜻을 담고 있기 때문이다. 1948년 헌법전문에서 밝힌 것처럼 대한민국의 건국은 1919년이기 때문이다.

반면 뉴라이트 단체는 1948년에 대한민국이 건국되었다고 주장한다. 이는 1919년 3·1운동 이후 상해에서 수립된 대한민국, 정확히 말하면 대한민국임시정부를 인정하지 않겠다는 뜻이다. 이들의 주장에 따르면 대한민국은 1945년 일제를 항복시킨 미국의 도움을 받아 1948년 건국되었다는 것이다. 1948년에 정부를 수립했든, 건국했든 별 차이가 없고 중요하지 않다고 생각하는 사람들도 있을 것이다. 그러나 이들의 주장대로 1948년에 대한민국이 건국되었다면 현실에서 어떤 일이 일어날까? 1945년 해방의 주체는 미국이므로 국내와 해외에서 벌인 독립운동이 법적으로 무의미해진다. 독립은 독립운동자의 피와 땀이 아닌 미국의 시혜 덕분이니 지금도 푸대접을 당하는 독립운동 유공자들과 그 후손들은 그나마 받고 있는 쥐꼬리만큼의 연금이나 혜택을 받지 못하게 될 것이다. 반면 1948년 '건국'에 기여한 대다수 친일파의 후손들이 건국 유공자가 되어 연금과 보상금, 가산점(교사나 공무원 시험 국가유공자 가산점) 혜택 등을 받을 것이다. 단순히 교과서 내용만 바뀌는 게 아니라 국가유공자가 대폭 바뀌게 되고 친일파가 법적으로 면죄부를 받게 될 것이다.

이승만은 대한민국이 1919년에 건국되었다고 생각하였다. 1919년 상해 대한민국임시정부의 초대 대통령이었던 이승만은 1948년 국회의장으로 헌법 제정을 주관하면서 대한민국 건국을 1919년으로 고쳤다. 또 원래 유진오가 만든 헌법 초안에 있는 "3·1혁명의 위대한 독립정신을 계승하여"라는 구절을 "기미 삼일운동으로 대한민국을 건립하여"로 바꿔야 한다고 주장하였다. 당시 헌법안 검토에 참여한 서상일 의원과 조봉암 의원은 대한민국임시정부 법통 계승에 반대하고 새로운 국가의 건국을 주장하였다. 이승만은 이러한 반대에도 "기미 3월 1일에 우리 13도 대표들이 서울에 모여서 국민대회를 열고 대한독립민주국임을 세계에 공포하고 임시정부를 건설하여 민주주의의 기초를 세운 것"이라고 말하며, 결국 자기 주장을 관철시켰다.[1] 그리고 1919년처럼 대통령제를 어거지로 욱여넣어 1948년에 다시 대통령에 취임한 이승만은 쫓겨날 때까지 대한민국의 건국을 1919년으로 생각했다. 이승만은 자신이 취임하던 1948년을 "대한민국 30년"이라고 칭하였다. 같은 해 처음 발행된 대한민국 관보 1호의 발행일을 "대한민국 30년 9월 1일"이라고 적었다. 이는 1919년을 '대한민국 1년'으로 보았기 때문에 1948년이 '대한민국 30년'이 된다. 즉, 상해임시정부는 임시정부가 아니라 대한민국이었다.

대한민국의 건국 연도만큼이나 대한민국이란 국호를 결정할 때 우여곡절이 있었다. 사실 우리나라를 지칭하는 국호는 조선(고조선, 이씨조선), 고려(고구려, 고려), 한(삼한, 대한제국, 대한민국(임시정부), 한국) 등이 있었다. 1948년 헌법을 제정할 때 국회에서 이 세 단어를 포함해 대한민국, 고려공화국, 조선공화국 등의 국호가 제시되었다. 열띤 토론을 거쳐 투표를 통해 국호가 결정되었다. 대한민국 17표, 고려공화국 7표, 조선공화국이 2표를 얻었다.[2] 상해임시정부가 사용했던 '대한민국'이라는 국호는 투표를 통해 1948년 이후에도 계

1) 심용환,『헌법의 상상력-어느 민주공화국의 역사-』, 사계절, 2017, 55~56쪽.
2) 김진배,『두 얼굴의 헌법-결정적 순간, 헌법 탄생 리얼 다큐-』, 폴리티쿠스, 2013. 73쪽.

속 사용되었다. 만약 '대한민국'이 아닌 다른 국호가 채택되었으면 대한민국임시정부의 법통이 계승될 수 있었을까? 국호로 봐도 현재의 대한민국은 1919년에 세워진 것이다(반면 북한은 '조선'을 택해 국호를 '조선민주주의인민공화국'으로 정했다).

뉴라이트 단체가 "국부(나라의 아버지)"로 추앙하는 이승만은 스스로 1948년에 건국된 대통령이 아니라 1919년 건국된 대통령이자 1948년 재건된 나라의 대통령이라고 자임했다. 따라서 1948년 헌법을 무시하고 건국절 타령하는 것은 역사뿐만 아니라 헌법을 무시, 아니 유린하는 행위다. 뉴라이트 단체는 그들이 숭앙하는 이승만의 역사관도 존중해야 하지 않을까?

헌법전문은 단순한 선언문이 아니라 헌법재판소의 판결 근거로도 사용된다. 헌법재판소는 현행 헌법의 전문에 명시된 "대한민국임시정부의 법통 계승"이라는 문구를 근거로 국가는 독립유공자와 그 유족에 대하여 응분의 예우를 할 헌법적 의무가 있다고 밝혔다(헌재결 2005.6.30. 2004.헌마859). 이처럼 대한민국임시정부의 법통 계승이라는 문구가 독립운동가의 후손들이 국가유공자로 대우받아야 하는 헌법적 근거가 되었다. 그래서 헌법전문이 중요하다. 문재인 대통령이 3월에 개헌안을 내놓기 전에 민주당 헌법전문의 '자유민주주의'를 '민주주의'로 바꾸고 부마항쟁과 촛불집회를 집어 넣는다고 하자 수구정당들이 반대한 것도 헌법전문의 법적 효력 때문이다. 이를 알기 때문에 이미 가질 것은 다 가진 친일파의 후손들은 헌법전문과 역사를 바꾸어 부끄러운 조상들의 과거를 '명예'로 세탁하려고 시도하고 있다. 그나마 다행인 것은 문재인 대통령이 취임하고 1948년을 건국으로 기록한 국정교과서가 학교에 반포되는 것을 금지하는 명령이 내려진 것이다. 사람들은 처음에 듣거나 보고 배운 것을 진리 혹은 진실이라고 생각한다. 그러니 뉴라이트 등 수구세력이 어린 학생들에게 자신들의 이데올로기를 주입하려고 교과서를 왜곡하여 배포하려고 한 것이다. 더 이상 어린 학생들에게 잘못된 역사를 가르치지 않아도 되니 다행이다.

민주주의와
자유민주주의

현행 헌법전문에는 "자유민주적 기본질서를 더욱 확고히 하여"라는 구절이 있다. 제4조의 평화통일 조항에도 "자유민주적 기본질서에 입각한 평화적 통일정책을 수립하고 추진하다"라는 문장이 있다. 여기서 '자유민주적 기본질서' 혹은 자유민주주의라는 용어가 사용되었다. 독일 연방 헌법재판소의 유권해석에 따르면 '자유민주적 기본질서'는 기본권 보장, 국민주권, 권력분립, 정당 활동의 자유, 사법부의 독립 등을 그 내용으로 한다.[3] 자유민주주의는

---

3) 독일 연방 헌법재판소의 사회주의 제국당(SRP: 1949년에 설립된 네오나치당) 위헌판결

영어 '리버럴 데모크라시(liberal democracy)'를 번역한 용어이며, 자유주의적 질서를 토대로 대통령, 국회의원과 같이 선출된 공무원들이 국민을 대신해서 의사 결정을 하는 대의제 민주주의를 뜻한다. 국제인권기구인 프리덤 하우스(Freedom house)도 자유민주주의를 "자유권 보호와 선거를 통한 민주주의"로 규정하고 있다. 그러나 한국의 보수, 즉 수구세력이 주장하는 자유민주주의는 반공을 명분 삼아 인권과 민주주의를 탄압하고 독재를 옹호하는 반공 이데올로기였다.[4] 또 한국에서 수구세력은 자유민주주의의 이름으로 사상의 자유를 억압하거나 무시했을뿐만 아니라 경제적 평등 정책이나 재분배 정책을 사회주의적 정책이라고 매도하였다.[5]

또 '자유민주적 기본질서' 혹은 자유민주주의는 유신헌법 때 처음 사용된 용어였다. 1948년 헌법에서는 "자유민주적 기본질서"가 아니라 "민주주의 제(諸)제도를 수립하여"라고 표기하였다. 박정희 정권과 유신체제에 비판적일수록 자유민주주의와 민주주의의 뜻이 다르고 '자유민주주의'라는 용어가 국민을 억압했던 유신헌법에서 처음 삽입되었다는 이유를 들며 '민주주의'로 바꿔야 한다고 주장한다.[6]

(1952.10.23.); 홍성방, 헌법학(상), 박영사, 2010, 109~110쪽.
4) 김동택, 「한국사회와 민주변혁론: 1950년대에서 1980년대까지」, 한국정치연구회 사상분과 편, 『현대민주주의론Ⅱ』, 창작과비평사, 1992, 481쪽; 박광주, 『한국 권위주의국가론-지도자본주의체제 하의 집정관적 신중상주의 국가~』, 인간사랑, 1992, 340쪽; 한상희, 「민주화시대의 헌법」, 함께하는 시민행동 엮음, 『헌법 다시 보기』, 창비, 2007, 95~96쪽; 조유진, 『헌법 사용 설명서-공화국 시민, 헌법으로 무장하라~』, 이학사, 2012, 73~75쪽.
5) 김동훈, 『한국 헌법과 공화주의』, 서울대학교 박사학위논문, 2010.
6) 박명림, 「헌법개혁과 한국 민주주의-무엇을, 왜, 어떻게 바꿀 것인가~」, 『헌법 다시 보기』, 85쪽.

또 헌법전문의 '민주주의'가 '자유민주주의'로 바뀌면서 1948년 헌법에서 지향한 경제체제를 좌파의 경제체제로 비판할 수 있다. 이에 대해 오승철은 다음과 같이 말했다.

"제헌헌법은 시장경제를 기본으로 삼지 않았으며, 오히려 국가의 통제가 개인의 경제적 자유에 우선함을 분명히 선언하였다. 이 규정은 제2공화국 헌법에서도 글자 하나 바꾸지 않고 이어졌다. 그렇다면 제헌헌법과 제2공화국 헌법은 자유민주적 기본질서에 반하는 헌법이라고 할 것인가?"[7]

이 주장처럼 자유민주주의를 강조하면서 경제적 평등과 분배를 부정하면, 박정희 정권 이전에 존재했던 이승만 정권과 장면 정권, 1~5호 헌법정신을 부정하게 된다.

게다가 역사학에서 이해하는 '자유민주주의'는 자유주의와 민주주의의 합성어이다. 18세기 계몽주의 시대부터 자유주의와 민주주의는 대립하는 용어이자 정치적 사상이었다. 자유민주주의는 당시 자유주의와 민주주의의 타협으로 생긴 산물이지만, 강조점은 자유주의에 있다. 자유주의는 정부 개입을 최소화하고 경제활동의 자유를 최대한 보장하는 이념이다. 따라서 돈을 많이 벌 자유를 강조하는 자유주의는 당시 지배층이 선호하는 이데올로기였다. 그러니 평등을 강조하는

---

7) 오승철, 「자유민주적 기본질서, 그 베일을 벗겨라」, 『한겨레신문』, 2011. 12. 1.

민주주의와 대립하는 정치사조일 수밖에 없다. 게다가 IMF 이후 비정규직 확대와 쉬운 정리해고, 빈부격차 심화를 야기한 신자유주의의 조상이다.[8]

이처럼 학자들은 '자유민주주의'라는 용어에 부정적일 뿐만 아니라 거부감이 심하다. 이러한 상황에서 교육과학기술부는 2011년 역사교육과정을 고시하면서 2009년에 역사교육과정에서 '민주주의'로 기술된 부분을 모두 '자유민주주의'로 변경했다. 이에 학자들은 단호하고 신속하게 대응하였다. 자유민주주의가 자유를 억압하고 민주주의를 탄압하는 독재와 반공 이데올로기로 사용되었음을 알고 있었기 때문에 11개 역사학회가 '교과부 고시는 절차와 내용 면에서 모두 문제가 있다'는 공동성명을 발표할 정도였다.[9]

일반 국민에게 '자유민주주의'와 '민주주의'는 별 차이가 없어 보일지도 모른다. 중·고등학교 교과서와 언론보도에서 늘 들어왔던 개념이기 때문이다. 심지어 법대생들이 읽는 헌법학 교과서에도 등장하니 말이다. 그러나 학문적 정의가 불분명한 개념일 뿐만 아니라 국내에 들어온 후 악용된 '자유민주주의'라는 용어는 개헌 후에 1948년 헌법전문에서 사용되었던 '민주주의'로 바꾸어야 할지 진지하게 고

---

8) 조유진, 『헌법 사용 설명서』, 76쪽.
9) 한국사교과서집필자협의회·역사교육연구회·한국역사교육학회·한국역사연구회·민족문제연구소·아시아평화와역사연구소·역사교육연구소·역사문제연구소·역사학연구소·전국역사교사모임,「민주주의를 무시하고 졸속 교과서를 강요하는 교육과정 고시를 철회하라!-2011년 개정 교육과정 고시를 철회해야 하는 다섯 가지 이유-」(2011년 개정 교육과정 고시 철회를 요구하는 역사학계, 역사교육계 성명서), 2011. 8. 31.

민할 필요가 있다. 자유민주주의라는 용어를 민주주의로 바꾸어야 한다는 주장에 이념공세를 펴는 '자유'한국당의 반발을 의식했기 때문인지 2018년 3월 대통령이 제안한 개헌안에는 '자유민주주의'와 '자유민주적 질서'라는 표현을 바꾸지 않았다. 본격적인 개헌이 논의될 때 뜨거운 감자가 될 것이다.

개헌 때마다 생기는
새로운 공화국?

1948년부터 헌법전문은 대한민국의 정체성을 규정하였다. 이후 헌법전문은 4차례 바뀌었다. 헌법이 9번 바뀌는 동안 전문이 4번밖에 안 바뀌었으면 준수한 편이다. 아래에서 개정된 헌법전문을 비교하기 위해 표를 만들었다.

구분	전문 내용
헌법 1~5호	유구한 역사와 전통에 빛나는 우리들 대한국민은 기미 삼일운동으로 대한민국을 건립하여 세계에 선포한 위대한 독립정신을 계승하여 이제 민주독립국가를 재건함에 있어서 정의인도와 동포애로써 민족의 단결을 공고히 하며 모든 사회적 폐습을 타파하고 민주주의제제도를 수립하여 정치, 경제, 사회, 문화의 모든 영역에 있어서 각인의 기회를 균등히 하고 능력을 최고도로 발휘케 하며 각인의 책임과 의무를 완수케하여 안으로는 국민생활의 균등한 향상을 기하고 밖으로는 항구적인 국제평화의 유지에 노력하여 우리들과 우리들의 자손의 안전과 자유와 행복을 영원히 확보할 것을 결의하고 우리들의 정당 또 자유로이 선거된 대표로써 구성된 국회에서 단기 4281년 7월 12일 이 헌법을 제정한다.

헌법 6~7호	유구한 역사와 전통에 빛나는 우리 대한국민은 3·1운동의 숭고한 독립 정신을 계승하고 4·19의거와 5·16혁명의 이념에 입각하여 새로운 민 주공화국을 건설함에 있어서, 정의·인도와 동포애로써 민족의 단결을 공고히 하며 모든 사회적 폐습을 타파하고 민주주의제제도를 확립하여 정치·경제·사회·문화의 모든 영역에 있어서 각인의 기회를 균등히하 고 의무를 완수하게 하여, 안으로는 국민생활의 균등한 향상을 기하고 밖으로는 항구적인 세계평화에 이바지함으로써 우리들과 우리들의 자손 의 안전과 자유와 행복을 영원히 확보할 것을 다짐하여, 1948년 7월 12 일에 제정된 헌법을 이제 국민투표에 의하여 개정한다.
헌법 8호	유구한 역사와 전통에 빛나는 우리 대한국민은 3·1운동의 숭고한 독립 정신과 4·19의거 및 5·16혁명의 이념을 계승하고 조국의 평화적 통일 의 역사적 사명에 입각하여 자유민주적 기본질서를 더욱 공고히 하는 새 로운 민주공화국을 건설함에 있어서, 정치·경제·사회·문화의 모든 영 역에 있어서 각인의 기회를 균등히 하고 능력을 최고도로 발휘하게 하 며 책임과 의무를 완수하게 하여, 안으로는 국민생활의 균등한 향상을 기 하고 밖으로는 항구적인 세계평화에 이바지함으로써 우리들과 우리들의 자손의 안전과 자유와 행복을 영원히 확보할 것을 다짐하면서, 1948년 7 월 12일에 제정되고 1962년 12월 26일에 개정된 헌법을 이제 국민투표 에 의하여 개정한다.
헌법 9호	유구한 민족사, 빛나는 문화, 그리고 평화애호의 전통을 자랑하는 우리 대한국민은 3·1운동의 숭고한 독립정신을 계승하고 조국의 평화적 통 일과 민족중흥의 역사적 사명에 입각한 제5민주공화국의 출발에 즈음하 여 정의·인도와 동포애로써 민족의 단결을 공고히 하고, 모든 사회적 폐 습과 불의를 타파하며, 자유민주적 기본질서를 더욱 확고히 하여 정치· 경제·사회·문화의 모든 영역에 있어서 각인의 기회를 균등히 하고, 능력 을 최고도로 발휘하게 하며, 자유와 권리에 따르는 책임과 의무를 완수하 게 하여, 안으로는 국민생활의 균등한 향상을 기하고 밖으로는 항구적인 세계평화와 인류공영에 이바지함으로써 우리들과 우리들의 자손의 안전 과 자유와 행복을 영원히 확보하는 새로운 역사를 창조할 것을 다짐하면 서 1948년 7월 12일에 제정되고 1960년 6월 15일, 1962년 12월 26일과 1972년 12월 27일에 개정된 헌법을 이제 국민투표에 의하여 개정한다.
헌법 10호	유구한 역사와 전통에 빛나는 우리 대한국민은 3·1운동으로 건립된 대 한민국임시정부의 법통과 불의에 항거한 4·19민주이념을 계승하고, 조 국의 민주개혁과 평화적 통일의 사명에 입각하여 정의·인도와 동포애 로써 민족의 단결을 공고히 하고, 모든 사회적 폐습과 불의를 타파하며, 자율과 조화를 바탕으로 자유민주적 기본질서를 더욱 확고히 하여 정 치·경제·사회·문화의 모든 영역에 있어서 각인의 기회를 균등히 하고,

> 능력을 최고도로 발휘하게 하며, 자유와 권리에 따르는 책임과 의무를 완
> 수하게 하여, 안으로는 국민생활의 균등한 향상을 기하고 밖으로는 항구
> 적인 세계평화와 인류공영에 이바지함으로써 우리들과 우리들의 자손의
> 안전과 자유와 행복을 영원히 확보할 것을 다짐하면서 1948년 7월 12일
> 에 제정되고 8차에 걸쳐 개정된 헌법을 이제 국회의 의결을 거쳐 국민투
> 표에 의하여 개정한다.

　이승만 정권을 제1공화국, 장면 정권을 제2공화국, 유신 이전의 박
정희 정권을 제3공화국, 유신 이후를 제4공화국, 전두환 정권을 제5
공화국, 노태우 정권 이후를 제6공화국이라고 호칭한다. 사람에 따라
제6공화국이라는 단어는 쓰지 않기도 한다. 이런 표기는 프랑스에서
따왔다고 한다. 프랑스는 대혁명 이후 입헌군주정, 공화정, 제정(황제
정), 왕정 등 정치체제가 너무 자주 바뀌었다. 그러니 숫자를 붙여 '제
1공화정', '제5공화정'으로 구분할 필요가 있었다. 종신대통령을 꿈꾸
던 독재자가 두 명 있었지만, 왕정이나 제정으로 바뀌지 않았던 이 나
라에서 왜 숫자를 붙여 구별하는지 잘 모르겠다.

　이와 별도로 헌법전문을 읽어보면 각 정권이 대한민국의 역사를
어떻게 보고 있는지 파악할 수 있다.

　앞의 표에서 확인할 수 있는 것처럼 1948년에 만든 헌법의 전문
은 박정희가 5·16 쿠데타를 일으켜 헌법 제6호를 만든 1962년(시행
은 그다음 해)까지 바뀌지 않았다. 장면 정권까지 4차례나 헌법을 고
쳤지만, 전문만은 바꾸지 않았다. 4·19혁명 덕분에 권력을 장악했으
므로 4·19혁명을 언급할 만한데 전문에 전혀 언급하지 않았다. 그리

고 이후의 헌법과 달리 대통령중심제를 의원내각제로 바꾸었지만, 헌법을 "일부개정"했다고 기록하였다. 이후의 정권들이 일부 조항만 바꾸었는데도 "전부개정"이라고 기록한 비양심적인 태도와 다르다. 헌법 제2~5호는 1948년 헌법 조항의 문구 혹은 조항 전체를 수정하거나 조항을 새로 만들었으면 "개정 1960.6.15." 혹은 "본조신설 1954.11.29."의 문구를 해당 조문 끝에 달았다. 이 날짜를 보면 어떤 구절이 바뀌었거나 새로 생겼음을 알 수 있다. 그러나 박정희 정권이 3선 개헌을 위해 고친 헌법 제7호를 제외하면 헌법 제6호와 헌법 제8호~10호에서 이런 표기는 존재하지 않는다. 예외가 있다면 헌법 제7호는 바뀐 조항 끝에 "개정 1969.10.21."이라고 표기하여 헌법 제6호의 "일부개정"임을 밝혔다. 요컨대 장면 정권은 전문을 전혀 고치지 않고, 정치체제와 기본권 조항을 근본적으로 바꾸었음에도 "일부개정"이라 하였으며 바뀐 헌법 조항에 개정과 신설한 연도와 날짜를 적었다. 이는 헌법상 이승만 정권과 장면 정권은 모두 같은 공화국에 있었다는 의식 때문일 것이다. 혹은 헌법전문은 함부로 바꿔서는 안 된다는 공감대 때문일지도 모르겠다. 장면 정권 시절 신문들을 보면 이미 이승만 정권을 제1공화국, 장면 정권을 제2공화국이라고 호칭하였다. 이것은 언론과 일반인들의 구별법이었을 뿐 적어도 헌법상의 구별은 아니었다.

　5·16 쿠데타로 집권한 박정희 정권이 만든 헌법 제6호는 새로운 형식을 취하였다. 4차례의 개헌을 통해 5차까지 이어진 헌법에서 전

문을 그대로 둔 것과 달리 전문을 완전히 뜯어고쳤고, "일부개정"이 아닌 "전부개정"이라고 표기하였다. 바뀐 전문을 보면, "유구한 역사와 전통에 빛나는 우리 대한국민은 3·1운동의 숭고한 독립정신을 계승하고 4·19의거와 5·16혁명의 이념에 입각하여 새로운 민주공화국을 건설함에 있어서"라고 하여 새로운 민주공화국 건설을 표명하였다. 박정희와 쿠데타 세력은 1919년에 건국되고 1948년에 재건된 '대한민국'을 부정하고 새로운 '민주'공화국을 세운다는 의식을 분명히 한 것이다. 쿠데타에 참여한 다른 군인들은 모르겠으나, 독립운동가를 때려잡는 데 앞장섰던 만주국 장교 다카키 마사오(박정희의 창씨개명 이름)에게는 대한민국임시정부와 독립운동가는 부정의 대상이었다. 만주군관학교 동창생들은 "박정희는 온종일 같이 있어도 말 한마디 없는 과묵한 성격이었다. 그런데 조센징을 토벌하라는 명령만 떨어지면 그렇게 말이 없던 자가 갑자기 요오시(좋다)! 토벌이다! 하고 벽력같이 고함을 치곤 했다. 그래서 우리 일본 생도들은 '저거 돌은 놈 아닌가?' 하고 쑥덕거렸던 기억이 난다"라고 증언했을 정도였다. 뼛속까지 일본인이 되고자 했던 박정희는 다카키 마사오라는 이름이 조선인 티가 난다고 하여 오카모토 미노루라고 다시 개명했다는 이야기도 전해진다. 일본 정치인들은 두 차례 "만세"를 불렀다고 한다. 6·25 전쟁이 터졌을 때가 첫 번째이고, 박정희가 쿠데타를 일으켜 정권을 잡았을 때가 두 번째였다(박정희의 딸 박근혜가 종군위안부 문제를 겨우 10억 원에 합의해줬을 때 세 번째 만세를 불렀을

지도 모를 일이다). 독립군 토벌에 앞장섰던 박정희의 이력을 보면, 대한민국임시정부와 독립군을 부정하고 싶은 심리가 강했을 것이다. 따라서 자신이 무너뜨린 정부가 1919년부터 이어진 나라임을 부정하고 흔적을 지워야 했을 것이다. 그래서 그때까지 사용하던 단기와 건국연호를 없애고 서기(서력기원)를 사용하였다. 시간도 일본 표준시에 맞췄다. 본래 한국의 표준시는 일본보다 30분 늦었고 중국보다 30분 빨랐다. 서기는 미국과 유럽에서 사용되므로 세계화 추세에 맞추는 것이지만, 특히 건국연호를 없애면 대한민국이 1919년에 세워진 것을 교묘하게 감출 수 있었다.

또 헌법 제6호의 마지막 구절에 "1948년 7월 12일에 제정된 헌법을 이제 국민투표에 의하여 개정한다"라고 하여 1948년 헌법을 개정하였다고 밝혔지만, 헌법 제2~5호와 다른 표기 방식을 취하였다. 2~4차 개헌으로 탄생한 헌법 제2~5호에서는 개헌을 했음에도 불구하고 헌법을 개정한 연도를 전문에 표기하지 않았다. 그러나 헌법 제6호에서는 1948년 헌법을 마치 처음으로 개정하는 것처럼 기록하였다. 유신헌법의 전문에도 "1948년 7월 12일에 제정되고 1962년 12월 26일에 개정된 헌법을 이제 국민투표에 의하여 개정한다"라고 하여 유신헌법이 세 번째 개정이라고 기술하였다. 이 부분을 제외하면 헌법전문은 유사하다. 박정희 정권의 헌법을 보면 대한민국은 박정희 정권과 그 이전의 시기로 양분된다. 유신헌법을 "일부개정"이 아닌 "전부개정"이라 했으니, 박정희 정권도 유신 이전과 유신 이후의 둘로 나뉜 세 개의 시기로도 볼 수 있다.

이후 정권이 바뀌고 헌법을 개정할 때마다 일부 조항을 수정했음에도 불구하고 5공 헌법(헌법 제9호)과 현행 헌법(헌법 제10호)은 모두 "전부개정"이라고 표기하였다. 따라서 조항 뒤에 "개정 연월일" 혹은 "본조신설 연월일" 표기를 하지 않았다. 전두환 정권이 만든 헌법 제9호 전문에서는 "1948년 7월 12일에 제정되고 1960년 6월 15일, 1962년 12월 26일과 1972년 12월 27일에 개정된 헌법을 이제 국민투표에 의하여 개정한다"라고 기록하였다. 이 헌법 제9호 전문에 따르면 대한민국은 모두 4차례 개헌한 셈이다. 그리고 1~5공화국의 수와 같다. 1948년, 1960년, 1962년, 1972년과 현재(1980년)라는 다섯 개의 연도는 1~5공화국의 시작연대다. 박정희 정권은 유신헌법을 만들며 헌법에 "전부개정"이라고 표기했지만, 제4공화국을 표방하지 않았다고 한다. 숫자 4의 한자 발음 '사(四)'가 죽을 '사(死)'와 음이 같았기 때문이다. 현재 한국에서 '4층'을 'F'로 표기하는 건물이 많은 것과 같은 이치이다. 이것은 전두환 정권도 마찬가지였다. 자신의 정권이 '제4공화국'으로 불리는 것을 원하지 않았기 때문에 박정희 정권의 유신시대를 떼어 별도의 공화국으로 만들고 '제4공화국'으로 부르도록 했다는 것이다. 그래서일까? 헌법 제9호의 전문에는 "제5민주공화국의 출발에 즈음하여"라는 구절을 추가했다. 자신의 정권이 제5공화국이라고 명명하고 헌법에 못 박은 것이다.

여기서 '제5공화국'이 아닌 '제5'민주'공화국'이라는 표현이 서글

프다. 1979년 박정희 암살 이후 김재규를 수사하기 위해 전면에 부상한 당시 보안사령관 전두환은 전횡을 일삼다가 정승화 육참총장의 눈 밖에 나서 동해경비사령관으로 좌천된다는 소식을 듣게 된다. 이에 12·12 사태를 일으켜 정승화 육참총장과 정병주 특전사령관, 장태완 수도경비사령관 등을 체포하였다. 또한 헌법 제9호가 만들어지기 5개월 훨씬 전인 1980년 5월 18일 광주 민주화운동을 진압하기 위해 특전사 등을 동원하여 광주시민들을 대량학살하였다. 최근 언론보도를 보면, 이때 아파치 헬기(공격용 헬기)가 동원되어 공중에서 광주시민들을 무차별 사격했다고 한다.[10] 국방부 특별조사위원회(특조위 위원장 이건리 변호사)는 2018년 2월 7일 조사결과를 발표하며 사실임을 인정하였다. 이것은 처음부터 "반란 진압"이 목적이 아니라 대량 살육이 목적이었음을 보여준다. 전두환은 최규하의 뒤를 이어 8월 27일 통일주체국민회의에서 대통령으로 선출되었다. 민주적인 과정과 상관없이 총칼로 권력을 잡고 국회의 표결 없이 헌법을 바꾸고 자신의 정권을 공화국이 아닌 '민주'공화국이라 칭한 것을 보면 헛웃음만 나올 뿐이다.

그나마 전두환 정권은 '5·16혁명'을 헌법전문에서 삭제하였다. 이 쿠데타가 전두환이 출세하는 첫걸음이 되었음에도 삭제한 것은 의외

---

10) 정회성 기자, 「5·18 헬기사격은 광주가 외롭게 저항했던 27일 새벽 이뤄졌다」, 『연합뉴스』, 2017.5. 15.

다. 박정희가 쿠데타를 일으켰을 때 육군사관학교 생도를 동원해 쿠데타 지지 퍼레이드를 벌여 박정희의 총애를 받아 출세 가도를 달리기 시작한 전두환은 군사혁명위원회 민원담당비서관, 국가재건최고회의 의장실 비서관을 역임하였다. 처음에 쿠데타에 참여하지 않았지만, 박정희에게 잘 보여 쿠데타의 중추 조직에서 일한 것이다. 이후 박정희 정권에서 승진을 거듭하여 제1공수특전여단 여단장, 대통령 경호실 작전차장보 등 요직을 거쳤다. 박정희 정권 말기에는 차지철과 함께 실세로 군림하였고, 박정희가 살해된 1979년에는 보안사령관에 취임하였다. 한마디로 박정희 정권 때 호사를 누렸지만, 대통령이 된 후 '주군'을 배신하고 박정희 정권과 선 긋기에 나선 것이다. 헌법전문에서 '5·16혁명'을 삭제한 것은 이를 상징한다.

현행 헌법은 박정희 정권과 전두환 정권이 부정하고 언급조차 하지 않은 대한민국임시정부의 법통을 계승한다고 명시하였다. 1948년 헌법에서는 대한민국임시정부와 현 정부가 동일한 것이고 현 정부는 재건되었다는 표현과 비교하면 후퇴하였다. 그러나 여전히 전두환과 5·17 쿠데타 세력이 권력을 장악했던 1987년 당시 대한민국임시정부의 법통을 계승한다는 구절이 새로 추가되었다는 것 자체가 기적이 아닐까?

현행 헌법에서는 "1948년 7월 12일에 제정되고 8차에 걸쳐 개정된 헌법을 이제 국회의 의결을 거쳐 국민투표에 의하여 개정한다"라고 기록하여 지금까지 개정되었던 횟수를 정확히 기록하였다. 그러나 일부 조항을 빼거나 추가하거나, 심지어 몇몇 글자만 바꾸었음에도 "전부개정"으로 표기하는 모순을 범하였다.

한편 수구세력이 국정교과서를 부활시켜 박정희를 찬양하는 논리는 이해가 된다. 지금은 효력이 정지되었지만, 박정희 정권을 지탱한 헌법 제6~8호에서는 '5·16혁명' 이후 '새로운 공화국'을 세운다고 헌법전문에 명시했기 때문에 헌법 제6호 제정 이후 대통령선거에서 당선되어 '새로운 공화국'의 초대 대통령이라는 논리가 성립한다. 수구세력과 뉴라이트가 이승만과 박정희 두 사람만이 대한민국 대통령인 것처럼 우상화하고 찬양을 시도하는 것은 헌법 제6~8호 전문의 논리에 따른 것이다. 이미 과거의 유물인 옛 헌법상의 논리에 따르면 그들의 주장은 옳을 수 있다. 그러나 현행 헌법은 헌법 제10호이고 '새로운 공화국'은 인정하지 않았다.

헌법전문이 바뀌는 과정을 통해 대한민국의 정체성을 살펴보았다. 박정희 정권이 처음으로 헌법전문을 고친 이후, 역대 정권마다 헌법전문을 바꾸었다는 사실이 서글프다. 모두 정권을 잡으면 자기 정권이 새로운 정권이고 잘났다고 주장한다. 그래서 전 정권의 정부 조직을 바꾸고 정책을 폐기한다. 이명박은 비서실장을 대통령실장으로 바꾸고 2015년 출간된 자기의 회고록 제목을 '대통령의 시간'이라고 붙일 정도로 '대통령'이란 호칭에 집착했다. 문제는 자기만 대통령이니 전직 대통령은 눈에 들어오지도 않았다. 그래서 NBR(Nothing But Rhoe) 정책을 추진하여 정부 부처와 직책 명칭을 바꾸었다. 노무현 정권이 잘한 정책 중 하나가 위기대처 시스템을 만든 것이다. 노무현은 안보의 범위를 국방에서 각종 재해 대처로 확장하고 각종 재난에 대처할 수 있는 매뉴얼을 만들고 예행연습을 통해 내용을 가다듬었다. 그리고 청와대 지하에 비상상황실을 만들어 한반도와 주변의 하늘과 바다에 있는 모든 비행기와 배의 움직임을 실시간으로 볼 수 있는 대형 스크린을 만들었다. 이명박은 청와대에 있었던 재난 대처 매뉴얼을 치워버렸다. 보관하던 매뉴얼을 각 부처에서 관리하라고 하니 각 부처는 매뉴얼을 파기하거나 방치했다. 그 결과가 2014년 4월 16일에 벌어진 세월호 참사다. 박근혜 전 대통령이 매뉴얼에 따라 청와대 지하의 비상상황실에 가서 세월호의 상황을 확인하고 자신이 명령을 내렸거나, 안보실장이나 해당 부처 장관이나 청장에게 전권을 위임하여 구조하라고 했으면 온 국민이 수백 명이 죽는 사건을 직접 목격하면서 발을 동동 구르는 일은 없었을 것이다.

전 정권, 특히 정당마저 다른 정권이라면 미울 수밖에 없다. 그렇다고 해도 헌법을 바꾸고 정부조직법을 바꿔 부처 이름을 바꾸고 정책을 뒤엎다 보면 장기적으로 지속할 수 있는 게 별로 없다. 새로 바뀐다고 나아지는 것도 거의 없다. 김대중 정권에서 총무처와 내무부를 합쳐 행정자치부를 만들었지만, 이명박 정권은 행정안전부로, 박근혜 정권은 안전행정부로 바꾸었다. 세월호 사건 이후 안전재난기구를 떼어 국민안전처를 만들었다. 정책이나 부처 이름이 바뀌는 건 그렇다고 해도 대한민국의 정통성과 시기 구분이 정권마다, 헌법마다 바뀌는 것은 다시 생각해볼 문제이다. 한국 현대사의 정체성은 후손들이 어떤 세상에서 사느냐에 따라 달라질 것이다. 말 그대로 역사의 평가는 후세에 맡기고 정부마다 나서서 자기 정권의 역사관을 국민들에게 강요할 필요는 없다. 특히 헌법에.

한반도의 유일한
합법정부와
통일의 모순

통일. 대한민국의 어떤 사람에게는 당위이자 의무이고, 어떤 사람과 기업체는 돈을 벌 수 있는 마지막 기회다. 물론 통일을 반대하는 사람들도 많고 이유 또한 다양하다. 일부 학자와 언론에서 과장하는 막대한 '통일세' 때문일 수도 있고, 공산당 자체가 싫을 수도 있으며, 요새 청소년·청년들의 표현처럼 뭔가 '찌질'한 북한에 대한 거부감 때문일 수도 있다. 최근 2018년 4월 27일 판문점에서 열린 남북정상회담 이후 평화와 남북교류의 기대감 때문에 통일에 우호적인 사람들이 많아지긴 했다.

'통일'이라는 단어는 1972년 제정된 유신헌법에서 처음 등장했다. 그전에는 헌법에서 '통일'이라는 단어를 찾아볼 수 없었다. 1948년 헌법의 제4조에는 "대한민국의 영토는 한반도와 그 부속도서로 한다"라고 하였다. 제4조의 영토 조항은 대부분 나라의 헌법에 없다. 그런데 왜 굳이 영토 조항을 넣었을까? 국회속기록에 실린 김교현 의원의 발언에서 영토 조항을 넣은 이유를 알 수 있다. 이에 따르면, 남한과 북한으로 분단된 현실에서 '대한민국'이 실제로는 38선 이남을 지배하지만, 38선 이북의 북한 지역도 '대한민국'의 영토임을 대내외적으로 밝히기 위해 영토 조항을 넣은 것이다.[11] 즉 대한민국이 한반도의 유일한 합법정부임을 밝히기 위해 '통일'이란 단어를 넣지 않았다.

이에 대한 비판도 있다. 1948년 헌법을 제정할 당시, 혹은 정부수립 이후 UN(국제연합)이 남한(대한민국)을 한반도의 유일한 합법정부라고 승인했다고 알려져 있다. 필자도 중·고등학교 때 국사교과서를 통해 그렇게 배웠다. 일부 학자들의 주장에 따르면 유엔은 한 번도 대한민국이 북한의 영토를 관할하는 한반도의 합법정부로 인정한 적이 없다고 한다(1947. 11. 14, 1948. 12. 12, 1950. 10. 7, 1950. 10. 12의 결정).[12] 한반도의 구체적인 지리적 범위를 제시하지 않은 것도 영토 조항의 모호성을 비판하는 근거가 된다. 마지막으로 제3조의 영토조항은 제4조의 평화통일 조항과 논리적으로 어긋난다.

한편 1948년에 만든 북한의 조선민주주의인민공화국 헌법에는 영토 조항이 없다. 다만 103조에 "조선민주주의인민공화국의 수부는 서울이다"라고 하였다. 수부는 수도, 서울의 뜻이다. 북한의 수도가

---

11) 김진배,『두 얼굴의 헌법』, 폴리티쿠스, 2013. 75~77쪽
12) 박명림,『한국 1950-전쟁과 평화-』, 나남, 2002.

평양이 아닌 서울이라는 것이다. 영토 조항은 없지만, 평양에 정부를 세우고도 수도를 서울로 정한 것은 남한 정복 후 서울로 수도를 옮길 것이라는 자신감이 없었으면 불가능했다. 1972년 12월 27일 제6차 개정에서 수도를 서울에서 평양으로 바꾸었다.

유신헌법이 1972년 12월 27일에 제정되고 공포된 날, 공교롭게도 북한도 헌법을 바꾸었다. 우연일까? 박정희는 유신헌법을 만들어 죽을 때까지 대통령이 될 수 있는 조항을 추가했다. 김일성도 국가주석을 새로 만들고 국가주석의 권력을 강화하였다. 1인 독재를 더욱 강화한 것이다. 유신헌법에는 '통일'이라는 단어가 등장하였다. 북한의 헌법에서 조선민주주의인민공화국(북한)의 수도가 서울에서 평양으로 바뀌었다. 이것은 무엇을 의미할까? 남북 분단의 공인이다. 유신헌법 이전의 대한민국 헌법에서 통일 대신 국토 조항을 넣어 한반도의 유일한 합법정부임을 헌법에 명기하였다. 이 영토 조항을 고치거나 빼지 않고 '통일'을 집어넣으면서 헌법의 논리상 대한민국은 더 이상 한반도의 정통성 있는 합법정부가 아니다. 대한민국의 영토를 한반도와 부속도서로 하면서 통일해야 한다는 규정이 논리적 모순이기 때문이다. 북한도 마찬가지이다. 언제부터인지 모르겠으나, 서울은 한반도의 정통성을 상징하였다. 중·고등학교 국사수업 시간에 한강 유역을 차지하면 정통성을 차지한다고 배웠다. 이 때문에 북한은 평양에 정권을 세웠으나 서울을 수도로 정하였다. 북한의 수도가 서울에서 평양으로 바뀐 것은 남한을 적화통일하기 어렵다는 현실을 깨닫고 사실상 한반도의 유일한 정부임을 포기한 것이다. 그리고 서울을 수도로 정한 남한의 존재를 암묵적으로 인정한 것이다.

같은 해 같은 날 남북 두 나라가 남북 분단을 인정한 헌법을 만든 것은 아마도 두 남북 정상의 합의와 묵인 때문일 것이다. 1972년 7월 4일 남한과 북한은 동시에 7·4 남북공동성명을 발표하였다. 박정희는 1972년 이후락 중앙정보부장을 북한에 파견하여 김일성을 만나도록 하였다. 물론 그 이전인 1971년 9월 20일 비밀리에 개최된 남북 적십자 회담이라는 사전 접촉이 있었다. 두 사람은 자주, 평화, 민족대단결의 3대 통일 원칙을 제정하였다. 남북 국민이 통일과 남북 교류를 기대하는 사이에 분단을 고착화하고 두 독재자의 권력을 강화하는 방향으로 헌법이 바뀐 것이다. 이후 두 나라 정상의 행동을 보면 '통일'은 명목이었고 각자 자기 정권을 유지하고 공고히 하는 수단이 되었다. 필자의 해석이 지나친 비약일까? 『프레이저 보고서』를 살펴보자.

"[1973년] 6월 23일 박 대통령은, 남북한의 유엔 동시 가입을 제안하고 그 전에라도 북한이 한반도 문제에 관한 유엔 토의에 참여하는 것을 반대하지 않는다는, 중요한 정책적 전환을 발표했다. 미국은 남한의 제안을 지지했다. 비록 국무부가 한반도의 궁극적인 재통일을 지지하는 정책을 견지하고 있음에도 불구하고, 동시 가입을 지지함으로써 남북한이 협상을 통해 통일하려는 노력을 지원하는 것에서 벗어나 분리된 국가를 사실상 인정하는 방향으로 미국의 정책이 전환되는 것처럼 보였다. 조선민주주의인민공화국(북한)은 동시 가입이라는 박 대통령의 제안을, 한반도를 두 개의 한국으로 영구적으로 분할 하려 한다는 이유로 거부했다. 그렇지만 유엔 토의에 참여해달라는 제안은 수용하여, 1973년 11월 옵서버대표단을 파견했다."[13]

유신헌법에 '통일'을 집어넣었으니, 대한민국은 한반도의 유일한 합법정부가 아니었다. 그러니 박정희는 남한과 북한의 유엔 동시 가입을 제안하였다. 밑줄 친 부분은 통일과 함께 남북한의 유엔 동시 가입을 지지하면 북한을 공식적으로 인정하는 것으로 비춰지는 미국의 우려를 기록한 것이다. 즉 남북한의 유엔 동시 가입은 제삼자의 시각에서 보면 사실상 분단을 국제사회에서 공인받는 것으로 해석할 수 있다.

유신헌법 전문에서 헌법 제6~7호의 전문에 있었던 "새로운 민주공화국을 건설함에 있어서"라는 구절이 "조국의 평화적 통일의 역사적 사명에 입각하여 자유민주적 기본질서를 더욱 공고히 하는 새로운 민주공화국을 건설함에 있어서"라는 구절로 바뀌었다. 새로운 민주공화국은 조국의 평화적 통일을 역사적 사명으로 여기는 나라라고 밝힌 것이다. 이처럼 통일을 강조하다 보니 헌법의 여러 조항에서 통일을 언급하였다.

제43조 3항 대통령은 조국의 평화적 통일을 위한 성실한 의무를 진다.

---

13) 미 하원 국제관계위원회 국제기구소위원회, 김병년 엮음, 『프레이저 보고서-악당들의 시대, 한국 현대사와 박정희시대에 대한 가장 완벽한 평가서-』, 레드북, 2014, 83쪽.

제46조 대통령은 취임에 즈음하여 다음의 선서를 한다.

"나는 국헌을 준수하고 국가를 보위하며 국민의 자유와 복리의 증진에 노력하고 조국의 평화적 통일을 위하여 대통령으로서의 직책을 성실히 수행할 것을 국민 앞에 엄숙히 선서합니다."

제43조 3항과 제46조에 '통일'이라는 단어가 처음 들어갔다. 제43조 3항에서는 대통령의 의무에 평화통일이 포함되었다. 이 조항이 어떻게 바뀌었는지 이전의 조항과 비교해 보자.

헌법 제1~7호	유신헌법(헌법 제8호)
제63조 ① 행정권은 대통령을 수반으로 하는 정부에 속한다. ② 대통령은 외국에 대하여 국가를 대표한다.	제43조 ① 대통령은 국가의 원수이며, 외국에 대하여 국가를 대표한다. ② 대통령은 국가의 독립·영토의 보전·국가의 계속성과 헌법을 수호할 책무를 진다. ③ 대통령은 조국의 평화적 통일을 위한 성실한 의무를 진다. ④ 행정권은 대통령을 수반으로 하는 정부에 속한다.

왼쪽의 조항은 헌법 제1~5호에서 제51조에 배열되었고 의원내각
제를 실시한 헌법 제4~5호에서는 대통령의 지위가 달라졌지만, 조항
의 형식은 비슷하다. 유신헌법은 헌법 제7호의 제63조 1항을 4항에
배치하고 헌법 제7호의 제63조 2항을 제43조 1항에 배치하며 국가
의 원수라는 구절을 새로 추가하였다. 그리고 2항과 3항에 대통령의
임무 혹은 책임을 기록하였다. 그런데 3항에 특별히 평화통일의 의무
를 대통령의 책무에서 독립시킨 점이 특이하다.

제46조는 대통령 취임선서의 문구다. 이전 헌법의 취임선서 문구
와 비교하면 "조국의 평화적 통일을 위하여"라는 구절이 추가되었다.
이는 제43조 3항의 평화통일 의무와 서로 상응한다. 이 두 조항은 현
행 헌법까지 바뀌지도 않고 계속 살아남았다.

대통령의 의무와 취임선서에 통일을 넣은 유신헌법에 따라 '통일
을 위해 애쓰는' 대통령을 보좌하기 위해 평화통일을 추진하는 조직
인 통일주체국민회의라는 괴물이 태어났다. 통일주체국민회의는 국
민의 직접선거로 뽑힌 대의원으로 구성되지만, 대통령이 의장을 맡았
다(제36조). 또 국민을 대표하여 대통령이 부의한 통일정책을 심의하
고(제38조), 대통령을 선출하며(제39조), 국회의원의 1/3을 뽑을 뿐
만 아니라(제40조) 국회가 발의·의결한 헌법 개정안을 최종적으로
의결·확정하였다(제41조). 국민의 직접선거 대신 통일주체국민회의
에서 대통령을 간접선거로 뽑았을 뿐만 아니라 의장인 대통령이 지
명하여 국회의원 1/3을 뽑았다. 당시 여당인 공화당이 나머지 국회의

원 의석 2/3의 절반, 즉 전체 의석의 1/3만 차지하면 전체 의석의 2/3를 확보하여 안정적인 의석이 확보되고 개헌과 기타 중요한 결정을 할 수 있었다. 요컨대 통일주체국민회의는 설립 취지인 '통일'과 달리 박정희의 종신 독재와 유신체제를 유지하는 앞잡이 노릇을 했다. 북한의 주체사상을 연상시키는 '주체'라는 단어와 달리 주체성을 발휘하지 못한 독재자 박정희의 개였을 뿐이다. 이 때문에 인기가 없었던 통일주체국민회의는 전두환을 대통령으로 뽑은 후 운명을 다하였다.

전두환이 만든 헌법 제9호에서도 '통일'이 등장하였다. 헌법 제9호의 제47조에 "대통령은 필요하다고 인정할 때에는 외교·국방·통일 기타 국가안위에 관한 중요정책을 국민투표에 붙일 수 있다"라고 규정하였다. 이것은 유신헌법의 '국가의 중요한 정책'(제49조)을 '외교·국방·통일 기타 국가안위에 관한 중요정책'으로 바꾼 것인데, 여기에 '통일'을 집어넣었다. 그리고 대통령의 자문기구로 평화통일정책을 수립하기 위해 평화통일자문회의라는 헌법기관을 만들었다(제68조). 다음 해인 1981년 평화통일자문회의법에 따라 평화통일정책자문회의를 설치하였다. 유신정권에서 막강한 권한을 가진 통일주체국민회의를 대통령 자문기구로 격하시킨 기구였다. 평화통일정책자문회의는 1987년 헌법 개정 이후 민주평화통일자문회의로 명칭이 바뀌었다. 박정희의 독재를 뒷받침한 기관이 이름만 바꿔 지금까지 살아남았다. 개헌을 하게 되면 제일 먼저 헌법에서 없애야 할 조직이다. 헌법 제10호에서 신설한 두 조항은 유신헌법의 제43조 3항 및 제46

조와 함께 현행 헌법에 여전히 남아 있다.

전두환 정권이 '통일'이란 단어를 헌법 제9호에 삽입했다고 해서 '통일'을 중시한 것도 아니었다. 오히려 그 반대였다. 유성환 의원의 통일 국시 발언이 대표적인 예다. 신한민주당의 유성환 의원은 1986년 7월 제131회 정기국회 본회의장에서 "한국의 국시가 반공이면 2년 후 서울올림픽 때 공산국가들이 참가하겠냐"고 지적하였다. 한걸음 나아가 "이 나라의 국시는 반공이 아니라 통일이어야 한다"라고 주장하였다. 또 "통일이나 민족이라는 용어는 공산주의나 자본주의보다 위에 있어야 한다"라고 말하며 전두환 정권의 소극적인 통일정책도 비판했다. 그러자 반공연맹과 재향군인회 등이 발끈하여 "반공이 국시다!"라는 구호를 내걸고 유성환 의원이 용공분자라며 즉각 처단을 주장했다. 이에 검찰은 국가보안법 위반 혐의를 뒤집어 씌웠다. 민정당은 10월 16일 밤 10시 40분 국회에서 경호권이 발동된 가운데 민주정의당 의원 146명과 무소속 이용택 의원이 참석한 본회의에서 유성환 체포동의안을 만장일치로 날치기 통과시켰다. 이 사건은 헌법이 보장한 국회의원의 면책특권(국회 안에서 한 발언에 대해 형사처벌을 면제하는 권리)을 무시한 사례로 악명 높다.

전두환 정권이 1980년에 만든 헌법에는 '반공이 국시'라는 구절은 없다. 전두환은 유신헌법에 따라 "나는 국헌을 준수하고 국가를 보위하며 국민의 자유와 복리의 증진에 노력하고 조국의 평화적 통일을 위하여 대통령으로서의 직책을 성실히 수행할 것을 국민 앞에 엄숙히 선서합니다"라고 선서한 후 대통령에 취임하였다. 통일을 위해 평화통일자문회의라는 자문기구를 만들었다. 헌법만 놓고 보면 '통일이 국시'라는 유성환 의원의 발언이 진실에 가까웠다. 전두환 정권과 수구 단체들은 헌법을 읽어보지 않고 멀쩡한 국회의원을 죄인으로 몰았다. 이처럼 전두환 정권에서도 '통일'은 반공보다 못한 천덕꾸러기였다.

유신헌법에서 처음 '통일'을 언급하고 5공 헌법에서도 두 가지 통일 조항을 넣은 배경이 남북의 평화통일이 아니라 정권 유지 때문이라니 기분이 착잡하다. 두 정권이 통일을 위해 얼마나 노력했는가? 기차의 등급에서도 '통일'을 무시하는 일상을 느낄 수 있다. 2004년 고속철도인 KTX가 등장하기 전까지 기차의 등급은 새마을호, 무궁화호, 통일호, 비둘기호의 순서였다. 새마을호의 등급이 가장 높았으며 제일 빠르고 시설도 좋았다. 새마을운동이 가장 활발했던 박정희 정권과 동생이 새마을운동본부 회장이 되어 권력을 행사한 전두환 정권에서 새마을이 가장 좋은 기차의 등급이 되었다. 국민투표의 대상에 '통일'을 집어넣고 민주평화통일자문회의를 만들 정도로 '통일'에 관심이 많았었을 법한 전두환 정권은 통일호를 3번째 등급에 배정하여 기차를 이용하는 국민들이 일상생활에서 알게 모르게 통일에 대한 부정적인 이미지를 가지도록 하였다.

영토 조항을 넣어 한반도의 유일한 합법정부로 명시했다가 1972년 유신헌법에서 이후 '통일' 조항을 넣어 사실상 분단국임을 인정한 것은 외교정책에도 영향을 주었다. 노태우 정권 때인 1991년 남한과 북한은 동시에 UN(국제연합)에 가입하였다. 당시 언론에서는 남북한의 UN 동시 가입을 찬양하였다. 그러나 우리가 잊고 있는 것이 있다. 중국은 공산당 정권의 중화인민공화국과 대만(중화민국)으로 나뉘지만, 다른 나라와 한 나라만이 외교관계를 맺는다. 대만은 1948년부터 1971년까지 UN 안전보장이사회 상임이사국이었으나, 1971년 공산당 치하의 중국(중화인민공화국)이 UN에 가입하자 대만은 UN을 탈퇴하였다. 대만이 가지고 있던 안보리 상임이사국의 지위는 중국이 차지하였다. 남한이 1992년 공산당 치하 중국과 외교관계를 맺을 때 중국은 대만과의 단교를 요구하였다. 노태우 정권은 대만과의 단교에 난색을 보였으나 결국 중국의 조건을 받아들였다. 덕분에 오랜 기간 대만과 관계가 틀어졌었다. 반면 중국은 북한과 단교하지 않았다. 중국은 한반도의 국가들에게 한 나라만 인정할 것을 요구했으나 반대로 한반도의 두 나라와 각각 외교관계를 맺었다. 우리의 처지에서는 전형적인 이이제이(以夷制夷)에 당한 것이다.

현재 남한은 섬 아닌 섬이다. 북한과의 사이에 있는 휴전선을 제외하면 국경이 없다. 국민 소득이 증가하면서 해외여행은 많이 가지만 여전히 우물 속의 개구리다. 정부와 언론의 잘못된 영향 때문인지 우리 입장에서는 남한과 북한이 하나의 나라가 되는 것을 통일이라고 생각한다. 그러나 국제사회에서는 별개의 두 나라가 합병한 것으로 본다. 두 개의 차이가 뭘까? 우리가 생각하는 '통일'은 한반도의 유일한 합법정부가 대한민국임을 전제로 한다. 한반도에 두 개 이상의 나라가 있더라도 국제적으로 나라로 인정받는 나라는 하나이니 한반도가 하나의 국가에 통합되면 통일로 간주할 수 있다. 그러나 사실상 전세계 대부분의 나라가 가입하는 UN에 남한과 북한이 동시에 가입한 이상, 한반도는 두 나라가 공존하는 지역일 뿐이다. 두 나라가 합쳐진다고 해도 UN과 주변국의 입장에서는 통일이 아니라 두 나라의 합병에 불과하다. 따라서 나중에 남북한이 통일할 때, 주변국들의 견제가 심하고 이들을 달래기 위해 내줄 것도 많을 것이다. 미국을 비롯한 주변국들의 입장에서는 남북한의 통일이 아니라 두 나라의 통합이기 때문이다. 통일이 어려운 이유다.

그리고 국제사회가 별개의 나라로 보는 것을 잊어버렸을까? 2012년 대통령선거가 치열하던 무렵, 새누리당의 김무성 의원은 남북한 정상회담 기록을 언론에 공개하였다. 노무현 전 대통령이 NLL(북방한계선)을 북한에 양보했다고 비난하였다. 이것이 당시 대통령 후보였던 박근혜에게 얼마나 도움이 되었는지는 알 수 없다. 당시 새누리당은 남북한의 정상회담이 국가 간의 외교가 아니라고 생각했을 것이다. 그러나 엄연히 남한과 북한은 별개의 나라다. 국제사회에서는 남한이 국가 정상 간의 대화록과 외교문서를 함부로 공개하는 신뢰성 없는 나라로 생각할 것이다.

영토 조항과 통일의 모순을 해결하기 위해 유엔이 대한민국을 한반도의 유일한 합법정부로 인정하지 않았음을 제시하며 영토 조항을 없애거나 수정해야 한다는 대안이 제시된다. 전자를 지지하는 사람들은 제3조의 영토 조항이 그동안 국가보안법의 존치를 합리화하는 근거로 악용되었고 통일 조항과 배치되므로 없애야 한다고 주장한다. 반면 후자의 경우 아래처럼 헌법 조항을 바꾸어야 한다고 주장한다.

"대한민국의 영토는 한반도와 그 부속 도서로 한다. 단, 통일을 이룰 때까지는 잠정적으로 1953년 7월 27일 체결된 정전 협정에서 허용된 관할구역으로 한한다. 단, 통일을 이룰 때까지는 잠정적으로 대한민국의 실질적인 유효지배가 미치는 지역으로 한한다."[14]

그런데 문제는 대한민국이 정전 협정에 참여하지 않았기 때문에 문제가 생기므로, 마지막 문장을 단서 조항으로 집어넣었다.

또 다른 대안은 통일 전 서독 기본법의 조항을 참조할 것을 제안한다.[15] 서독 기본법은 제23조에서 "기본법은 우선적으로 독일연방공화국(서독) 안에서 효력이 있고, 독일의 다른 지역에서는 독일연방공화국에 편입된 이후에 그 효력을 발생한다"고 규정하였다. 이 조항은 흡수통일을 전제로 제정한 것이다. 실제로 독일 통일 과정에서 동독의 여러 주가 독일연방공화국, 즉 서독에 편입되는 형식으로 흡수·통

14) 박명림, 「헌법개혁과 한국 민주주의-무엇을, 왜, 어떻게 바꿀 것인가-」, 『헌법 다시 보기』, 86쪽.
15) 조유진, 『헌법 사용 설명서』, 134쪽.

일되었다.

영토 조항보다 통일을 강조하는 경우, 현행 헌법의 통일 조항을 다음과 같이 바꾸어야 한다는 대안이 제시된다.

제4조 ② 통일은 분단에 의한 민족적 고통을 민족적 화해와 용서의 숭고한 정신에 의하여 해소시켜야 하며 보복의 기회로 활용되어서는 안 된다.

제6조 ③ 한반도의 영토적 상황에 관하여 체결된 국제조약은 통일 이후에도 그 효력을 유지한다. ④ 대한민국은 통일 이후 모든 인접국과의 기존의 국경 상태를 존중하며 핵무기의 개발이나 보유를 지향하지 아니한다.

제60조 ③ 국회는 조국의 평화적 통일을 목적으로 한 통일 합의서의 체결에 대한 동의권을 가진다. ④ 제3항의 동의는 국회 재적의원 2/3 이상의 찬성이 있어야 한다. ⑤ 제3항의 통일 합의서에는 조국의 평화적 통일을 완수하기 위하여 필요 불가결한 헌법 개정 사항을 포함할 수 있다.

제120조 ③ 통일은 국토의 효율적 이용에 적합한 방향으로 추진되어야 하고 토지에 관한 법적 관계를 불안하게 하여서는 아니 된다.[16]

요컨데 영토 조항과 통일 조항의 모순은 북한을 헌법상 어떻게 규정할 것인가라는 숙제를 남긴다. 현행 헌법의 헌법전문, 헌법 제4조 평화통일 조항에 따르면 북한은 평화통일의 상대방이지만, 제3조 영

---

16) 김승대, 「헌법 개정과 남북한통일」, 『공법연구』, 39~2, 2010.

헌법은 밥이다 2

토 조항에 따르면 대한민국 영토를 불법적으로 점유한 반국가 단체다. 만약, 개헌이 된다면 이러한 모순을 없애는 북한 규정이 필요하다. 물론 여기에는 국민적 합의가 필요하다. 헌법학자들이 참여하여 가다듬었다는 대통령 직속 국민헌법자문위원회가 만들고 청와대가 2018년 3월에 발표한 개헌안을 보면 영토규정과 통일의 논리적 모순을 여전히 방치하였다. 이 부분만큼은 졸속이라는 생각이 든다.

아~ 탄핵이여

평생 한 번 경험하거나 볼 수 있는 사건이 일들이 무엇일까? 올림픽 개최? 월드컵 개최? 유엔 사무총장 배출? 남북통일? 로또 당첨? 예전에 어른들은 1988년 서울올림픽이 평생에 한번 볼 기회라고 말씀하셨다. 그러나 30년 만인 2018년에 다시 평창에서 동계올림픽이 개최되었다. 월드컵? 적자를 각오한다면 다시 개최할 수 있을지 모른다. 문재인 대통령이 남북한과 중국·일본 네 나라의 월드컵 공동개최의 운을 띄우긴 했다. 반기문의 뒤를 잇는 사무총장? 대륙별로 돌아가면서 하므로 50년 뒤에 아시아에 순번이 돌아오는데, 그때 다시 우리나라에서 유엔 사무총장이 나온다고 장담할 수 없다. 역대 최악으로 무능하다고 평가받는 사무총장을 배출했으니 다시 기회를 줄 것 같지도 않다. 대통령 탄핵? 다시는 없었으면 좋겠다.

2004년 3월 12일 국회에서 노무현 대통령 탄핵을 가결 시켰다. 그는 2004년 2월 24일 방송기자클럽 초청 대통령 기자회견에서 논란의 여지가 있는 발언을 했다. "국민들이 총선에서 열린우리당을 압도적으로 지지해줄 것을 기대한다.", "대통령이 뭘 잘해서 열린우리당이 표를 얻을 수만 있다면 합법적인 모든 것을 다하고 싶다." 해석에 따라 대통령이 선거에 관여한다고 오해할 수 있는 말이었다. 아니나 다를까. 중앙선거관리위원회는 3월 3일 노무현 대통령에게 공직선거 및선거부정방지법을 위반했다고 판정하고 중립의무 준수를 요청했다. 노무현 대통령은 다음날 선관위 결정에 동의할 수 없다고 반박했다. 이에 반발한 야당은 노무현 대통령의 탄핵을 추진하였고, 3월 9일 한나라당 의원 108명, 새천년민주당 의원 51명이 대통령 탄핵소추안 발의에 참여하였다. 새천년민주당과 한나라당, 자유민주연합 등 야당이 3월 12일에 국회 표결에 참여하여 찬성 193표, 반대 2표로 탄핵소추안을 통과시켰다. 당시 야당은 여러 가지 이유로 노무현 대통령을 싫어했고 감정적으로 탄핵을 추진하였다. 만약 4월에 국회의원 선거가 없었다면, 노무현 대통령에 적대적이었던 헌법재판소에서 탄핵소추안을 통과시켰을 것이다. 많은 국민이 탄핵에 반발하여 촛불집회에 참여했고 4월 15일 제17대 총선에서 여당인 열린우리당을 지지하였다. 열린우리당은 민주화 세력이 만든 여당으로는 152석을 얻어 처음으로 국회 과반수의 의석을 획득했다. 국민이 노무현 전 대통령을 지지했기 때문에 헌법재판소는 눈물을 머금고 탄핵소추안을 기각시켰고, 노무현은 다시 대통령으로 복귀하였다.

탄핵은 대통령을 비롯한 헌법기관, 기타 공무원을 파면하는 절차다. 이 탄핵소추권은 국회가 가진다. 탄핵 권한의 근거는 민주주의와 법치주의라고 한다. 헌법기관이나 법률이 정하는 공무원의 잘못에 책임을 물을 권리는 주권자인 국민에게 있다. 그러나 모든 국민이 탄핵에 참여할 수 없으므로, 국민의 대표인 국회가 국민 대신 탄핵을 하는 것이 민주주의의 원리라고 한다.[17] 탄핵은 감정에 치우치면 안 되며 위헌·위법 행위를 저질렀을 때 책임을 묻는 절차이므로 법치주의를 실현하는 행위라고 한다. 제17대 총선에서 여당이 승리한 탓도 있었지만, 노무현 전 대통령의 탄핵은 구체적이고 중대한 위헌·위법 행위가 없었기 때문에 기각되었다.

이때 탄핵이 기각된 후 대통령 탄핵이 더 이상 없을 줄 알았다. 이명박이 광우병에 걸렸을 가능성이 있는 미국산 소를 수입한다고 했을 때 국민들은 광화문에서 촛불집회를 열었다. 소수는 "이명박 탄핵"을 외쳤지만, 노무현 탄핵 사건 때 생긴 트라우마 때문인지, 임기 초반이라 봐주자는 분위기 때문인지 그냥 넘어갔다. 그후 이명박의 실정 때마다 탄핵 이야기가 나왔지만, 당시 여당인 한나라당이 국회 과반수를 차지한 거대 정당이었으므로 탄핵은 애초부터 불가능했다.

조선일보 계열사 방송국인 TV조선은 2016년 7월 26일 청와대 안종범 수석이 문화재단 미르에 500억 원을 모금하도록 대기업들에게

---

17) 차병직, 윤재왕, 윤지영, 『지금 다시, 헌법』, 로고폴리스, 2016, 307쪽.

압력을 넣었다고 폭로하였다.[18] 8월 2일 K스포츠 재단에도 동일한 방식으로 380억 원을 모으도록 청와대가 압력을 행사했다고 또 폭로하였다. TV조선은 8월 12일까지 청와대와 두 재단의 관계와 불법 모금을 방송했지만, 청와대가 당시 조선일보 주필의 부정을 폭로하며 반격하자 입을 닫았다. 한겨레신문의 특별취재팀은 9월 20일 박근혜 전 대통령의 측근인 최순실이 K스포츠 재단 인사에 개입했다고 보도하였다.[19] 이후 한겨레신문은 최순실의 딸인 정유라의 이대 특혜 입학 등 박근혜 정권과 최순실의 부패와 비리, 불법행위를 계속해서 보도하였다. 이대생들도 정유라의 불법 입학에 항의하며 집회를 열었다. 이후 경향신문과 JTBC 등 언론이 가세하며 분위기가 박근혜 정권에 불리하게 바뀌었다. 특히 10월 19일 자 경향신문이 정유라가 2014년 12월에 SNS에 쓴 글을 공개하여 대중의 분노에 기름을 끼얹었다. "능력 없으면 니네 부모를 원망해. 있는 부모 가지고 감 놔라 배 놔라 하지 말고. 돈도 실력이야."[20] 빈부격차가 심해지고 취업난·경제난에 신음했지만, 금수저·은수저·흙수저를 들먹이며 자조하던 2030 세대와 부모 세대가 이 말에 상처를 입었다. 수세에 몰린 박근혜는 10월 24일 개헌론을 던지며 국면을 전환하려고 했다. 그러나 같은 날 저녁

---

18) 정동권 TV조선 기자, 「[TV조선 단독] "靑 안종범 수석, 500억 모금 개입 의혹"」, 『인터넷조선일보』, 2016. 7. 27.
19) 김의겸·김창금·방준호 기자, 「[단독] K스포츠 이사장은 최순실 단골 마사지 센터장」, 『한겨레신문』, 2016. 9. 20.
20) 이혜리 기자, 「[단독]' 비선실세 의혹' 최순실 딸 SNS에 "돈도 실력… 니네 부모를 원망해"」, 『경향신문』, 2016. 10. 19.

JTBC 뉴스룸에서 "JTBC는 최순실 씨의 사무실에 있던 태블릿PC를 입수했으며, 그 안에 든 파일 200여 개 중 대부분이 청와대 관련 문건이었다"라고 보도하자 '개헌 정국'의 국면 전환은 실패로 끝났다. 최순실의 국정농단, 즉 '최순실 게이트'가 드디어 속살을 드러낸 것이다. 다음 날 오후 3시 43분 박근혜는 최순실과의 인연을 인정하고, 스스로 청와대 밖으로 연설문을 유출했다고 시인했다. 그러나 이는 2014년 초까지라고 밝히며 양해를 구했다. 그러자 JTBC 뉴스룸에서 박근혜의 거짓말을 입증하는 보도를 내보냈다. 분노가 폭발한 국민 3만여 명(주최 측 추산)이 10월 29일 서울 광화문 광장에서 처음으로 열린 촛불집회에 참여하였다. 매주 토요일 오후마다 촛불집회가 계속 열렸고, 촛불집회에 참여한 국민의 수는 눈덩이처럼 불어났다. 처음에 박근혜의 2선 후퇴와 질서 있는 퇴진을 주장하던 국회는 100만을 넘는 촛불집회에서 "박근혜를 탄핵하라"라고 외치는 분노와 함성에 놀라 12월 9일 찬성 234명, 반대 56명, 기권 2명, 무효 7명의 표결로 탄핵안을 통과시켰다. 해를 넘긴 2017년 3월 10일 헌법재판소는 박근혜의 탄핵을 만장일치로 결정했다(2016헌나1). 이정미 헌법재판소 소장대행은 "이에 재판관 전원의 일치된 의견으로 주문을 선고합니다. 주문: 피청구인 박근혜를 파면한다"라는 판결문을 읽었다. 우리나라 최초로 대통령이 헌법이 정한 절차에 따라 탄핵된 것이다. 이 장면을 교실 안의 텔레비전으로 보던 초·중·고등학생들은 "와!", "만세!"라고 환호하였다고 한다.

국회의 탄핵소추안이 통과된 후 헌법재판소의 판결까지 3개월이 걸렸다. 판결 전 주까지 19번 열린 촛불집회에 모두 1,500만 명이 넘는 시민들이 참석하였다. 어버이연합을 비롯한 탄핵반대세력도 태극기집회를 열었다. 헌법의 탄핵 관련 조항들을 보니 여섯 달 동안 벌어진 촛불집회에 참여하며 헌법재판소의 판결을 초조하게 기다렸던 기억이 되살아난다.

헌법에 규정된 탄핵의 과정을 살펴보면, 일정 수 이상의 국회의원이 탄핵소추를 발의하면 국회 본회의에서 탄핵소추안을 통과시키고, 탄핵재판소(헌법 제1~2호), 헌법위원회(헌법 제3호, 헌법 제8~9호), 헌법재판소(헌법 제4~5호, 현행 헌법), 탄핵심판위원회(헌법 제6~7호) 등의 기관에서 탄핵 여부를 판결(심판)하도록 규정하였다. 헌법재판소는 장면 정권과 현행 헌법이 실행된 이후에만 존재하였다. 장면 정권은 단명했기 때문에 사실상 헌법재판소는 1987년 헌법이 제정된 이후 처음으로 본격적으로 활동하고 있다.

먼저 역대 헌법의 국회의 탄핵소추 규정은 아래와 같다.

헌법 1호	제46조 대통령, 부통령, 국무총리, 국무위원, 심계원장, 법관 기타 법률이 정하는 공무원의 그 직무수행에 관하여 헌법 또는 법률에 위배한 때에는 국회는 탄핵의 소추를 결의할 수 있다. 국회의 탄핵소추의 발의는 의원 50인 이상의 연서가 있어야 하며 그 결의는 재적의원 3분지 2 이상의 출석과 출석의원 3분지 2 이상의 찬성이 있어야 한다.

헌법 2호	제46조 대통령, 부통령, 국무총리, 국무위원, 심계원장, 법관 기타 법률이 정하는 공무원이 그 직무수행에 관하여 헌법 또는 법률에 위배한 때에는 국회는 탄핵의 소추를 결의할 수 있다. 국회의 탄핵소추는 민의원의원 50인 이상의 발의가 있어야 하며 그 결의는 양원합동회의에서 각원의 재적의원 3분지 2 이상의 출석과 출석의원 3분지 2 이상의 찬성이 있어야 한다. [전문개정 1952.7.7.]
헌법 3호	제46조 ① 대통령, 부통령, 국무위원, 심계원장, 법관 기타 법률이 정하는 공무원이 그 직무수행에 관하여 헌법 또는 법률에 위배한 때에는 국회는 탄핵의 소추를 결의할 수 있다. 〈개정 1954.11.29.〉 ② 국회의 탄핵소추는 민의원의원 30인 이상의 발의가 있어야 하며 그 결의는 양원에서 각각 그 재적의원 과반수의 찬성이 있어야 한다. 〈개정 1954.11.29.〉 [전문개정 1952.7.7.]
헌법 4호	제46조 ① 대통령, 헌법재판소심판관, 법관, 중앙선거위원회위원, 심계원장 기타 법률이 정하는 공무원이 그 직무수행에 관하여 헌법 또는 법률에 위배한 때에는 국회는 탄핵의 소추를 결의할 수 있다. 〈개정 1954.11.29., 1960.6.15.〉 ② 국회의 탄핵소추는 민의원의원 30인 이상의 발의가 있어야 하며 그 결의는 양원에서 각각 그 재적의원 과반수의 찬성이 있어야 한다. 〈개정 1954.11.29.〉 [전문개정 1952.7.7.] 제47조 탄핵소추의 결의를 받은 자는 탄핵판결이 있을 때까지 그 권한행사가 정지된다. 탄핵판결은 공직으로부터 파면함에 그친다. 단, 이에 의하여 민사상이나 형사상의 책임이 면제되는 것은 아니다. [전문개정 1960.6.15.]
헌법 5호	제46조 ① 대통령, 헌법재판소심판관, 법관, 중앙선거위원회위원, 심계원장 기타 법률이 정하는 공무원이 그 직무수행에 관하여 헌법 또는 법률에 위배한 때에는 국회는 탄핵의 소추를 결의할 수 있다. 〈개정 1954.11.29., 1960.6.15.〉 ② 국회의 탄핵소추는 민의원의원 30인 이상의 발의가 있어야 하며 그 결의는 양원에서 각각 그 재적의원 과반수의 찬성이 있어야 한다. 〈개정 1954.11.29.〉 [전문개정 1952.7.7.

	제47조 탄핵소추의 결의를 받은 자는 탄핵판결이 있을 때까지 그 권한행사가 정지된다. 탄핵판결은 공직으로부터 파면함에 그친다. 단, 이에 의하여 민사상이나 형사상의 책임이 면제되는 것은 아니다. [전문개정 1960.6.15.]
헌법 6호	제61조 ① 대통령·국무총리·국무위원·행정각부의 장·법관·중앙선거관리위원회위원·감사위원 기타 법률에 정한 공무원이 그 직무집행에 있어서 헌법이나 법률을 위배한 때에는 국회는 탄핵의 소추를 의결할 수 있다. ② 전항의 탄핵소추는 국회의원 30인 이상의 발의가 있어야 하며, 그 의결은 재적의원 과반수의 찬성이 있어야 한다. ③ 탄핵소추의 의결을 받은 자는 탄핵결정이 있을 때까지 그 권한행사가 정지된다.
헌법 7호	제61조 ① 대통령·국무총리·국무위원·행정각부의 장·법관·중앙선거관리위원회위원·감사위원 기타 법률에 정한 공무원이 그 직무집행에 있어서 헌법이나 법률을 위배한 때에는 국회는 탄핵의 소추를 의결할 수 있다. ② 전항의 탄핵소추는 국회의원 30인 이상의 발의가 있어야 하며, 그 의결은 재적의원 과반수의 찬성이 있어야 한다. 다만, 대통령에 대한 탄핵소추는 국회의원 50인 이상의 발의와 재적의원 3분의 2 이상의 찬성이 있어야 한다. 〈개정 1969.10.21.〉 ③ 탄핵소추의 의결을 받은 자는 탄핵결정이 있을 때까지 그 권한행사가 정지된다.
헌법 8호	제99조 ① 대통령·국무총리·국무위원·행정각부의 장·헌법위원회위원·법관·중앙선거관리위원회위원·감사위원 기타 법률에 정한 공무원이 그 직무집행에 있어서 헌법이나 법률을 위배한 때에는 국회는 탄핵의 소추를 의결할 수 있다. ② 제1항의 탄핵소추는 국회재적의원 3분의 1 이상의 발의가 있어야 하며, 그 의결은 국회재적의원 과반수의 찬성이 있어야 한다. 다만, 대통령에 대한 탄핵소추는 국회재적의원 과반수의 발의와 국회재적의원 3분의 2 이상의 찬성이 있어야 한다. ③ 탄핵소추의 의결을 받은 자는 탄핵결정이 있을 때까지 그 권한행사가 정지된다. ④ 탄핵결정은 공직으로부터 파면함에 그친다. 그러나, 이에 의하여 민사상이나 형사상의 책임이 면제되지는 아니한다.

헌법 9호	제101조 ① 대통령·국무총리·국무위원·행정각부의 장·헌법위원회 위원· 법관·중앙선거관리위원회 위원·감사위원 기타 법률에 정한 공무원이 그 직무집행에 있어서 헌법이나 법률을 위배한 때에는 국회는 탄핵의 소추를 의결할 수 있다. ② 제1항의 탄핵소추는 국회재적의원 3분의 1 이상의 발의가 있어야 하며, 그 의결은 국회재적의원 과반수의 찬성이 있어야 한다. 다만, 대통령에 대 한 탄핵소추는 국회재적의원 과반수의 발의와 국회재적의원 3분의 2 이상 의 찬성이 있어야 한다. ③ 탄핵소추의 의결을 받은 자는 탄핵결정이 있을 때까지 그 권한행사가 정 지된다. ④ 탄핵결정은 공직으로부터 파면함에 그친다. 그러나, 이에 의하여 민사상 이나 형사상의 책임이 면제되지는 아니한다.
헌법 10호	제65조 ① 대통령·국무총리·국무위원·행정각부의 장·헌법재판소 재판 관·법관·중앙선거관리위원회 위원·감사원장·감사위원 기타 법률이 정한 공무원이 그 직무집행에 있어서 헌법이나 법률을 위배한 때에는 국회는 탄 핵의 소추를 의결할 수 있다. ② 제1항의 탄핵소추는 국회재적의원 3분의 1 이상의 발의가 있어야 하며, 그 의결은 국회재적의원 과반수의 찬성이 있어야 한다. 다만, 대통령에 대 한 탄핵소추는 국회재적의원 과반수의 발의와 국회재적의원 3분의 2 이상 의 찬성이 있어야 한다. ③ 탄핵소추의 의결을 받은 자는 탄핵심판이 있을 때까지 그 권한행사가 정 지된다. ④ 탄핵결정은 공직으로부터 파면함에 그친다. 그러나, 이에 의하여 민사상 이나 형사상의 책임이 면제되지는 아니한다.

국회가 탄핵하는 대상은 주로 헌법기관과 법률이 정하는 공무원
이다. 1948년 헌법에서는 대통령, 부통령, 국무총리, 국무위원, 심계
원장, 법관이 탄핵대상이었다. 여기에서 국회의원이 빠졌음을 알 수
있다. 이것이 국회의원의 특권이다. 국회의 탄핵대상은 입법부를 제
외한 행정부, 사법부, 기타 헌법기관이었다. 헌법기관의 수가 늘어남
에 따라 탄핵대상의 수도 증가하였다.

"기타 법률이 정한 공무원"은 각 시기의 법률에 따라 달라진다. 현재의 검찰청법, 경찰법, 방송통신위원회의 설치 및 운영에 관한 법률 등에 따르면, 현재 탄핵대상인 "기타 법률이 정한 공무원"은 검사, 경찰청장, 방송통신위원회 위원장 등이다.[21] 지금 보니 백남기 농민에게 물대포를 쏜 경찰을 지휘하는 경찰청장도 탄핵대상이었다. 그런데 국회의원들은 뭘 했지?

주목할 것은 의원내각제를 실시했던 헌법 제4~5호의 탄핵대상이다. 헌법 제4~5호의 제46조를 살펴보자.

제46조 ① 대통령, 헌법재판소심판관, 법관, 중앙선거위원회위원, 심계원장 기타 법률이 정하는 공무원이 그 직무수행에 관하여 헌법 또는 법률에 위배한 때에는 국회는 탄핵의 소추를 결의할 수 있다. 〈개정 1954.11.29., 1960.6.15.〉

헌법 제4호의 제46조 1항을 보면 대통령, 헌법재판소심판관, 법관, 중앙선거위원회위원, 심계원장 기타 법률이 정하는 공무원이 탄핵대상이었다. 여기서 빠진 탄핵대상이 있다. 누구일까? 국무총리와 국무위원이다. 당시 국무총리와 국무위원은 국무원의 일원이었고, 국무위원이 장관에 임명되었으므로 행정부 전체라고 보아도 좋다. 바꿔 말하면 당시 국무원이라 불렸던 행정부의 우두머리인 총리와 장관들은

---

21) 차병직, 윤재왕, 윤지영,『지금 다시, 헌법』, 309쪽.

탄핵대상에서 제외되었다. 탄핵은 파면을 목적으로 한다. 당시 정치체제가 의원내각제였기 때문에 위헌 혹은 위법행위를 하는 국무총리와 장관은 불신임으로 모두 내쫓을 수 있었다. 따라서 국무총리와 장관(국무위원)은 탄핵대상에서 제외되었다.

탄핵의 첫 단계인 국회의원의 발의 수는 헌법마다 달랐다. 1948년 헌법에서는 국회의원 50인 이상의 발의가 있어야 했고 양원제를 규정한 헌법 제2호에서는 민의원 50인 이상이었다. 헌법 제3호부터 헌법 제7호까지 민의원(3~5차) 혹은 국회의원(6~7차) 30인 이상의 발의가 있어야 국회 본회의 표결에 상정될 수 있었다. 대통령의 권한을 강화하고 국회의 권한을 약화하며 독재정치를 행했던 박정희 정권에서 발의에 필요한 국회의원 수를 30인 이상으로 정한 것은 의외다. 군부정권이 만든 헌법 제6호에서 발의에 필요한 국회의원 수를 30인 이상이라고 규정했다. 대통령 탄핵도 국회의원 30인 이상의 발의만 있으면 가능했다. 박정희 정권이 주의를 기울이지 않았던 탓이다. 박정희는 '아차' 싶었는지 삼선개헌으로 악명 높은 헌법 제7호에서 대통령의 탄핵소추에 필요한 국회의원의 발의 수를 50인으로 늘렸다. 다른 헌법기관과 기타 공무원의 발의 정족수는 30인 이상으로 그대로 둔 채로. 유신헌법(8차)부터 현행 헌법(10차)까지 탄핵 발의에 필요한 국회의원은 재적의원의 1/3로 규정되었다. 탄핵 발의에 필요한 정족수가 30인 혹은 50인 이상이었을 때 국회의원의 수는 200명 안팎이었다. 50인이라고 해도 국회의원의 1/4 이하의 수로 탄핵 발의가 가능했다. 이를 전체 국회의원의 1/3로 늘렸으니 70~80인 이상으로 상향조정된 것이다. 대통령 탄핵의 경우 전체 국회의원의 1/2 이상이 발의해야 했다. 역시 박정희다운 꼼수였다. 대통령이었던 박정희는 자신의 탄핵을 막기 위해 탄핵 발의 정족수를 50인(헌법 제6호)에서 국회의원의 과반수로 상향하여 탄핵 가능성을 줄여버렸다. 여당인 공화당이 대개 과반수의 의석을 얻었으므로, 수치상 탄핵은 불가능했다.

박정희가 남긴 탄핵 의결 정족수의 상향, 이것은 무엇을 뜻할까? 국회가 주로 탄핵하는 대상은 행정부, 즉 국무총리와 장관이 될 확률이 높다. 헌법재판소나 감사원장(심계원장), 선관위와 법관 등을 탄핵할 정도로 잘못을 찾아내기 어려운 반면, 국무총리와 장관은 국회의 주요 감시와 공격대상이기 때문이다. 그런데 탄핵 의결 정족수를 30인에서 전체 국회의원의 1/3로 올리면 국무총리와 장관을 탄핵할 가능성이 줄어든다. 반대로 말하면, 국무총리와 장관은 탄핵을 신경 쓰지 않고 국회의 눈치를 안 봐도 된다는 뜻이다. 또 유신정권에서 의석수의 1/3을 통일주체국민회의에 할당하고 한 선거구에서 2인의 국회의원을 뽑았기 때문에 대통령의 우군인 유정회 의원(통일주체국민회의에서 뽑은 국회의원)과 공화당 의원을 합하면 전체 의석의 2/3를 넘길 확률이 높았다. 반대로, 대통령에 반대하는 야당은 전체 의석의 1/3을 넘기 어려웠다. 대통령을 제외한 국무총리와 장관의 탄핵 발의에 필요한 의석수가 1/3 이상으로 규정된 이유다. 박정희 정권 이후 행정부가 국회를 깔볼 수 있는 이유 중 하나다.

2016년 12월 9일 국회가 박근혜 탄핵소추안을 의결할 수 있었던 것은 여소야대 덕분이었다. 민주당의 문재인 대표를 친문패권으로 비판한 안철수와 호남 출신 의원들이 탈당하여 야당이 총선에서 승리할 가능성이 줄어들었다. 승리에 고무된 새누리당은 자만하여 무리하게 친박 세력을 공천하거나 비박세력을 공천에서 탈락시켰다. 박근혜 정권의 실정과 국민의 외면, 새누리당의 공천 잡음이 겹쳐서 새누리당은 과반수 확보에 실패하였다. 더불어민주당이 123석, 새누리당이 122석, 국민의당이 38석, 정의당이 6석, 무소속이 11석이었다. 친여 성향의 무소속 의원이 새누리당에 입당하여 새누리당이 1당의 지위를 회복했지만, 야 3당(더불어민주당, 국민의당, 정의당)의 의석은 167석으로 과반수를 넘겼다. 산술적으로는 야 3당이 힘을 합치면 박근혜 탄핵소추안 발의가 가능했지만, 더불어민주당과 새누리당 비박계 사이에서 간보던 국민의당 때문에 발의하는 데 1~2주가 지체되었다. 당시 박지원 국민의당 원내대표의 간보기만 아니었으면 박근혜의 탄핵은 더 빨라졌을 것이다.

탄핵소추안 발의가 정족수를 충족하면 국회 본회의에서 탄핵 여부를 가리는 투표를 한다. 헌법 제1~2호에서는 전체 의원 중 2/3가 출석하고, 출석의원의 2/3가 찬성해야 탄핵안이 가결되었다. 헌법 제3호부터 출석 여부와 상관없이 전체 국회의원의 과반수 찬성만 있으면 탄핵소추가 가결되었다. 신민당 소속 국회의원 전원인 102명은

1985년 10월 18일 대법원장 유태흥의 탄핵소추안 발의에 성공하였다. 그러나 10월 21일 표결에서 전체 의원 247명 중 95명만 찬성하여 탄핵안은 기각되었다. 탄핵소추안 발의에 찬성한 신민당 의원 중 적어도 7표가 이탈하였다.

대통령의 탄핵 정족수는 헌법 제6호까지 다른 헌법기관과 동일했으나 헌법 제7호부터 달라졌다. 헌법 제7호부터 전체 국회의원의 2/3가 찬성해야 대통령의 탄핵이 가결되도록 바뀐 것이다. 대통령 탄핵안 발의 정족수만 늘린 것처럼 탄핵안 가결 정족수만 늘려 대통령의 탄핵을 어렵게 만든 것이다. 야당이 전체 의석의 과반수를 차지할 수는 있어도 2/3가 되기는 어려웠기 때문이다. 정치공학적으로 보면 공화당 의원들이 모두 탄핵안을 찬성해도 유정회 의원만 단속하면 탄핵은 산술적으로 불가능했다. 2004년 노무현 전 대통령 탄핵 때에는 야당 국회의원이 195인이었기 때문에 산술적으로 전체 의원수인 271인의 2/3를 넘겼으므로 탄핵안 통과가 쉽게 예상되었다. 따라서 열린우리당 국회의원들은 투표 자체를 막기 위해 국회의사당을 점거하고 농성했으나 인원수의 열세로 쫓겨나야 했다. 2016년에는 국회선진화법 때문에 국회의원이 국회의사당 점거가 더이상 법적으로 불가능했지만, 야당 의석만으로 탄핵에 필요한 2/3의 찬성을 얻기가 산술적으로 불가능했다. 야 3당(더불어민주당, 국민의당, 정의당)의 의석이 167석으로 전체 의석의 약 56%에 불과했기 때문이다. 그런데 찬성한 국회의원이 234명, 즉 78%로 2/3(66%)를 넘겨 탄핵안이 가결되었다. 어떻게 이것이 가능했을까? 여당인 새누리당이 박근혜를 지지하는 친박 세력과 반대하는 비박세력으로 나뉘었기 때문이다. 비박세력과 일부 친박세력 등 최소 67명이 찬성표를 던져서 탄핵안이 가결된 것이다. 탄핵안 투표가 무기명이었고 친박세력과 비박세력 사이에서 감정의 골이 깊었으며, 많은 시민이 지역구 국회의원에게 전화를 걸어 탄핵안 찬성을 요구하는 등 여러 가지 요인이 복합적으로 작용했기 때문에 가능했다.

이제 국회에서 탄핵안을 가결했으니, 탄핵 심판만 남았다. 탄핵 심판을 맡은 기관은 탄핵재판소(헌법 제1~2호), 헌법위원회(헌법 제3호, 헌법 제8~9호), 헌법재판소(헌법 제4~5호, 현행 헌법), 탄핵심판위원회(헌법 제6~7호) 등 헌법마다 달랐다.

헌법 1호	제47조 탄핵사건을 심판하기 위하여 법률로써 탄핵재판소를 설치한다. 탄핵재판소는 부통령이 재판장의 직무를 행하고 대법관 5인과 국회의원 5인이 심판관이 된다. 단, 대통령과 부통령을 심판할 때에는 대법원장이 재판장의 직무를 행한다. 탄핵판결은 심판관 3분지 2 이상의 찬성이 있어야 한다. 탄핵판결은 공직으로부터 파면함에 그친다. 단, 이에 의하여 민사상이나 형사상의 책임이 면제되는 것은 아니다.
헌법 2호	제47조 탄핵사건을 심판하기 위하여 법률로써 탄핵재판소를 설치한다. 탄핵재판소는 부통령이 재판장의 직무를 행하고 대법관 5인과 참의원의원 5인이 심판관이 된다. 단, 대통령과 부통령을 심판할 때에는 대법원장이 재판장의 직무를 행한다. 탄핵판결은 심판관 3분지 2 이상의 찬성이 있어야 한다. 탄핵판결은 공직으로부터 파면함에 그친다. 단, 이에 의하여 민사상이나 형사상의 책임이 면제되는 것은 아니다. [전문개정 1952.7.7.]

헌법 3호	제47조 탄핵사건을 심판하기 위하여 법률로써 탄핵재판소를 설치한다. 탄핵재판소는 부통령이 재판장의 직무를 행하고 대법관 5인과 참의원의원 5인이 심판관이 된다. 단, 대통령과 부통령을 심판할 때에는 대법원장이 재판장의 직무를 행한다. 탄핵판결은 심판관 3분지 2이상의 찬성이 있어야 한다. 탄핵판결은 공직으로부터 파면함에 그친다. 단, 이에 의하여 민사상이나 형사상의 책임이 면제되는 것은 아니다. [전문개정 1952.7.7.]
헌법 4호	제83조의3 헌법재판소는 다음 각호의 사항을 관장한다. 1. 법률의 위헌여부 심사 2. 헌법에 관한 최종적 해석 3. 국가기관간의 권한쟁의 4. 정당의 해산 5. 탄핵재판 6. 대통령, 대법원장과 대법관의 선거에 관한 소송 [본조신설 1960.6.15.]
헌법 5호	제83조의3 헌법재판소는 다음 각호의 사항을 관장한다. 1. 법률의 위헌여부 심사 2. 헌법에 관한 최종적 해석 3. 국가기관간의 권한쟁의 4. 정당의 해산 5. 탄핵재판 6. 대통령, 대법원장과 대법관의 선거에 관한 소송 [본조신설 1960.6.15.]
헌법 6호	제62조 ① 탄핵사건을 심판하기 위하여 탄핵심판위원회를 둔다. ② 탄핵심판위원회는 대법원장을 위원장으로 하고 대법원판사 3인과 국회의원 5인의 위원으로 구성한다. 다만, 대법원장을 심판할 경우에는 국회의장이 위원장이 된다. ③ 탄핵결정에는 구성원 6인 이상의 찬성이 있어야 한다. ④ 탄핵결정은 공직으로부터 파면함에 그친다. 그러나, 이에 의하여 민사상이나 형사상의 책임이 면제되지는 아니한다. ⑤ 탄핵심판에 관한 사항은 법률로 정한다.
헌법 7호	제62조 ① 탄핵사건을 심판하기 위하여 탄핵심판위원회를 둔다. ② 탄핵심판위원회는 대법원장을 위원장으로 하고 대법원판사 3인과 국회의원 5인의 위원으로 구성한다. 다만, 대법원장을 심판할 경우에는 국회의장이 위원장이 된다. ③ 탄핵결정에는 구성원 6인 이상의 찬성이 있어야 한다. ④ 탄핵결정은 공직으로부터 파면함에 그친다. 그러나, 이에 의하여 민사상이나 형사상의 책임이 면제되지는 아니한다. ⑤ 탄핵심판에 관한 사항은 법률로 정한다.

헌법 8호	제109조 ① 헌법위원회는 다음 사항을 심판한다. 1. 법원의 제청에 의한 법률의 위헌여부 2. 탄핵 3. 정당의 해산 ② 헌법위원회는 9인의 위원으로 구성하며, 대통령이 임명한다. ③ 제2항의 위원중 3인은 국회에서 선출하는 자를, 3인은 대법원장이 지명하는 자를 임명한다. ④ 헌법위원회의 위원장은 위원중에서 대통령이 임명한다.
헌법 9호	제112조 ① 헌법위원회는 다음 사항을 심판한다. 1. 법원의 제청에 의한 법률의 위헌여부 2. 탄핵 3. 정당의 해산 ② 헌법위원회는 9인의 위원으로 구성하며, 위원은 대통령이 임명한다. ③ 제2항의 위원중 3인은 국회에서 선출하는 자를, 3인은 대법원장이 지명하는 자를 임명한다. ④ 헌법위원회의 위원장은 위원중에서 대통령이 임명한다.
헌법 10호	제111조 ① 헌법재판소는 다음 사항을 관장한다. 1. 법원의 제청에 의한 법률의 위헌여부 심판 2. 탄핵의 심판 3. 정당의 해산 심판 4. 국가기관 상호간, 국가기관과 지방자치단체간 및 지방자치단체 상호간의 권한쟁의에 관한 심판 5. 법률이 정하는 헌법소원에 관한 심판 ② 헌법재판소는 법관의 자격을 가진 9인의 재판관으로 구성하며, 재판관은 대통령이 임명한다. ③ 제2항의 재판관중 3인은 국회에서 선출하는 자를, 3인은 대법원장이 지명하는 자를 임명한다. ④ 헌법재판소의 장은 국회의 동의를 얻어 재판관중에서 대통령이 임명한다.

1948년 헌법에 따르면 대법관 5인과 국회의원 5인이 탄핵심판소의 심판관이 되고 부통령이 재판장이 되었다. 헌법 제2호에서는 국회의원이 참의원 5인으로, 헌법 제3호에서는 민의원 3인과 참의원 2인

으로 바뀌었지만, 대법관과 국회의원이 5:5의 비율로 탄핵을 심판하였다. 탄핵대상이 대통령과 부통령일 경우 재판장은 부통령이 아니라 대법원장이 맡았다. 상대적으로 법률지식이 부족한 국회의원이 절반이기 때문에 전문적인 법률적인 재판이 될 확률이 낮았을 것이다. 헌법만 보면 그렇다.

당시 신문을 검색하면, 탄핵재판법은 1950년 1월 30일에 통과되었고[22] 같은 해 3월 7일 국회에서 이원홍(민국), 곽상훈(일민), 윤치영(국민), 서우석(민국), 이재학(국민) 등 국회의원이 탄핵재판소심판관으로 당선되었고, 진직현(민국) 등 5인이 예비심판관으로 피선되었다.[23] 대법원 몫인 5인의 심판관은 김병로, 김찬영, 백한성, 김두일, 이우식(예비 송화식, 김준원)이 1951년 7월 26일 선출되었다. 당시 국회의원인 탄핵재판소심판관은 장택상, 곽상훈, 장홍염, 이재형, 이석기 5인이었다.[24] 전년 3월의 국회의원 심판관 명단과 비교하면 장홍염, 이재형, 이석기 3인이 바뀌었음을 알 수 있다. 그런데 동아일보 1955년 10월 27일 자에 따르면 탄핵재판소가 구성되지 않았다는 민주당 의원들의 말을 기사에 실었다.

---

22) 「탄핵재판법통과『헌위법안』가결로」, 『동아일보』, 1950. 01. 31., 1면.
23) 「「탄핵재」심판관선정『헌법위』위원 5명도 선출」, 『동아일보』, 1950. 03. 08., 1면.
24) 「민주국가 실모(實貌)를 구현 탄핵재판소구성 완료」, 『동아일보』, 1951. 07. 26., 1면.

"지난 4월 22일 자로 정부가 제안한 국회의원선거법안은 기간 국회의 무성의로 인해서 해당분과위원회의 예산심사도 거치지 않고 금일에 이르고 있다. 그런데 작일(昨日) 국회에서 권중돈 의원(무) 외 19명은 금년 12월 중으로 동법안을 본회의에 상정 심의하자는 긴급동의를 돌연 제안하여 주목을 끌었으나 여당인 자유당은 권의원 동의를 반대하고 이를 2차 표결에 미결로 폐기시키고 말았다. 즉 이날 개회 벽두 권중돈의원(무)은 정부가 참의원선거법을 검토한 이래 역대 내무부장관은 오늘까지 국민을 기만하여 왔으나 근래 대통령은 동법안의 조속한 심사통과를 촉구한 바 있는 만큼 국회는 국민으로부터 오해를 받지 않기 위해서라도 12월 중으로 동법안을 본회의에 상정해야 한다고 긴급동의의 제안 이유를 설명하였다. 그러나 한희석 국회내무분과위원장과 김상도(자유) 등 양 의원은 내무분과위원회가 오늘부터라도 국회의원선거법안 심의에 착수하면 될 것이니 구태여 권의원 동의를 표결할 필요가 없다는 의견을 피력하였다. 이에 대해서 조영규 의원(민주)은 본회의가 분과위원회에 구속력을 가하고 그들에게 책임과 복종감을 북돋아 주기 위해서라도 권의원 동의를 채택해야 한다고 역설하고 박해정 의원(무) 역시 헌법에 규정된 탄핵재판소를 구성키 위해서라도 참의원의 조속한 구성을 필요로 한다는 것을 주장하였다. 그러나 표결에 들어가서 전기(前記) 권 의원의 긴급동의안은 여당인 자유당의 반대로 말미암아 2차 표결에서 미결로 폐기되고 말았던 것이다."[25]

---

25)「민의원 국회의원선거법의 심의촉구안폐기」,『동아일보』, 1955. 10. 27., 1면.

위의 기사에서 자유당의 반대로 참의원 선거법이 통과되지 못했고, 참의원이 없으므로 탄핵재판소가 구성되지 않았음을 알 수 있다. 이는 1952년의 1차 개헌(헌법 제2호) 때문이다. 이 개헌으로 헌법 제2호의 47조의 '국회의원'은 '참의원'으로 바뀌었다. 야당의 요구대로 양원제를 실시하여 상원에 해당하는 참의원을 새로 설치했기 때문이다. 그런데 이승만 정권 내내 참의원 선거를 실시하지 않았기 때문에 국회 몫인 탄핵재판소 심판관 5인을 뽑을 수 없었다. 이는 1960년 2월 14일 대통령선거 유세에서 장면 후보가 "민주당이 집권하면 법을 지키며 책임 있는 정치를 하겠다. 과거 자유당은 국회에서 법이 제정되어도 공포하지 않는 것이 많았고 또한 법을 지키지도 않았다. … (중략)… 자유당 정부는 헌법에 보장되어 있는 탄핵재판소를 한번도 열지 못하도록 참의원을 구성치 않고 있다. 이는 법치국가에서 위배되는 일이다. …(후략)…"라고 말한 사실에서도 확인된다.

장면 정권에서는 헌법재판소가 설치되었고 심판관 6인 이상의 찬성이 있으면 탄핵이 확정되었다. 1961년 1월 20일 민의원에서 헌법재판소법안이 통과되었지만,[26] 동아일보 1961년 3월 24일 자에서 참의원이 대폭 수정한 헌법재판소법안을 민의원에서 부결시킬 것이라는 전망을 보도하였다.[27] 이후 2개월도 안 되어 5·16 쿠데타가 일어

---

26) 「헌법재판소법안 통과」, 『동아일보』, 1961. 01. 21., 1면.
27) 「헌법재판소법안 참원안부결 될듯」, 『동아일보』, 1961.03.24., 1면.

났기 때문에 헌법재판소는 헌법에만 존재하는 헌법기관이었을 뿐, 실제로 활동했던 기관은 아니었다.

박정희 정권(소위 5공화국)에서는 탄핵심판위원회를 설치하였는데, 대법원판사 3인과 국회의원 5인이 심판위원이었고, 대법원장이 위원장이었다. 법관이 4인, 국회의원이 5인이었으므로 국회의원의 수가 많았다. 따라서 헌법 제1~3호의 탄핵심판소처럼 제도적으로 법률재판보다 정치적 결정이 될 가능성이 높았다. 유신정권 이후 설치된 헌법위원회나 헌법재판소는 입법부·행정부·사법부가 각각 3인을 추천하여 헌법위원이나 헌법재판관을 뽑았다. 헌법위원회(헌법 제8~9호)와 헌법재판소(헌법 제10호)는 탄핵뿐만 아니라 법률의 위헌 여부, 정당 해산 심판 등을 심판하거나 관장하였으므로 정치적 재판이 아닌 법률 재판에 가까웠을 것이다.

박근혜 퇴진을 외쳤던 광화문의 촛불집회가 시작된 2017년 10월 29일부터 12월 9일 국회의 탄핵 가결을 거쳐 2017년 3월 10일 헌법재판소의 판결까지 3개월이 넘게 걸렸다. 국회의 탄핵안 가결 이전뿐만 아니라 이후에도 촛불집회에 참석하면서 탄핵까지 너무 길게 느껴졌다. 헌법재판소는 3개월 동안 재판하였다. 헌법재판소는 집중 심리하며 주말을 제외하고 거의 매일 심리를 열었다. 변호사들에 따르면, 헌법재판소는 다른 재판에서는 최소 일주일에 1차례 심리를 열었기 때문에 실제로 2~3년 걸릴 판결을 3개월로 압축한 것이라고 한다. 그렇다고 하더라도 그 3개월은 너무나 길었다. 헌법 제1~2호의 탄핵

재판소, 헌법 제3호의 헌법위원회, 헌법 제6~7호의 탄핵심판위원회
는 절반, 혹은 그 이상의 국회의원이 참여하므로 법률 재판이 아니라
정치적 재판이었을 것이고, 훨씬 빨리 끝났을 것이다. 박근혜의 탄핵
또한 그때 진행되었다면, 훨씬 더 짧았을 것이다. 아니, 지금 헌법재
판소가 아니라 탄핵재판소, 헌법위원회, 탄핵심판위원회에서 탄핵 심
판이 진행되었다면 15회 이상 촛불집회에 참석할 필요가 없었을 것
이다.

　박근혜는 한국에서 처음으로 탄핵 되었지만, 세계에서 20세기 이
후 열 번째로 탄핵당한 대통령으로 기록되었다. 브라질에서 1992년
(페르난두 콜로르 지 멜루)과 2016년(지우마 호세프), 에콰도르에서
1997년(압달라 부카람), 2005년(루시오 구티에레스), 베네수엘라에
서 1993년(카를로스 안드레스 페레스), 페루에서 2000년(베르토 후
지모리), 인도네시아는 2001년(압두라만 와히드), 리투아니아에서
2004년(롤란다스 팍사스), 파라과이에서 2012년(페르난도 루고)에
각각 대통령을 탄핵했다. 미국에서 1868년(앤드루 존슨), 1974년(리
처드 닉슨), 1999년(빌 클린턴)에 3차례 탄핵안이 하원을 통과하였
지만, 2차례 상원에서 부결되었고(앤드루 존스와 빌 클린턴), 닉슨은
상원 표결 전에 사퇴하였다. 의원내각제 국가라 상황이 다르지만, 크
리스티안 불프 독일 대통령이 90만 원의 향응을 받았다는 이유로 검
찰조사를 받고 사임하였다. 나중에 무죄판결을 받아서 검찰의 정치적
기소라는 비난을 받았다고 한다.

벌써 두 번째 탄핵 사태를 거쳤으니, 탄핵 절차만큼이나 탄핵 당시 대통령권한대행의 임무와 역할을 명확히 할 필요가 있다. 노무현 탄핵 당시 고건 국무총리는 정부의 기강을 다잡고 대통령 부재 상황을 잘 관리했다는 평가를 받았다. 덕분에 차기대통령 선호도 여론조사에서 5위 안에 이름을 올렸다. 그러나 황교안 전 국무총리는 단순한 관리를 넘어 특검 연기 거부, 사드 배치, 대통령기록물의 일방적 봉인(심지어 대통령기록물 목록까지 봉인했다!), 방송통신위원회와 공기업 임원 알박기 등 권한대행의 권한을 넘어서는 행동을 하였고, 한때 대통령에 출마하려고 했다는 의혹을 받기도 했다.

탄핵심판과 "대통령 놀이"에 열중한 황교안을 보면서 "왜 국무총리가 대통령권한대행이 되어야 하지?"라고 생각했다. 역대 헌법에서 대통령이 직무를 수행할 수 없을 때를 대비한 권한대행 규정을 살펴보자.

헌법 1호	제52조 대통령이 사고로 인하여 직무를 수행할 수 없을 때에는 부통령이 그 권한을 대행하고 대통령, 부통령 모두 사고로 인하여 그 직무를 수행할 수 없을 때에는 국무총리가 그 권한을 대행한다.
헌법 2호	제52조 대통령이 사고로 인하여 직무를 수행할 수 없을 때에는 부통령이 그 권한을 대행하고 대통령, 부통령 모두 사고로 인하여 그 직무를 수행할 수 없을 때에는 국무총리가 그 권한을 대행한다.
헌법 3호	제52조 대통령이 사고로 인하여 직무를 수행할 수 없을 때에는 부통령이 그 권한을 대행하고 대통령, 부통령 모두 사고로 인하여 그 직무를 수행할 수 없을 때에는 법률이 정하는 순위에 따라 국무위원이 그 권한을 대행한다. 〈개정 1954.11.29.〉

헌법 4호	제52조 대통령이 궐위되거나 사고로 인하여 직무를 수행할 수 없을 때에는 참의원의장, 민의원의장, 국무총리의 순위로 그 권한을 대행한다. [전문개정 1960.6.15.]
헌법 5호	제52조 대통령이 궐위되거나 사고로 인하여 직무를 수행할 수 없을 때에는 참의원의장, 민의원의장, 국무총리의 순위로 그 권한을 대행한다. [전문개정 1960.6.15.]
헌법 6호	제70조 대통령이 궐위되거나 사고로 인하여 직무를 수행할 수 없을 때에는 국무총리, 법률에 정한 국무위원의 순위로 그 권한을 대행한다.
헌법 7호	제70조 대통령이 궐위되거나 사고로 인하여 직무를 수행할 수 없을 때에는 국무총리, 법률에 정한 국무위원의 순위로 그 권한을 대행한다
헌법 8호	제48조 대통령이 궐위되거나 사고로 인하여 직무를 수행할 수 없을 때에는 국무총리, 법률에 정한 국무위원의 순위로 그 권한을 대행한다.
헌법 9호	제46조 대통령이 궐위되거나 사고로 인하여 직무를 수행할 수 없을 때에는 국무총리, 법률에 정한 국무위원의 순위로 그 권한을 대행한다.
헌법 10호	제71조 대통령이 궐위되거나 사고로 인하여 직무를 수행할 수 없을 때에는 국무총리, 법률이 정한 국무위원의 순서로 그 권한을 대행한다.

1948년 헌법 제정 때 이승만 한 사람의 몽니로 의원내각제에서 대통령제로 바뀌었다. 이때 의원내각제도 포함했고, 대충 타협해서 만들다 보니 2인자에 해당하는 직책이 두 개가 생겼다. 부통령과 국무총리다. 헌법상 부통령은 직무가 명확하지 않았고 이미 대통령 취임 때 74세였던 이승만이 죽거나 중병에 걸릴 경우 대통령을 대행하기 위해 만든 허수아비에 불과했다. 이때의 대통령권한대행은 명목상의 2인자인 부통령과 국무총리, 법률로 정한 서열에 따른 국무위원들, 즉 장관들의 순서였다. 이승만이 3선 개헌을 시도한 1954년 개헌 때

에는 국무총리를 없앴다. 그래서 헌법 제3호에서는 부통령 다음에 국무위원들의 순서가 되었다.

의원내각제를 실시한 헌법 4~5호에서 대통령권한대행은 참의원의장, 민의원의장, 국무총리의 순서였다. 당시 양원제를 실시하였는데, 상원에 해당하는 참의원의 의장이 1순위, 하원에 해당하는 민의원 의장이 2순위였다. 세 번째는 실권을 장악한 국무원의 우두머리인 국무총리였다. 박정희 정권 이후 권한대행은 국무총리와 법률이 정한 순서에 따라 국무위원(장관)들이 맡도록 규정되었다.

순수 대통령제인 미국은 대통령 대행 순서가 대한민국과 다르다. 대통령 사망 시 대통령권한대행이 아니라 새로운 대통령으로 취임한다. 10대 대통령 존 타일러가 처음으로 만든 관행이었다. 최초로 이미지 조작 선거로 당선된 9대 대통령 윌리엄 해리슨이 비가 오는 가운데 취임식을 하다가 급성폐렴에 걸려 한 달 만에 죽었다. 이때 존 타일러는 부통령에서 대통령이 되었다. 본래 미국 헌법에는 "대통령이 유고 시 대통령의 권한은 부통령에게 똑같이 이양된다"라고 규정되어 있었다. 당시 장관들과 의회는 타일러를 '권한대행' 부통령이라고 생각하였다. 타일러는 대통령권한대행인 부통령이 아닌 대통령이라고 주장하였으며, 결국 대통령으로 취임하였다. 이로써 대통령이 죽거나 중도에 사임하면 부통령이 대통령권한대행이 아닌 대통령으로 취임하는 관례가 새로 생겼다. 상원의장을 겸했지만, 실권이 없는 허수아비였던 부통령은 대통령이 죽거나 사임하면 뒤를 잇는 후계자로 존재감이 생겼다. 이후 필모어, 앤드루 존슨, 체스터 아서, 테오도르 루즈벨트, 쿨리지, 트루먼, 린든 존슨, 포드가 부통령에서 대통령으로 승진(?)하였다. 이후 대통령이 죽거나 탄핵 되면 대통령의 자리를 승계하는 원칙을 만들었다. 부통령, 하원의장, 국무장관, 재무장관, 국방장관, 법무장관 등의 순서이다. 부통령은 상원의장을 겸하기 때문에 사실상 대통령 승계 우선순위는 상원의장과 하원의장의 순서다. 미국 의회가 상원의장(겸 부통령)과 하원의장의 순서로 정한 이유는 국민의 대표인 국회의원들의 우두머리가 대통령을 맡는 것이 대표성과 정통성이 있다고 생각하기 때문인 것 같다. 상원의장인 부통령은 상원의원들의 투표로 뽑히지 않지만 대통령선거 때 러닝메이트로 뽑기 때문에 사실상 선거로 선출된다. 하원의장은 국회의원임과 동시에 동료 국회의원의 투표로 선출된다. 그러니 선출직 공무원이 다음 대통령의 우선순위가 되는 방식은 합리적이고 민주적으로 보인다.

문자로 국무총리 해임 통보를 받았다가 국무총리 내정자 김병준이 국회 동의를 통과하지 못하고 유임되어 대통령이 탄핵 되자 권한대행이 되어 '대통령 놀이'에 열중한 황교안 전 국무총리를 보면서 정통성 있는 대통령권한대행의 중요성을 절감하게 된다. 만약 개헌된다면 국민의 대표인 국회의장과 부의장이 대통령권한대행의 1순위와 2순위가 되어야 하는 쪽으로 개정하는 것이 어떨까?

탄핵사태를 거치면서 대통령권한대행의 중요성을 깨달은 문재인 정부는 2018년 3월 헌법 개정안을 발표하면서 대통령권한대행의 권한을 다음과 같이 바꿀 것을 제안하였다.

제75조 ① 대통령이 궐위되거나 질병·사고 등으로 직무를 수행할 수 없는 경우 국무총리, 법률로 정한 국무위원의 순서로 그 권한을 대행한다.

② 대통령이 사임하려고 하거나 질병·사고 등으로 직무를 수행할 수 없는 경우 대통령은 그 사정을 국회의장과 제1항에 따라 권한대행을 할 사람에게 서면으로 미리 통보해야 한다.

③ 제2항의 서면 통보가 없는 경우 권한대행의 개시 여부에 대한 최종적인 판단은 국무총리가 국무회의의 심의를 거쳐 헌법재판소에 신청하여 그 결정에 따른다.

④ 권한대행의 지위는 대통령이 복귀 의사를 서면으로 통보한 때에 종료된다. 다만, 복귀한 대통령의 직무 수행 가능 여부에 대한 다툼이 있을 때에는 대통령, 재적 국무위원 3분의 2 이상 또는 국회의장이 헌법재판소에 신청하여 그 결정에 따른다.

⑤ 제1항에 따라 대통령의 권한을 대행하는 사람은 그 직을 유지하는 한 대통령 선거에 입후보 할 수 없다.

⑥ 대통령의 권한대행에 관하여 필요한 사항은 법률로 정한다.

2~6항이 새로 추가된 내용이다. 탄핵 등으로 대통령권한대행이 생길 것이라고 생각하지 못했기 때문에 여러 가지 착오가 있었다. 이를 해결하기 위해 경우의 수에 따라 5가지 조항을 추가한 것이다. 대

통령놀이를 하며 선거에 출마하려고 간보던 황교안 총리 때문에 5항에 대통령권한대행이 현직으로 선거에 출마할 수 없도록 원천봉쇄하였다. 이 헌법 개정안은 국회의 태업으로 국민투표에 부치지도 못하고 폐기되었지만, 대통령이 수술을 받거나 잠깐 공백기를 가질 때 권한대행을 둘 수 있도록 만든 규정은 바람직한 조치라고 생각한다. 또 이번 탄핵을 거치면서 드는 의문은 대통령이 죽거나 탄핵 되어 직무를 할 수 없을 때 후임을 선거로 뽑아야 한다는 조항이다.

헌법 1호	제56조 대통령, 부통령의 임기가 만료되는 때에는 늦어도 그 임기가 만료되기 30일 전에 그 후임자를 선거한다. 대통령 또는 부통령이 궐위된 때에는 즉시 그 후임자를 선거한다.
헌법 2호	제56조 대통령, 부통령의 임기가 만료되는 때에는 늦어도 그 임기가 만료되기 30일 전에 그 후임자를 선거한다. 대통령 또는 부통령이 궐위된 때에는 즉시 그 후임자를 선거한다.
헌법 3호	제56조 ① 대통령, 부통령의 임기가 만료되는 때에는 늦어도 그 임기가 만료되기 30일 전에 그 후임자를 선거한다. ② 삭제 〈1954.11.29.〉
헌법 4호	제56조 대통령이 궐위된 때에는 즉시 그 후임자를 선거한다. 대통령의 임기가 만료되는 때에는 그 임기가 만료되기 전 30일까지에 그 후임자를 선거한다. [전문개정 1960.6.15.]
헌법 5호	제56조 대통령이 궐위된 때에는 즉시 그 후임자를 선거한다. 대통령의 임기가 만료되는 때에는 그 임기가 만료되기 전 30일까지에 그 후임자를 선거한다. [전문개정 1960.6.15.]
헌법 6호	제67조 ① 대통령의 임기가 만료되는 때에는 임기만료 70일 내지 40일 전에 후임자를 선거한다. ② 대통령이 궐위된 때에는 즉시 후임자를 선거한다. 대통령 당선자가 사망하거나 판결 기타의 사유로 그 자격을 상실한 때에도 또한 같다.

헌법은 밥이다 2

헌법 7호	제67조 ① 대통령의 임기가 만료되는 때에는 임기만료 70일 내지 40일 전에 후임자를 선거한다. ② 대통령이 궐위된 때에는 즉시 후임자를 선거한다. 대통령 당선자가 사망하거나 판결 기타의 사유로 그 자격을 상실한 때에도 또한 같다.
헌법 8호	제45조 ① 대통령의 임기가 만료되는 때에는 통일주체국민회의는 늦어도 임기만료 30일 전에 후임자를 선거한다. ② 대통령이 궐위된 때에는 통일주체국민회의는 3월 이내에 후임자를 선거한다. 다만, 잔임기간이 1년 미만인 때에는 후임자를 선거하지 아니한다. ③ 대통령이 궐위된 경우의 후임자는 전임자의 잔임기간중 재임한다.
헌법 9호	제43조 ① 대통령의 임기가 만료되는 때에는 대통령선거인단은 늦어도 임기만료 30일 전에 후임자를 선거한다. ② 대통령이 궐위된 때에는 새로이 대통령선거인단을 구성하여 3월 이내에 후임자를 선거한다.
헌법 10호	제68조 ① 대통령의 임기가 만료되는 때에는 임기만료 70일 내지 40일 전에 후임자를 선거한다. ② 대통령이 궐위된 때 또는 대통령 당선자가 사망하거나 판결 기타의 사유로 그 자격을 상실한 때에는 60일 이내에 후임자를 선거한다.

1948년부터 대통령이 없을 경우 권한대행이 대통령의 직책을 대신 처리하지만, 그 기간은 새 대통령을 뽑기까지에 불과하였다. 헌법 1~2호에서는 대통령이 없으면 곧바로 선거하도록 규정하였다. 헌법 3호에서는 이 규정을 삭제했다가 헌법 4~5호에서는 이전처럼 즉시 선거를 규정하였다. 헌법 6~7호에서는 새 대통령 선거와 마찬가지로 대통령 임기 만기 40~70일 사이에 대통령을 뽑는 투표를 하였다. 유신헌법과 헌법 9호에서는 3개월 이내에 선거하도록 하였다. 차이점은 유신헌법에서는 후임 대통령은 전임 대통령의 잔여 임기를 채우도록 하였고 잔여 임기가 1년 미만이면 후임자를 선거하지 않도록 하

였다. 반면 헌법 9호에서는 잔여 임기 계승 여부를 기록하지 않았다. 현행 헌법은 대통령 선거 기간을 60일 이내로 줄였다. 유신헌법과 헌법 9호에서 대통령 간선제를 규정했는데도 90일의 선출 기간을 두었지만, 현행 헌법은 국민이 대통령을 직접 뽑는 직선제인데도 60일은 짧다.

탄핵을 경험하면서 대통령 부재와 관련된 헌법 조항을 보니, 일부는 불합리해 보이기도 하고 바꿀 필요성을 느끼게 된다. 탄핵을 경험하지 못했다면, 대통령권한대행과 보궐선거 규정에 관심을 가지지 않았을 것이다. 문재인 정부의 헌법개정안처럼 헌법이든 법률이든 대통령권한대행에 대한 상세한 규정은 필요해 보인다.

2016헌나1 선고문(박근혜 탄핵 선고문)

지금부터 2016헌나1 대통령 박근혜 탄핵사건에 대한 선고를 시작하겠습니다.
…(중략)…
다음으로 피청구인의 이러한 행위가 헌법과 법률에 위배되는지를 보겠습니다. 헌법은 공무원을 '국민 전체에 대한 봉사자'로 규정하여 공무원의 공익실현의 무를 천명하고 있고, 이 의무는 국가공무원법과 공직자윤리법 등을 통해 구체화되고 있습니다.
피청구인의 행위는 최서원(최순실의 개명 후 이름)의 이익을 위해 대통령의 지위와 권한을 남용한 것으로서 공정한 직무수행이라고 할 수 없으며, 헌법, 국가공무원법, 공직자윤리법 등을 위배한 것입니다.
또한, 재단법인 미르와 케이스포츠의 설립, 최성원의 이권 개입에 직, 간접적으로 도움을 준 피청구인의 행위는 기업의 재산권을 침해하였을 뿐만 아니라, 기업경영의 자유를 침해한 것입니다.

그리고 피청구인의 지시 또는 방치에 따라 직무상 비밀에 해당하는 많은 문건이 최서원에게 유출된 점은 국가공무원법의 비밀엄수의무를 위배한 것입니다. 지금까지 살펴본 피청구인의 법위반 행위가 피청구인을 파면할 만큼 중대한 것인지에 관하여 보겠습니다.

대통령은 헌법과 법률에 따라 권한을 행사하여야 함은 물론, 공무 수행은 투명하게 공개하여 국민의 평가를 받아야 합니다.

그런데 피청구인은 최서원의 국정개입사실을 철저히 숨겼고, 그에 관한 의혹이 제기될 때마다 이를 부인하며 오히려 의혹 제기를 비난하였습니다. 이로 인해 국회 등 헌법기관에 의한 견제나 언론에 의한 감시 장치가 제대로 작동될 수 없었습니다.

또한, 피청구인은 미르와 케이스포츠 설립, 플레이그라운드와 더블루케이 및 케이디코퍼레이션 지원 등과 같은 최서원의 사익 추구에 관여하고 지원하였습니다.

피청구인의 헌법과 법률 위배행위는 재임기간 전반에 걸쳐 지속적으로 이루어졌고, 국회와 언론의 지적에도 불구하고 오히려 사실을 은폐하고 관련자를 단속해 왔습니다. 그 결과 피청구인의 지시에 따른 안종범, 김종, 정호성 등이 부패범죄 혐의로 구속 기소되는 중대한 사태에 이르렀습니다.

이러한 피청구인의 위헌·위법행위는 대의민주제 원리와 법치주의 정신을 훼손한 것입니다.

한편, 피청구인은 대국민 담화에서 진상 규명에 최대한 협조하겠다고 하였으나 정작 검찰과 특별검사의 조사에 응하지 않았고, 청와대에 대한 압수수색도 거부하였습니다.

이 사건 소추사유와 관련한 피청구인의 일련의 언행을 보면, 법 위배행위가 반복되지 않도록 할 헌법수호의지가 드러나지 않습니다.
결국 피청구인의 위헌·위법행위는 국민의 신임을 배반한 것으로 헌법수호의 관점에서 용납될 수 없는 중대한 법 위배행위라고 보아야 합니다. 피청구인의 법 위배행위가 헌법 질서에 미치는 부정적 영향과 파급효과가 중대하므로, 피청구인을 파면함으로써 얻는 헌법수호의 이익이 압도적으로 크다고 할 것입니다.

이에 재판관 전원의 일치된 의견으로 주문을 선고합니다.

주문: 피청구인 대통령 박근혜를 파면한다.

대통령중심제와
의원내각제

2권분립(의원내각제)과 3권분립(대통령중심제)은 근대 유럽과 미국에서 실현된 제도다. 계몽사상가 로크는 입법부·행정부가 한 몸이 되고 사법부가 분리된 2권분립을 주장하였다. 의회가 행정부의 역할을 겸하는 의원내각제는 영국에서 실현되었다. 의회가 왕으로부터 권력을 빼앗은 민주화 과정이 의원내각제로 발전하였다. 의회가 법을 만들뿐만 아니라 다수의 당이 행정부를 운영하는 형태다. 몽테스키외가 주창한 3권분립은 입법부·행정부·사법부로 나누어 입법부가 법률의 입안과 통과, 행정부가 법률의 집행, 사법부가 법률의 심사와 재판을 담당하게 한다는 주장이다. 영국으로부터 독립한 미국이 처음으로 3권분립의 정치체제를 채택하였다. 미국은 입법부·행정부·사법부가 서로 견제하며 균형을 이루는 3권분립의 모범 국가가 되었다.

제도와 상관없이 사람들의 의지에 따라 2권분립이 3권분립으로, 3권분립이 2권분립으로 바뀔 수 있다.

1948년 헌법이 만들어진 과정을 보면 유진오의 초안은 대통령중심제가 아닌 의원내각제였고, 다수의 국회의원도 동의하였다. 그러나 당시 국회의장 이승만이 다수의 의견을 무시하고 '대통령 해 먹으려고' 혼자 우겨서 대통령중심제를 관철했다. 시간이 부족해서 그랬을까? 아니면 의원내각제를 주장하는 국회의원들의 주장을 절충한 것일까? 1948년 헌법은 순수한 대통령중심제라고 보기 어려웠다. 제39 조에는 "국회의원과 정부는 법률안을 제출할 수 있다"라고 하였다. 이 조항에 따라 정부도 법률안 제안권을 가졌다. 순수한 대통령제에 서는 행정부가 입법권을 가질 수 없다. 또 제53조에서는 "대통령과 부통령은 국회에서 무기명투표로써 각각 선거한다"라고 하여 대통 령 간선제를 규정하였다. 주로 의원내각제에서 대통령을 국회(의회) 에서 뽑았다. 또 제68조에서 "국무원은 대통령과 국무총리 기타의 국 무위원으로 조직되는 합의체로서 대통령의 권한에 속한 중요 국책을 의결한다"라고 하였다. 이 조항을 보면 대통령은 국무원의 구성원 가 운데 하나이며, 국무원은 중요한 국가의 정책을 합의하여 결정하는 기구였다. 이 또한 의원내각제의 총리 및 내각과 비슷한 것으로 보인 다. 또 '국무원'이라는 명칭과 합의와 의결을 중시하는 국무원은 대한 민국임시헌장(헌법 제2호)을 계승한 것이다.

1948년 헌법에 규정된 대통령의 권한을 살펴보면 제왕적 대통령 이 될 수 없었다. 오히려 국회와 국무원 등이 대통령의 권한을 제한 하였다. 1948년 헌법의 대통령은 의원내각제의 대통령보다 강한 권 한을 가졌지만, 미국식 3권분립의 대통령보다는 권한이 약했다. 이승 만은 헌법에서 규정된 대통령의 권한을 넘어 개인적 카리스마와 여 러 권위로 무소불위의 권력을 행사하였다. 친일파들이 득실득실한 정 부와 국회에서 독립운동가, 한국 최초의 박사학위 취득자라는 권위, 전통적인 장유유서 질서를 중시하는 사회에서 몇몇 고령의 어르신이 가지는 권위 때문에 합의체인 국무원 구성원인 국무위원들도 '대통령의 말씀'에 복종할 수밖에 없었을 것이다. 이미 1919년 출범한 대한민국임시정부에서 전횡을 일삼아 탄핵당한 경력이 있는 이승만은 여전히 독선적이었고 헌법과 법률을 무시하였다. 이에 반대한 야당이 다수당이 되어 재선 가능성이 없자 1952년 대통령직선제로 바꾸는 개헌을 추진하였다. 이후 대통령을 견제하는 국무원을 약화하기 위해 국무총리를 임명하지 않았고 국무총리서리를 임명하였다. 국무총리가 헌법기관이었기 때문에 공석으로 남겨두면 안 되었고 국무총리 임명은 국회의 비준을 받아야 하는 헌법을 모두 어긴 것이다. 이어서 3선 개헌을 가능하게 한 1954년 2차 개헌으로 만든 헌법 제3호에는 아예 국무총리를 없애버렸다.

명령과 복종을 중시하는 군인 출신이었던 박정희는 행정부에서 대통령의 권한을 제한할 수 있는 국무원을 없애고 국무회의의 권한을 의결에서 심의로 바꾸었다. 또 총리에는 정치적 야심이 없는 인물들을 임명하였다. 박정희 정권의 마지막 국무총리인 최규하는 대통령 연설문을 대신 읽었기 때문에 대독 총리라고 불렸다. 전두환은 "최규하의 다른 능력을 모르겠으나 연설문을 읽는 능력을 최고"라며 부러워하였다.

또 박정희 정권 때 정부가 법률을 만들고 국회가 거수기처럼 통과시키는 관행이 더욱 심하였다. 제헌헌법 제39조에 규정된 것처럼 법률을 통과시키는 것은 국회였지만, 법률안 제안권은 국회와 정부가 모두 가졌다. 대통령과 행정부의 법률안 제안권은 순수 대통령제를 채택한 미국에서 상상조차 못할 일이었다. 박정희 정권은 이를 활용해 국회는 법률을 만드는 것이 아니라 통과시키는 통법부로 전락시켰다. 일제강점기 군국주의 교육을 받은 군인 박정희는 민주주의를 이해하지도 못했고 이해할 생각도 없었다.『프레이저 보고서』에서 1970년 8월 미국 부통령 애그뉴가 박정희와 만난 장면을 다음과 같이 기록하였다.

"애그뉴의 한 수행원은 박 대통령과의 회담을 '이례적'인 것으로 묘사했다. 박의 행동은 그가 지금껏 목격한 어느 국가의 수반과도 다른, '절대적으로 공격적'인 행동이었다. 회담은 약 한 시간으로 계획되었는데, 거의 여섯 시간 동안 계속되었다. 휴식시간도 허락되지 않았다.

애그뉴는 회담 내내 미합중국은 행정부와 입법부 양자의 동의를 요하는 정부체계를 가졌으며, 대통령이 비록 대외정책을 수립해도 세출 승인을 결정하는 것은 의회의 역할이라는 것을 강조했다.

애그뉴가 보기에, 박은 의회의 역할을 이해하지 못하는 듯했다. 박은 의회의 어떤 특권도 인정하지 않은 채, "대통령에게 말해서"라는 말을 되풀이하면서 '이것저것을 하게 하라'고 요구했다."[28]

---

28) 미 하원 국제관계위원회 국제기구소위원회,『프레이저 보고서』, 115쪽.

애그뉴 부통령은 미국 의회와 행정부의 역할이 다름을 언급하며 의회의 세출 승인을 받아야 외교와 안보에 대한 정책을 집행할 수 있다고 말했다. 그러나 박정희는 미국에서도 대통령이 모든 것을 할 수 있다고 오해하였다. 한국처럼 미국 의회가 미국 대통령 말 한마디에 절대복종한다고 생각한 것이다. 그러니 "대통령에게 말해서"라는 말을 남발하였다. 이 부분 소제목은 "난 삼권분립이 뭔지 몰라"다. 이 소제목처럼 박정희는 민주주의의 기본원칙 가운데 하나인 삼권분립을 이해하지 못했고 할 생각도 없었다. 그에게 국회는 대통령의 명령을 따르는 거수기에 불과했으니, 삼권분립이 왜 필요하다는 말인가?

통법부로 전락한 의회의 종속은 단지 박정희 정권만의 문제는 아니었다. 미국에서 삼권분립의 헌법을 만들 때 생각하지 못한 요소가 있었다. 바로 정당이다. 의회와 행정부가 완전히 분리되고 감시해야 했다. 이를 무력화시키는 것이 정당이다. 의회의 다수당과 대통령을 배출한 당이 일치하게 되면 입법과 행정 기능이 분리되는 것이 아니라 일치될 수 있었다. 그나마 미국은 여당 의원들이 소속 정당보다 개인의 정치관과 지역구의 여론을 반영하여 반드시 대통령과 행정부의 바람대로 표결하지는 않지만, 한국은 달랐다. 이승만 정권 때부터 대통령이 여당의 총재를 맡는 관행이 시작되었다. 대통령은 행정부의 수반으로 정부를 장악할 뿐만 아니라 여당 총재를 겸임하여 국회의원 공천권을 장악하고 여당을 통제하였다. 따라서 여당이 과반수의 의석을 확보하면 정부가 제출한 법률을 통과시킬 수 있었다. 여당 국회의원들이 공천권을 장악한 당총재이자 대통령이 제출한 법률안을 거부하기 어려웠기 때문이다. 그나마 정당의 공천이 별다른 영향력을 발휘하지 못했던 이승만 정권 때에는 당의 국회의원 장악력이 적었을 수 있다. 무소속으로 나가도 쉽게 당선되었기 때문이다. 그러나 박정희 정권 때엔 상황이 달랐다. 박정희 정권 시절 헌법에 따르면 정당의 추천을 받은 사람만 국회의원에 출마할 수 있었다(이를 정당제 국가라고 칭하는 학자들도 있다. 무소속 출마는 원천봉쇄되었다. 게다가 정당에서 축출당하면 국회의원 자리를 잃었다. 당론과 달리 이낙연 국무총리 인준 투표에 참여한 김현아 자유한국당 의원은 박정희 정권 시절 같으면 당에서 축출되어 국회의원직을 잃었을 것이다. 국민의당 분당 이후 바른미래당 소속이지만 민주평화당과 보조를 맞추는 이상돈 등 비례대표 의원들도 마찬가지 상황이었다. 그러니 여당 국회의원은 당총재인 대통령에게 절대복종해야 했다. 외형적으로는 3권분립이었지만, 실질적으로 대통령이 행정부뿐만 아니라 정당을 통해 의회를 동시에 장악한 것이다. 이는 헌법만으로 해결할 수 없는 문제다. 대통령을 배출한 정당이 의회 다수당이 되지 말라는 헌법 조항을 만들 수는 없지 않은가?

대통령이 여당의 총재를 겸하며 정부와 국회를 장악하면서 법률안 제정과 심의는 국회가 아니라 당정협의회에서 사실상 결정되었다. 당정협의회는 여당의 주요 국회의원과 정부 부처의 고위 관료가 모여 법률안과 정책 결정을 함께 논의하는 기구였다. 여기에 대통령을 대신하여 청와대 비서실의 비서관들이 참여하기도 하였다. 이 모임만 놓고 보면 사실상 국회와 정부가 한 몸이 되는 의원내각제나 다름없었다. 당정협의회는 헌법기관도 아니고 법률상 정부나 국회의 공식기구도 아니었다. 국회의원이 법안을 만들고 절차에 따라 국회에서 법률을 통과하는 것보다 시간도 적게 걸렸고 이해관계 충돌을 막는 사전 조율도 가능했다. 게다가 대통령과 정부 관료들의 의사와 명령을 관철할 수 있었다. 대통령이 총재를 겸하는 관행은 노무현 정권 때 없어졌지만, 대통령이 여전히 당에 영향력을 행사하였고 여당 국회의원과 정부 관료들이 모여 정책과 법률안을 논의하는 관행은 사라지지 않았다. 심지어 문재인 정부에서도 '협치'를 내세워 여야 5당이 참여한 '여야정협의체'를 제안하였다. 현재는 자유한국당이 국무총리 인준 문제로 반발하며 여야정협의체 불참을 선언한 상태다.

정부는 당정협의회를 통한 입법뿐만 아니라 개별 국회의원을 통한 우회입법을 활용하였다. 정부 부처가 법률안을 만들어 우호적인 국회의원에게 대신 국회에 제출하고 통과시키는 우회입법이 점점 많아지고 있다. 국회의원은 정부가 만들어준 법률안을 국회에 제출하면 되니 수고도 덜고 실적을 올릴 수 있는 장점이 있다. 정부 입장에서는 정부가 법률안을 제출할 경우 야당 의원들의 경계와 비판을 더 받을 수 있지만, 국회의원을 통해 제출하면 그 강도는 약해진다. 또 국회의원은 법률안을 만들지 않지만 통과시키기 위해 상임위원회와 동료 국회의원들을 상대로 설득한다. 이는 정부의 수고를 덜어준다. 이러니 국회의원은 놀고먹을 수 있다. 당선이 힘들어서 그렇지 한번 국회의원이 되면 청부입법으로 실적을 올리고 막말을 하며 4년 동안 떵떵거리며 살 수 있다.

더민주당을 제외한 나머지 정당들은 대통령 선거에서 졌기 때문에 정권을 잡지 못하게 되자 제왕적 대통령제를 바꾸고 분권형 대통령제, 혹은 이원집정부제, 의원내각제로 정치체제를 바꾸는 개헌을 주장한다. 학자들의 연구에 따르면 대통령이 외교와 국방, 총리가 나머지 행정권을 장악하는 이원집정부제는 대통령과 총리의 개인적 성향과 세력관계에 따라 대통령중심제나 의원내각제로 바뀔 수 있다고 한다. 대통령이 권력에 관심 없으면 국방과 외교에 충실하겠지만, 반대의 경우 총리의 영역인 의회와 내정에 간섭할 수 있다는 것이다. 마찬가지로 총리도 자기의 권한 밖인 외교와 국방에 간섭하며 권력을 확대할 수 있다. 이처럼 이원집정부제는 칼로 물 베기처럼 반드시 이분법적인 역할분담을 따를 수 있는 것은 아니다.

친박당(자유한국당), 비박당(바른정당), 국민의당이 선호하는 의원내각제는 이미 실패한 경험이 있다. 그 과정을 간단히 살펴보자.

4·19 이후 이승만 정권이 무너지자 개헌을 통해 의원내각제로 바꾼 후 실시한 국회의원 선거에서 이승만 정권 때 야당이었던 민주당이 승리하였다. 민주당은 국회의원 의석의 2/3를 넘는 기대 정당이 되었다. 당시 의회는 하원에 해당하는 민의원과 상원에 해당하는 참의원이 있었다. 민주당이 민의원의 2/3를 장악하여 개헌까지 할 수

있는 권리를 가졌으므로 절대 권력을 행사할 것처럼 보였다. 그러나 민주당은 구파와 신파의 갈등으로 자멸하였다. 대부분의 한국 정당이 그렇듯이, 민주당도 정책이 아닌 당파와 이권에 따라 '헤쳐 모여'를 반복하였다. 이승만 정권과 자유당의 사사오입 개헌 이후 민주국민당의 보수파와 자유당의 탈당파, 흥사단 등의 반이승만 세력이 모여 1955년 9월 18일 만든 당이 민주당이다. 서로 다른 정파가 이승만을 반대한다는 이유로만 모인 정당이었기 때문에 당연히 파벌이 있었다. 구파와 신파다. 신익희, 조병옥, 김도연, 김준연, 윤보선, 유진산, 윤제술, 허정이 한국민주당 또는 민주국민당 출신으로 구성된 민주당 구파에 속했다. 곽상훈, 장면, 현석호, 오위영, 박순천, 이철승, 정일형 등이 자유당 탈당파와 흥사단계 등으로 구성된 민주당 신파에 속했다. 이승만 정권 때 구파의 신익희와 조병옥이 대통령 후보, 신파의 장면이 부통령 후보가 되어 선거에 출마했다. 신익희와 조병옥은 모두 선거 도중 사망했다. 덕분에 이승만은 사실상 무투표로 당선됐다(물론 조봉암이 있기는 했다). 장면은 선거에 승리하여 부통령이 되었다.

민주당이 의석수의 2/3을 차지하여 세력이 커지자 구파와 신파가 국무총리 자리를 차지하려고 암투를 벌였다. 결국 신파가 승리하여 장면이 국무총리가 되었다. 대신 구파의 우두머리였던 윤보선을 대통령으로 선출하였다. 이후 신파의 장면 내각과 구파의 대통령이 서로 반목하였다. 결국 1960년 11월 구파 세력이 탈당하여 신민당을 만들었다. 이에 윤보선 대통령은 구파의 신민당, 장면 국무총리와 내각은 신파의 민주당에 속했다. 명목상의 대통령과 실권을 쥔 국무총리가 다른 정당이었기 때문에 의회뿐만 아니라 정부도 둘로 나뉘어 서로 정쟁을 벌였다.

민주당 구파와 신파의 정쟁과 분열뿐만 아니라 이승만 정권 때 독재에 시달리느라 제대로 민주주의를 경험해보지 못했기 때문에 의원내각제가 실패했다. 단순하게 말하면, 대통령의 명령으로 모든 것이 해결되는 대통령중심제와 달리 의원내각제는 다양한 이해관계를 조절하고 타협해야 하는 고도의 정치적 기술이 필요했다. 민주주의 훈련이 되지 않은 상황에서 대화와 타협은 당파싸움으로 변질되었다. 현재 자유한국당과 바른미래당 민주평화당 3당은 의원내각제를 주장한다. 그러나 대통령중심제에 익숙한 상황에서 의원내각제가 가능할까? 국회가 돌아가는 것을 보면 여전히 대화와 타협이 부족하다. 자유한국당과 바른미래당의 전신인 새누리당과 한나라당은 대통령에 절대복종하는 정치 문화를 지녔다. 국회의원 개개인이 독립적인 헌법기관이지만 자기 당 대통령의 명령에 절대복종하는 허수아비였다. 독자적인 입법 활동을 해본 적이 없고, 야당과 협상했음에도 청와대에서 반대하면 180도 번복하는 행태를 자주 보였다. 한나라당, 새누리당, 자유한국당, 바른미래당 등 정당 이름은 바뀌었지만, 입법 활동과 대통령 및 행정부 견제보다 반대를 위한 반대와 국회 본회의 보이콧만 한다. 할 줄 아는 것이 그것밖에 없기 때문이다. 특히 국회선진화법이 통과된 후 원내교섭단체인 한 정당이 반대하면 될 일도 안 된다. 예컨대 촛불집회에서 나온 요구 중 하나인 만18세 투표권은 자유한국당의 반대로 본회의 상정이 무산되었다. 문재인 정부 초기 야3당(자유한국당, 바른정당, 국민의당)은 장관 임명에 반대를 위한 반대만 했다. 특히 최초의 여성 외교부 장관인 강경화 장관 임명에 결사적으로 반대했다. 자기 능력으로 유엔 사무국 2인자의 자리에 올랐고 국민의 60%의 지지를 얻었으며, 김영삼-이명박 정권의 외무장관들과 외교부 노조가 지지 성명을 내며 지지하는 인재를 무조건 안 된다고 한다. 그들의 반대와 달리 강경화 외교부 장관은 한국과 중국의 사드 갈등과 남북 정상 회담 등 주요 외교 현안을 잘 처리하고 있다. 이렇게 비타협적인 의원들이 의원내각제를 잘할까? 자신들에게 불리한 법안은 무조건 반대하고 대화와 타협도 없는 국회의원들이 대화와 타협이 필요한 의원내각제를 제대로 운영할 수 있을까? 아니라고 본다. 게다가 의원내각제는 국회 해산이 자유롭다. 만약 정부가 의회의 불신임을 받거나 내각이 붕괴한다면, 국회는 자주 해산되고 선거를 자주 실시해야 할지도 모른다.

앞에서 살펴본 것처럼 헌법에서 규정한 정부형태도 중요하지만, 더 중요한 것은 사람이다. 헌법을 지키는 것도, 어기는 것도 사람들이기 때문이다. 특히 국회의원들이 어떻게 하느냐에 따라 대통령중심제에서도 의원내각제가 가능하고, 의원내각제가 대통령중심제가 될 수도 있다. 국민의당(현재는 미래당과 민평당으로 분당됨)이 주장하는 오스트리아식 이원집정부제도 사람과 관례에 따른 것이라고 한다. 오스트리아 헌법에서는 대통령의 권한이 강하지만, 대통령이 의회 다수당 대표를 총리로 임명하고 총리가 의회와 함께 국정을 운영하면서 의원내각제와 비슷한 형태가 되었다고 한다. 지금처럼 다당제가 유지된다면 앞으로 누가 대통령이 되든지 과반수를 획득한 다수당이 없는 상황이면 행정부와 국회의 '협치'가 실현될 수밖에 없다. 여당 더불어민주당의 의석수인 120여 석만으로 정국을 이끌어갈 수 없다. 따라서 국민의당이나 정의당과 힘을 합해야 겨우 국회의원 과반수를 확보할 수 있었다(160여 석). 국민당이 바른미래당과 민주평화당으로 분당된 현재, 정치적 셈법이 더욱 복잡해졌다. 지금처럼 야당이 장관후보자를 청문회에서 무조건 반대한다면, 국회의원들을 장관으로 임명할 수밖에 없다. 국회의원 장관후보자들은 위장 전입, 탈세, 부동산 투기를 하더라도 동료의식을 발휘하여 통과시켜 주기 때문이다. 국회의원 출신 장관후보자가 낙마한 전례가 없는 이유다(2018년 4월 금융감독원 위원장에 임명된 김기식 전 의원이 낙마한 것이 유일한 예외가 되었다). 만약 국회의원이 장관의 절반을 차지하는 상황이 되면 그것이 곧 의원내각제가 아닌가? 어차피 의원내각제라고 해도 국회의원들이 전부 장관이 되는 것은 아니기 때문이다. 의원내각제를 규정한 헌법 4~5호의 제69조에서는 "국무총리와 국무위원의 과반수는 국회의원이어야 한다. 단, 민의원이 해산된 때에는 예외로 한다"라고 하여 장관이 되는 국무위원을 전부 국회의원으로 임명한다고 규정하지는 않았다. 사람이 헌법과 법률을 만들지만, 사람이 헌법과 법률을 어기기도 한다. 여당이 독주할 수 없는 지금이 헌법의 범위 안에서 의원내각제와 지방분권을 실험할 기회이다.

역대 대통령 선출방식의 변천 과정

구분	선출방식	임기	중임제한
1948년 헌법	국회 선출(간선제)	4년	1차 중임
1차 개헌			
2차 개헌	국민 직접투표(직선제)		초대 대통령에 한하여 연임 허용
3차 개헌	양원합동회의에서 선출(간선제)	5년	1차 중임
4차 개헌			
5차 개헌	국민 직접투표(직선제)	4년	
6차 개헌			3기에 한하여 연임 허용
7차 개헌	통일주체국민회의에서 선출(간선제)	6년	무제한 허용
8차 개헌	대통령선거인단이 선출(간선제)	7년	단임
9차 개헌 (현행 헌법)	국민 직접투표(직선제)	5년	

국무원과
국무회의

　　현행 헌법에서 국무회의의 지위는 모호하다. 헌법 규정에 따르면, 국무위원 가운데 장관을 임명해야 하지만 실제로는 장관을 먼저 임명하면 장관이 국무위원을 겸임한다. 국무회의에 참석하는 국무위원들은 해당 안건에 대한 의결권이 없다. 과반수가 반대해도 상정된 안건은 통과된다. '의결'권이 없고 상정된 안건의 심의에 그치기 때문이다. 심하게 말하면 대통령과 국무총리, 장관들이 모여 차 마시며 노닥거리는 자리에 불과하다. 국무회의의 역할과 구성은 현행 헌법 제88조에 있다. 이 조항이 어떻게 바뀌었는지 아래에서 살펴보자.

헌법 1호	제69조 국무총리는 대통령이 임명하고 국회의 승인을 얻어야 한다. 민의원의원 총선거 후 신국회가 개회되었을 때에는 국무총리임명에 대한 승인을 다시 얻어야한다. 국무총리가 궐위된 때에는 10일 이내에 전항의 승인을 요구하여야 한다. 국무위원은 국무총리의 제청에 의하여 대통령이 임면한다. 국무위원총수는 8인 이상 15인 이내로 한다. 군인은 현역을 면한 후가 아니면 국무총리 또는 국무위원에 임명될 수 없다.
	제70조 대통령은 국무회의의 의장이 된다. 국무총리는 대통령을 보좌하며 국무회의의 부의장이 된다.
헌법 2호	제69조 국무총리는 대통령이 임명하고 국회의 승인을 얻어야 한다. 민의원의원 총선거 후 신국회가 개회되었을 때에는 국무총리임명에 대한 승인을 다시 얻어야한다. 국무총리가 궐위된 때에는 10일 이내에 전항의 승인을 요구하여야 한다. 국무위원은 국무총리의 제청에 의하여 대통령이 임면한다. 국무위원총수는 8인 이상 15인 이내로 한다. 군인은 현역을 면한 후가 아니면 국무총리 또는 국무위원에 임명될 수 없다. [전문개정 1952.7.7.]
	제70조 ① 대통령은 국무회의의 의장이 된다. ② 국무총리는 대통령을 보좌하며 국무회의의 부의장이 된다. ③ 국무총리와 국무위원은 국회에 대하여 국무원의 권한에 속하는 일반국무에 관하여는 연대책임을 지고 각자의 행위에 관하여는 개별책임을 진다. 〈신설 1952.7.7.〉

헌법 3호	제69조 국무위원은 대통령이 임명한다. 국무위원총수는 8인 이상 15인 이내로 한다. 군인은 현역을 면한 후가 아니면 국무위원에 임명될 수 없다. [전문개정 1954.11.29.] 제70조 대통령은 국무회의를 소집하고 그 의장이 된다. 대통령은 필요하다고 인정할 때에는 제52조에 의한 법률이 규정한 순위에 따라 국무위원으로 하여금 국무회의의 의장의 직무를 대행하게 할 수 있다. [전문개정 1954.11.29.]
헌법 4호	제70조 국무총리는 국무회의를 소집하고 의장이 된다. 국무총리는 법률에서 일정한 범위를 정하여 위임을 받은 사항과 법률을 실 시하기 위하여 필요한 사항에 관하여 국무회의의 의결을 거쳐 국무원령을 발할 수 있다. 국무총리는 국무원을 대표하여 의안을 국회에 제출하고 행정각부를 지휘감 독한다. 국무총리가 사고로 인하여 직무를 수행할 수 없을 때에는 법률의 정하는 순 위에 따라 국무위원이 그 권한을 대행한다. [전문개정 1960.6.15.]
헌법 5호	제70조 국무총리는 국무회의를 소집하고 의장이 된다. 국무총리는 법률에서 일정한 범위를 정하여 위임을 받은 사항과 법률을 실 시하기 위하여 필요한 사항에 관하여 국무회의의 의결을 거쳐 국무원령을 발할 수 있다. 국무총리는 국무원을 대표하여 의안을 국회에 제출하고 행정각부를 지휘감 독한다. 국무총리가 사고로 인하여 직무를 수행할 수 없을 때에는 법률의 정하는 순 위에 따라 국무위원이 그 권한을 대행한다. [전문개정 1960.6.15.]
헌법 6호	제83조 ① 국무회의는 정부의 권한에 속하는 중요한 정책을 심의한다. ② 국무회의는 대통령·국무총리와 10인 이상 20인 이하의 국무위원으로 구 성한다. 제85조 ① 대통령은 국무회의의 의장이 된다. ② 국무총리는 대통령을 보좌하고 국무회의의 부의장이 된다.
헌법 7호	제83조 ① 국무회의는 정부의 권한에 속하는 중요한 정책을 심의한다. ② 국무회의는 대통령·국무총리와 10인 이상 20인 이하의 국무위원으로 구 성한다. 제85조 ① 대통령은 국무회의의 의장이 된다. ② 국무총리는 대통령을 보좌하고 국무회의의 부의장이 된다.

헌법 8호	제65조 ① 국무회의는 정부의 권한에 속하는 중요한 정책을 심의한다. ② 국무회의는 대통령·국무총리와 15인 이상 25인 이하의 국무위원으로 구성한다. ③ 대통령은 국무회의의 의장이 되고, 국무총리는 부의장이 된다.
헌법 9호	제64조 ① 국무회의는 정부의 권한에 속하는 중요한 정책을 심의한다. ② 국무회의는 대통령·국무총리와 15인 이상 30인 이하의 국무위원으로 구성한다. ③ 대통령은 국무회의의 의장이 되고, 국무총리는 부의장이 된다.
헌법 10호	제88조 ① 국무회의는 정부의 권한에 속하는 중요한 정책을 심의한다. ② 국무회의는 대통령·국무총리와 15인 이상 30인 이하의 국무위원으로 구성한다. ③ 대통령은 국무회의의 의장이 되고, 국무총리는 부의장이 된다.

현행 헌법 제88조 1항에서 "국무회의는 정부의 권한에 속하는 중요한 정책을 심의한다"라고 하였다. 이 조항은 박정희가 권력을 잡은 헌법 6호부터 삽입되어 현행 헌법까지 글자 하나 바뀌지 않고 있다. 국민회의가 중요한 정책을 심의하니 권한이 있는 것처럼 보이지만, '심의'는 의논만 하고 법적으로 결정 권한이 없다는 뜻이다. 아래에서 다시 살펴보겠지만, 국무회의가 중요한 정책을 '의결'하다가 '심의'로 바뀐 것도 이때다.

국무회의의 의장은 의원내각제를 규정했던 헌법 4~5호를 제외하면 대통령이었다. 의원내각제에서만 국무총리가 국무회의의 의장이 되었다. 국무위원의 수는 시대에 따라 8~15인(헌법 1~3호), 10~20인(헌법 6~7호), 15~20인(헌법 8호), 15~30인(헌법 9~10호)로 달라졌다. 대체로 증가하는 추세였다. 국무위원이 장관을 겸하기 때문에 국무위원수의 증가는 정부 부처의 증가와 밀접한 관계가 있다.

다음으로 국무회의가 심의(과거에는 '의결')하는 정부의 중요한
정책을 살펴보자.

헌법 1호	제72조 좌의 사항은 국무회의의 의결을 경하여야 한다. 1. 국정의 기본적 계획과 정책 2. 조약안, 선전, 강화 기타 중요한 대외정책에 관한 사항 3. 헌법 개정안, 법률안, 대통령령안 4. 예산안, 결산안, 재정상의 긴급처분안, 예비비지출에 관한 사항 5. 임시국회의 집회요구에 관한 사항 6. 계엄안, 해엄안 7. 군사에 관한 중요사항 8. 영예수여, 사면, 감형, 복권에 관한 사항 9. 행정각부 간의 연락사항과 권한의 획정 10. 정부에 제출 또는 회부된 청원의 심사 11. 대법관, 검찰총장, 심계원장, 국립대학총장, 대사, 공사, 국군총사령관, 국군참모총장, 기타 법률에 의하여 지정된 공무원과 중요 국영기업의 관리자의 임면에 관한 사항 12. 행정각부의 중요한 정책의 수립과 운영에 관한 사항 13. 기타 국무총리 또는 국무위원이 제출하는 사항
헌법 2호	제72조 좌의 사항은 국무회의의 의결을 경하여야 한다. 1. 국정의 기본적 계획과 정책 2. 조약안, 선전, 강화 기타 중요한 대외정책에 관한 사항 3. 헌법 개정안, 법률안, 대통령령안 4. 예산안, 결산안, 재정상의 긴급처분안, 예비비지출에 관한 사항 5. 임시국회의 집회요구에 관한 사항 6. 계엄안, 해엄안 7. 군사에 관한 중요사항 8. 영예수여, 사면, 감형, 복권에 관한 사항 9. 행정각부 간의 연락사항과 권한의 획정 10. 정부에 제출 또는 회부된 청원의 심사 11. 대법관, 검찰총장, 심계원장, 국립대학총장, 대사, 공사, 국군총사령관, 국군참모총장, 기타 법률에 의하여 지정된 공무원과 중요 국영기업의 관리자의 임면에 관한 사항

	12. 행정각부의 중요한 정책의 수립과 운영에 관한 사항 13. 기타 국무총리 또는 국무위원이 제출하는 사항
헌법 3호	제72조 좌의 사항은 국무회의의 의결을 경하여야 한다. 〈개정 1954.11.29.〉 1. 국정의 기본적 계획과 정책 2. 조약안, 선전, 강화 기타 중요한 대외정책에 관한 사항 3. 헌법 개정안, 법률안, 대통령령안 4. 예산안, 결산안, 재정상의 긴급처분안, 예비비지출에 관한 사항 5. 임시국회의 집회요구에 관한 사항 6. 계엄안, 해엄안 7. 군사에 관한 중요사항 8. 영예수여, 사면, 감형, 복권에 관한 사항 9. 행정각부 간의 연락사항과 권한의 획정 10. 정부에 제출 또는 회부된 청원의 심사 11. 대법관, 검찰총장, 심계원장, 국립대학총장, 대사, 공사, 각군참모총장, 기타 법률에 의하여 지정된 공무원과 중요 국영기업의 관리자의 임면에 관한 사항 12. 행정각부의 중요한 정책의 수립과 운영에 관한 사항 13. 기타 국무위원이 제출하는 사항
헌법 4호	제72조 좌의 사항은 국무회의의 의결을 경하여야 한다. 〈개정 1954.11.29., 1960.6.15.〉 1. 국정의 기본적 계획과 정책 2. 조약안, 선전, 강화 기타 중요한 대외정책에 관한 사항 3. 헌법 개정안, 법률안, 국무원령안 4. 예산안, 결산안, 재정상의 긴급처분안, 예비비지출에 관한 사항 5. 임시국회의 집회요구에 관한 사항 6. 계엄안, 해엄안 7. 군사에 관한 중요사항 8. 영예수여, 사면, 감형, 복권에 관한 사항 9. 행정각부 간의 연락사항과 권한의 획정 10. 정부에 제출 또는 회부된 청원의 심사 11. 검찰총장, 심계원장, 국립대학총장, 대사, 공사, 각군참모총장, 기타 법률에 의하여 지정된 공무원과 중요 국영기업의 관리자의 임면에 관한 사항 12. 행정각부의 중요한 정책의 수립과 운영에 관한 사항 13. 민의원해산과 국무원총사직에 관한 사항 14. 정당해산에 관한 소추 15. 기타 국무총리 또는 국무위원이 제출하는 사항

헌법 5호	제72조 좌의 사항은 국무회의의 의결을 경하여야 한다. 〈개정 1954.11.29., 1960.6.15.〉 1. 국정의 기본적 계획과 정책 2. 조약안, 선전, 강화 기타 중요한 대외정책에 관한 사항 3. 헌법 개정안, 법률안, 국무원령안 4. 예산안, 결산안, 재정상의 긴급처분안, 예비비지출에 관한 사항 5. 임시국회의 집회요구에 관한 사항 6. 계엄안, 해엄안 7. 군사에 관한 중요사항 8. 영예수여, 사면, 감형, 복권에 관한 사항 9. 행정각부 간의 연락사항과 권한의 획정 10. 정부에 제출 또는 회부된 청원의 심사 11. 검찰총장, 심계원장, 국립대학총장, 대사, 공사, 각군참모총장, 기타 법 률에 의하여 지정된 공무원과 중요 국영기업의 관리자의 임면에 관한 사항 12. 행정각부의 중요한 정책의 수립과 운영에 관한 사항 13. 민의원해산과 국무원총사직에 관한 사항 14. 정당해산에 관한 소추 15. 기타 국무총리 또는 국무위원이 제출하는 사항
헌법 6호	제86조 다음 사항은 국무회의의 심의를 거쳐야 한다. 1. 국정의 기본적 계획과 정부의 일반정책 2. 선전·강화 기타 중요한 대외정책 3. 조약안·법률안과 대통령령안 4. 예산안·결산·국유재산처분의 기본계획, 국가의 부담이 될 계약 기타 재 정에 관한 중요사항 5. 계엄과 해엄 6. 군사에 관한 중요사항 7. 국회의 임시회 집회의 요구 8. 영전수여 9. 사면·감형과 복권 10. 행정각부간의 권한의 획정 11. 정부안의 권한의 위임 또는 배정에 관한 기본계획 12. 국정처리 상황의 평가·분석 13. 행정각부의 중요한 정책의 수립과 조정 14. 정당해산의 제소 15. 정부에 제출 또는 회부된 정부의 정책에 관계되는 청원의 심사 16. 검찰총장·국립대학교총장·대사·각군참모총장·해병대사령관·공사 기타 법률에 정한 공무원과 중요한 국영기업체 관리자의 임명 17. 기타 대통령·국무총리 또는 국무위원이 제출한 사항

헌법 7호	제86조 다음 사항은 국무회의의 심의를 거쳐야 한다. 1. 국정의 기본적 계획과 정부의 일반정책 2. 선전·강화 기타 중요한 대외정책 3. 조약안·법률안과 대통령령안 4. 예산안·결산·국유재산처분의 기본계획, 국가의 부담이 될 계약 기타 재정에 관한 중요사항 5. 계엄과 해엄 6. 군사에 관한 중요사항 7. 국회의 임시회 집회의 요구 8. 영전수여 9. 사면·감형과 복권 10. 행정각부 간의 권한의 획정 11. 정부안의 권한의 위임 또는 배정에 관한 기본계획 12. 국정처리 상황의 평가·분석 13. 행정각부의 중요한 정책의 수립과 조정 14. 정당해산의 제소 15. 정부에 제출 또는 회부된 정부의 정책에 관계되는 청원의 심사 16. 검찰총장·국립대학교총장·대사·각군참모총장·해병대사령관·공사 기타 법률에 정한 공무원과 중요한 국영기업체관리자의 임명 17. 기타 대통령·국무총리 또는 국무위원이 제출한 사항
헌법 8호	제66조 다음 사항은 국무회의의 심의를 거쳐야 한다. 1. 국정의 기본적 계획과 정부의 일반정책 2. 선전·강화 기타 중요한 대외정책 3. 헌법 개정안·국민투표안·조약안·법률안과 대통령령안 4. 예산안·결산·국유재산처분의 기본계획·국가의 부담이 될 계약 기타 재정에 관한 중요사항 5. 대통령의 긴급조치 또는 계엄과 그 해제 6. 군사에 관한 중요사항 7. 국회의 해산 8. 국회의 임시회 집회의 요구 9. 영전수여 10. 사면·감형과 복권 11. 행정각부 간의 권한의 획정 12. 정부안의 권한의 위임 또는 배정에 관한 기본계획 13. 국정처리상황의 평가·분석 14. 행정각부의 중요한 정책의 수립과 조정 15. 정당해산의 제소 16. 정부에 제출 또는 회부된 정부의 정책에 관계되는 청원의 심사

	17. 검찰총장· 국립대학교총장· 대사· 각군참모총장· 해병대사령관 기타 법률에 정한 공무원과 국영기업체 관리자의 임명 18. 기타 대통령· 국무총리 또는 국무위원이 제출한 사항
헌법 9호	제65조 다음 사항은 국무회의의 심의를 거쳐야 한다. 1. 국정의 기본계획과 정부의 일반정책 2. 선전· 강화 기타 중요한 대외정책 3. 헌법 개정안· 국민투표안· 조약안· 법률안과 대통령령안 4. 예산안· 결산· 국유재산처분의 기본계획· 국가의 부담이 될 계약 기타 재정에 관한 중요사항 5. 대통령의 비상조치 또는 계엄과 그 해제 6. 군사에 관한 중요사항 7. 국회의 해산 8. 국회의 임시회 집회의 요구 9. 영전수여 10. 사면· 감형과 복권 11. 행정각부 간의 권한의 획정 12. 정부안의 권한의 위임 또는 배정에 관한 기본계획 13. 국정처리상황의 평가· 분석 14. 행정각부의 중요한 정책의 수립과 조정 15. 정당해산의 제소 16. 정부에 제출 또는 회부된 정부의 정책에 관계되는 청원의 심사 17. 합동참모의장· 각군참모총장· 검찰총장· 국립대학교총장· 대사 기타 법률에 정한 공무원과 국영기업체 관리자의 임명 18. 기타 대통령· 국무총리 또는 국무위원이 제출한 사항
헌법 10호	제89조 다음 사항은 국무회의의 심의를 거쳐야 한다. 1. 국정의 기본계획과 정부의 일반정책 2. 선전· 강화 기타 중요한 대외정책 3. 헌법 개정안· 국민투표안· 조약안· 법률안 및 대통령령안 4. 예산안· 결산· 국유재산처분의 기본계획· 국가의 부담이 될 계약 기타 재정에 관한 중요사항 5. 대통령의 긴급명령· 긴급재정경제처분 및 명령 또는 계엄과 그 해제 6. 군사에 관한 중요사항 7. 국회의 임시회 집회의 요구 8. 영전수여 9. 사면· 감형과 복권 10. 행정각부 간의 권한의 획정 11. 정부안의 권한의 위임 또는 배정에 관한 기본계획 12. 국정처리상황의 평가· 분석

13. 행정각부의 중요한 정책의 수립과 조정
14. 정당해산의 제소
15. 정부에 제출 또는 회부된 정부의 정책에 관계되는 청원의 심사
16. 검찰총장·합동참모의장·각군참모총장·국립대학교총장·대사 기타 법률이 정한 공무원과 국영기업체 관리자의 임명
17. 기타 대통령·국무총리 또는 국무위원이 제출한 사항

국무회의에서 논의하는 중요한 사항의 개수는 13개(헌법 1~3호)에서 15개(헌법 4~5호), 17개(헌법 6~7호), 18개(헌법 8~9호), 17개(헌법 10호)로 바뀌었다. 현행 헌법에서 줄어들었지만, 1948년 헌법과 비교하면 국무회의에서 논의되는 국가 중대사의 수는 증가하였다. 그리고 중요한 중대사의 내용을 살펴보면, 국무회의에서는 국정의 기본계획과 정부의 일반정책(1항), 선전포고와 강화 등 대외정책(2항), 헌법 개정안·국민투표안·조약안·법률안 및 대통령령안(3항), 예산안과 결산, 국가재산처분 등 재정 문제(4항), 대통령의 긴급명령·긴급재정경제처분 및 명령 또는 계엄과 그 해제(5항), 군사(6항) 등의 문제를 논의한다. 그리고 3권분립을 넘어서는 국회 임시회 집회(소집) 요구(7항), 사면·감형과 복권(9항), 정당 해산 제소(14항) 등도 다룬다. 앞에서 언급한 것은 헌법 조항의 국무회의 안건이고, 법률상 정부의 입법안, 대통령령, 총리령, 부령, 각종 시행령 등도 국무회의를 통과하면 국회에 법안으로 제출되거나 법률의 효력을 가진다. 그러나 이러한 중요한 일을 다루지만, 국무위원은 이러한 일을 심의할 뿐, 찬성과 반대를 제기할 수 없다. 즉 형식적인 통과의례라는 뜻

이다. 헌법 1~5호에서는 '심의'가 아니라 '의결'이었다. '의결'은 무엇을 뜻할까? 의결과 관련된 조항도 일부 헌법에 규정되었다.

헌법 1	제71조 국무회의의 의결은 과반수로써 행한다. 의장은 의결에 있어서 표결권을 가지며 가부동수인 경우에는 결정권을 가진다.
헌법 2	제71조 국무회의의 의결은 과반수로써 행한다. 의장은 의결에 있어서 표결권을 가지며 가부동수인 경우에는 결정권을 가진다.
헌법 3	제71조 국무회의의 의결은 과반수로써 행한다. 의장은 의결에 있어서 표결권을 가지며 가부동수인 경우에는 결정권을 가진다.
헌법 4	
헌법 5	
헌법 6	
헌법 7	
헌법 8	
헌법 9	
헌법 10	

헌법 1~3호에만 국무회의 의결 방법이 제시되었다. 그리고 위의 규정에서 알 수 있듯이 국무위원이 해당 안건에 투표하여 과반수의 찬성을 얻어야 통과된다. 즉 '의결'은 국무위원의 토론과 투표를 거친

다는 점에서 민주적인 방식이었음을 알 수 있다. 헌법 4~5호에 국무회의의 의결 방법이 헌법에 명시되지 않았으나, 의원내각제의 속성상 국무위원의 과반수의 찬성이 있어야 국가의 중대사가 의결되었을 것이다. 즉 이승만·장면 정권에서는 국무회의가 각각의 국무위원이 상정된 현안에 투표하여 통과시키는 '의결'을 통해 각종 중대사를 결정했던 반면, 박정희 정권부터 현행 헌법까지 표결 없이 논의만 하고 형식적으로 통과시키는 '심의' 방식을 취하였다. 현행 헌법의 국무회의는 요식적인 절차라는 뜻이다. 국무회의에서 '심의'하는 안건은 이미 각 부처의 실무진과 차관회의 등을 통해 조율된 후 상정되므로 국무회의는 정부 결정의 형식적인 절차 가운데 하나에 불과하다. 일부 국무위원(장관)이 반대해도 법적인 효력이 없으니, 국무회의는 대통령과 국무총리, 장관들이 만나 차 마시는 한가한 자리나 다름없었다. 그러니 역대 대통령들이 국무회의가 있어도 마음 놓고 해외순방을 갈 수 있다.

국가의 중대사를 국무위원의 투표로 결정했던 국무회의가 통과의례로 격하된 것은 박정희가 쿠데타를 일으킨 이후다. 박정희는 민주주의와 의원내각제를 혐오하고 강력한 대통령중심제의 권력구조를 원했다. 그런데, 헌법을 바꾸면서 국무회의를 그대로 두면서 헌법에서 논리적 모순이 발생하였다.

먼저 국무회의의 구성원인 국무위원이 상정된 안건에 대해 투표를 하지 못하고 단순히 논의만 하는 모임이라면 왜 국무회의를 두었을까? 게다가 국무위원이 뭔가 있는 것처럼 만들었다. 장관을 국무위원 가운데 임명한다는 조항이다.

헌법 1호	제73조 행정각부 장관은 국무위원 중에서 대통령이 임명한다. 국무총리는 대통령의 명을 승하여 행정각부장관을 통리감독하며 행정각부에 분담되지 아니한 행정사무를 담임한다
헌법 2호	제73조 행정각부의 장은 국무위원이어야 하며 국무총리의 제청에 의하여 대통령이 임면한다. 국무총리는 대통령의 명을 승하여 행정각부 장관을 통리감독하며 행정각부에 분담되지 아니한 행정사무를 담임한다. [전문개정 1952.7.7.]
헌법 3호	제73조 ① 행정각부의 장은 국무위원이어야 하며 대통령이 임면한다. 〈개정 1954.11.29.〉 ② 삭제 〈1954.11.29.〉 [전문개정 1952.7.7.]
헌법 4호	제73조 ① 행정각부의 장은 국무위원이어야 하며 국무총리가 임면한다. 〈개정 1954.11.29., 1960.6.15.〉 ② 삭제 〈1954.11.29.〉 [전문개정 1952.7.7.]
헌법 5호	제73조 ① 행정각부의 장은 국무위원이어야 하며 국무총리가 임면한다. 〈개정 1954.11.29., 1960.6.15.〉 ② 삭제 〈1954.11.29.〉 [전문개정 1952.7.7.]
헌법 6호	제88조 행정각부의 장은 국무위원 중에서 국무총리의 제청으로 대통령이 임명한다.
헌법 7호	제88조 행정각부의 장은 국무위원 중에서 국무총리의 제청으로 대통령이 임명한다.
헌법 8호	제68조 행정각부의 장은 국무위원 중에서 국무총리의 제청으로 대통령이 임명한다.
헌법 9호	제69조 행정각부의 장은 국무위원 중에서 국무총리의 제청으로 대통령이 임명한다.
헌법 10호	제94조 행정각부의 장은 국무위원 중에서 국무총리의 제청으로 대통령이 임명한다.

국무위원과 장관(행정각부의 장)의 관계는 헌법 1호부터 규정되었는데, 대략적인 의미는 비슷하다. 먼저 국무위원에 임명된 후 나중에 장관에 임명되는 절차를 거친다. 특히 헌법 2~5호에서는 "행정각부의 장은 국무위원이어야 하며"라고 규정하여 국무위원만이 장관으로 임명되어야 한다는 강제 규정을 두었다. 이는 의원내각제를 염두에 둔 규정으로 보인다. 나중에 다시 살펴보겠지만, 국무위원 가운데 장관으로 임명하는 규정은 의원내각제 때문에 삽입되었거나 대통령을 견제하려고 국무회의의 권력이 강한 권력구조에서 유래된 것이다. 대통령의 권한이 막강하고 국무회의가 '통법부' 수준으로 격하되어 상정 안건을 통과시킨 상황에서 국무위원의 존재는 무의미하다. 게다가 국무위원 가운데 장관을 임명하는 규정은 박정희 정권이 헌법을 바꾸면서 당장 필요한 조항만 바꾸어서 생긴 논리적 모순이었다. 절차상 먼저 국무위원에 임명한 후 장관에 임명해야 하지만 박정희 정권 이후 절차는 그 반대다. 게다가 국무위원이 되지 못하는 정부부처 장관들도 있다. 국무위원이 될 수 있는 장관을 법률로 따로 지정할 정도다. 이는 중대한 헌법위반이다. 그러다 보니 국무위원은 국무회의에서 투표도 하지 못하는 권한 없는 존재이지만, 중요한 의무를 진다.

헌법 1호	제66조 대통령의 국무에 관한 행위는 문서로 하여야 하며 모든 문서에는 국무총리와 관계국무위원의 부서가 있어야 한다. 군사에 관한 것도 또한 같다.
헌법 2호	제66조 대통령의 국무에 관한 행위는 문서로 하여야 하며 모든 문서에는 국무총리와 관계국무위원의 부서가 있어야 한다. 군사에 관한 것도 또한 같다.
헌법 3호	제66조 대통령의 국무에 관한 행위는 문서로 하여야 하며 모든 문서에는 관계국무위원의 부서가 있어야 한다. 군사에 관한 것도 또한 같다. 〈개정 1954.11.29.〉
헌법 4호	제66조 대통령의 국무에 관한 행위는 문서로 하여야 하며 모든 문서에는 국무총리와 관계국무위원의 부서가 있어야 한다. 군사에 관한 것도 또한 같다. 〈개정 1954.11.29., 1960.6.15.〉
헌법 5호	제66조 대통령의 국무에 관한 행위는 문서로 하여야 하며 모든 문서에는 국무총리와 관계국무위원의 부서가 있어야 한다. 군사에 관한 것도 또한 같다. 〈개정 1954.11.29., 1960.6.15.〉
헌법 6호	제80조 대통령의 국법상 행위는 문서로써 하며, 이 문서에는 국무총리와 관계국무위원이 부서한다. 군사에 관한 것도 또한 같다.
헌법 7호	제80조 대통령의 국법상 행위는 문서로써 하며, 이 문서에는 국무총리와 관계국무위원이 부서한다. 군사에 관한 것도 또한 같다
헌법 8호	제60조 대통령의 국법상 행위는 문서로써 하며, 이 문서에는 국무총리와 관계국무위원이 부서한다. 군사에 관한 것도 또한 같다
헌법 9호	제58조 대통령의 국법상 행위는 문서로써 하며, 이 문서에는 국무총리와 관계 국무위원이 부서한다. 군사에 관한 것도 또한 같다
헌법 10호	제82조 대통령의 국법상 행위는 문서로써 하며, 이 문서에는 국무총리와 관계 국무위원이 부서한다. 군사에 관한 것도 또한 같다.

위의 헌법 규정에서 알 수 있듯이, 1948년 헌법의 제66조에서 이미 대통령은 국가와 관련된 일은 문서를 만들어야 하며, 이 문서에 국무총리 혹은 해당하는 부처에 국무위원(장관)의 부서가 있어야 함을 규정하였다. 현행 헌법 제82조에도 거의 같은 내용인 이 조항은 문서주의와 부서제도에 관한 규정이다. '부서'는 대통령 서명에 이어서 하는 서명을 뜻한다. 그런데 헌법 학계에서 부서가 없는 문서의 효력에 대해 찬반양론이 있다고 한다.[29] 너무나 당연하다. 해당 부처의 장관이 아닌 국무위원이 대통령과 함께 행정 문서에 사인하는 '부서'는 연대 책임을 의미한다. 앞에서 살펴본 것처럼 이승만·장면 정권의 국무회의는 상정된 안건을 표결로 처리했으므로 형식적인 회의 기구가 아니었다. 외교·국방·재정 등 행정부의 일뿐만 아니라 사면·복권, 국회 임시회 집회(개회) 요구 등 사법부와 입법부의 권한에 간섭하는 안건도 논의되고 표결을 통해 결정되는 헌법규정 때문이다. 이처럼 국무위원이자 장관은 대통령의 지시를 따르는 수동적인 존재가 아니라 개별 사항에 발언할 뿐만 아니라 투표권을 행사하여 국가 중대사 결정에 참여했으므로, 그 결과에 책임을 져야 했다. 그러니 통과된 해당 안건과 관련된 국무위원, 즉 장관이 대통령과 함께 사인함으로써 연대책임을 지는 것이다. 쉽게 말하면 최종결재란이 한 개가 아닌 두 개 이상인 상황이었다. 그러나 국무위원이 투표권을 잃어버리고 국무

---

29) 성낙인, 「헌법상 국무위원」, 『고시계』, 38-2, 1993, 72~73쪽.

회의가 형식적인 통과의례로 바뀐 박정희 정권부터 지금까지 국무총리와 해당 국무위원(장관)의 부서는 대통령보다 한 단계 아래의 결재 과정으로 전락했고 단순한 문서 행정의 한 절차에 불과하다. 그러니 국무총리나 국무위원이 해당 문서에 사인(부서)을 하지 않는다고 해도 해당 문서가 효력이 있다는 학설까지 나오는 실정이다.

순수한 대통령제와 3권분립을 규정한 미국에서 대통령과 모든 장관이 모이는 회의는 헌법에 규정되지 않았다. 처음 헌법을 만들 때 상원이 대통령의 자문기관으로 기능하도록 하였으나, 실제로 부작용이 많았다. 그 이후 1793년부터 장관들의 모임에서 자문을 하는 것이 관행이 되었다. 이후 대통령의 성격에 따라 회의에 참여하는 장관의 수와 범위가 달라졌다. 그러다가 1960년대 아이젠하워 대통령 이후 장관 전체가 참여하는 회의는 사라지고, 해당 사안마다 해당 부처의 장관이나 전문가에게 자문하는 회의가 일상화되었다고 한다. 예컨대 외교와 국방 문제를 처리하기 위해 국무장관과 국방장관, 외교안전보좌관, 비서실장 등과 회의하여 결정하는 관례가 많다.[30] 전형적인 의원내각제 국가인 영국의 경우 내각 혹은 내각회의가 중요한 의결기관이며 연대책임을 지닌 합의제 기관이라고 한다. 즉 수상(총리)은 각

---

30) E. Corwin, The Constitution and what it means today(revised by Chase,Ducat), New Jearsey: Princeton University Press, 1975, 98쪽: 126~127쪽; O'Connor,Ingersoll,Pecurella, Politics and Structure, Pacific Grove: Brooks/Cole, 1990; Page,Petracca, The American Presidency, New York: McGraw-Hill, 1983, 192~193쪽; 서주실, 「국무회의의 헌법상 지위」, 『고시계』, 38-2, 1993, 44~5쪽.

료회의의 결정 아래 권한을 행사한다고 한다. 그러나 최근에는 수상이 절대적인 권한을 행사하고 각료회의는 유명무실한 경향도 보인다고 한다.[31] 이원집정부제를 규정한 현재의 프랑스 정치체제에서는 내각회의가 의결기관이고 수상은 내각회의의 의결에 따라 권한을 행사한다고 한다. 이 내각회의는 대통령 혹은 수상이 주재하므로, 대통령이나 수상의 통치스타일에 따라 대통령중심제 혹은 의원내각제의 성격이 강해질 수 있다고 한다.[32] 대통령중심제, 의원내각제, 이원집정부제 등 서로 다른 정치체제를 살펴보면, 대통령 혹은 수상(총리)과 장관 전원이 모이는 회의는 반드시 존재해야 하는 제도나 기관이 아니었다. 오히려 대통령이나 수상(총리)의 통치스타일이나 개인적 성향에 따라서 다르게 운영되었다.

박정희가 권력을 잡은 1960년대 미국에서 장관 모두가 참여하는 회의가 없어지는 관행이 유행했던 것을 보면, 대통령중심제를 채택하면서 국무회의와 국무위원 등을 그대로 놔둔 것은 이해하기 어렵다. 헌법 1~5호의 권력구조를 제대로 이해하지 못하고 자신이 권한을 행사하기 위한 규정만을 바꿨다고밖에 설명되지 않는다. 그러다 보니 먼저 장관을 임명하고 나중에 국무위원을 겸임하는 이상한 관례가 지금까지 내려오고 있다. 국무위원 가운데 장관을 임명하는 헌

---

31) 서주실, 「영국의 수상정부론」, 『공법연구』, 4, 1975.
32) 서주실, 「국무회의의 헌법상 지위」, 『고시계』, 44~47쪽.

법 조항과 달리 국무위원이 아닌 장관도 허다하다. 만약 대통령중심제로 개헌하면 국무회의와 국무위원과 관련된 규정을 삭제하는 것이 더 나을 것이다. 즉 국무회의가 필요하다면 헌법이 아니라 법률로 규정해도 충분할 것 같다.

일부 야당의 주장처럼 개헌을 통해 지금처럼 대통령중심제와 의원내각제를 절충한 헌법을 만든다면 추억의 국무원을 부활시키기를 제안한다. 사실 일본에서 영어 'cabinet'을 내각(內閣)으로 잘못 번역하고 이를 국내에서 무비판적으로 사용한 것이 불편했다. 이승만·장면 정권에서 내각에 해당하는 기구로 국무원이 있었다. 사실, '내각'이란 단어는 중국 명나라에서 만든 내각에서 유래되었다. 권력욕이 강했던 주원장(명나라의 초대 황제, 홍무제라고 함)은 호유용(胡惟庸)의 역모 사건을 일으켜 재상 호유용을 제거하고 재상 제도를 없앴다. 그리고 재상 대신 6부에서 올린 문서를 모두 읽고 처리하였다. 조선 세조가 실시한 6조직계제는 주원장의 제도를 그대로 베낀 것이다. 그런데 혼자 전국에서 올라온 모든 문서를 읽고 해답을 적고 지시하는 것이 번거롭고 많은 시간이 필요했다. 이에 궁궐 안에 문연각, 무영전처럼 끝에 '각'이나 '전' 자가 들어가는 건물에 황제 대신 문서를 읽고 모범 답안을 만드는 관리를 상주시켰다. 이를 내각대학사라고 한다. 후에 내각대학사가 6부의 장관인 상서를 겸하게 되면서 권력을 행사하게 되었다. 조선시대에 이와 비슷한 기관을 군이 찾자면, 도승지와 승지로 구성된 승정원과 세종 때 설치한 집현전, 정조 때 만든 규장각이다. 요컨대 내각은 황제나 왕, 대통령의 비서기관에 해당하는 기관이므로 과거 6부나 6조 등 정부 부처에 해당하는 단어에 적절하지 않다. 오히려 1948년 헌법에서 현재 잘못 사용되고 있는 용어인 내각(행정부)에 해당하는 기관이 국무원이었다.

사실 국무원은 1948년 이전부터 있었다. 대한민국임시정부는 1919년 행정부에 해당하는 국무원을 두었다. 국무원의 우두머리를 국무령이라고 불렀으나, 초대 국무령 이승만이 국무령 대신 대통령이라는 호칭을 요구해서 대통령으로 바꾸었다. 이후 여러 차례 개헌을 통해 국무원 우두머리의 명칭이 바뀌기는 했지만, 국무원은 변함없이 행정부였다. 필자가 1948년 헌법이 대한민국임시정부의 헌법을 계승했다는 주장에 동의하는 이유 중 하나가 '국무원'이란 명칭이다. 이 '국무원'은 1948년 정부수립 이후에도 행정부를 지칭하는 용어로 사용되었다. 박정희가 쿠데타를 일으키기 전까지.

1	제68조 국무원은 대통령과 국무총리 기타의 국무위원으로 조직되는 합의체로서 대통령의 권한에 속한 중요 국책을 의결한다
2	제68조 국무원은 대통령과 국무총리 기타의 국무위원으로 조직되는 합의체로서 대통령의 권한에 속한 중요 국책을 의결한다
3	제68조 국무원은 대통령과 국무위원으로 조직되는 합의체로서 대통령의 권한에 속한 중요 국책을 의결한다. 〈개정 1954.11.29.〉
4	제68조 행정권은 국무원에 속한다. 국무원은 국무총리와 국무위원으로 조직한다. 국무원은 민의원에 대하여 연대책임을 진다. [전문개정 1960.6.15.]

5	제68조 행정권은 국무원에 속한다. 국무원은 국무총리와 국무위원으로 조직한다. 국무원은 민의원에 대하여 연대책임을 진다. [전문개정 1960.6.15.]
6	
7	
8	
9	
10	

위의 헌법 규정은 이승만·장면 정권의 국무원 규정이다. 이승만 정권의 국무원은 대통령과 국무총리, 국무위원이 모여 정사를 처리하는 합의체 기구였다. 그리고 대통령의 권한을 대통령 혼자가 아니라 모든 국무위원이 합의하여 '의결'하여 처리했다. 앞에서 살펴본 것처럼 이 '의결'은 다수결 이상의 찬성이 있어야 했다. 국무회의는 국무원의 주요 구성원인 국무위원들의 회의였다. 국무총리라는 단어도 국무원의 총리라는 뜻이었다. 의원내각제를 규정한 헌법 4~5호 제68조에는 국무원이 대통령의 권한에 속하는 국가 정책을 처리한다는 규정을 "행정권은 국무원에 속한다"라고 바꾸어 국무원이 행정부임을 더욱 명확히 하였다.

대통령중심제였던 이승만 정권에서 헌법상 국무원은 대통령을 견제하는 기능을 하였다. 국무원은 "대통령의 권한에 속한 중요 국책을 의결한다"라는 규정은 국무원이 대통령에 종속된 기관처럼 보인다.

그러나 합의체이고 구성원인 국무위원이 표결로 정사를 결정한다는 점에서 민주적인 기관이고 대통령의 독재를 견제할 수 있었다. 이러한 국무원의 기능은 이미 1919년 수립한 대한민국임시정부의 국무원을 본받은 것이다. 대한민국임시정부의 정통성 계승 이외에도 의원내각제를 선호했던 국회의원들의 호의도 국무원의 존재에 영향을 주었을 것이다.

	1	
국무원 해산 (국회불신임)	2	제70조의2 민의원에서 국무원불신임결의를 하였거나 민의원 의원총선거 후 최초에 집회된 민의원에서 신임결의를 얻지 못한 때에는 국무원은 총사직을 하여야 한다. 국무원의 신임 또는 불신임결의는 그 발의로부터 24시간 이상이 경과된 후에 재적의원 과반수의 찬성으로 행한다. 민의원은 국무원의 조직완료 또는 총선거 즉후의 신임결의로부터 1년 이내에는 국무원불신임결의를 할 수 없다. 단, 재적의원 3분지 2 이상의 찬성에 의한 국무원불신임결의는 언제든지 할 수 있다. 총사직한 국무원은 신국무원의 조직이 완료될 때까지 그 직무를 행한다. [본조신설 1952.7.7.]
	3	제70조의2 민의원에서 국무위원에 대하여 불신임결의를 하였을 때에는 당해 국무위원은 즉시 사직하여야 한다. 전항의 불신임결의는 그 발의로부터 24시간 이상이 경과된 후에 재적의원 과반수의 찬성으로 한다. [전문개정 1954.11.29.]
	4	제71조 국무원은 민의원에서 국무원에 대한 불신임결의안을 가결한 때에는 10일 이내에 민의원해산을 결의하지 않는 한 총사직하여야 한다.

	국무원은 민의원이 조약비준에 대한 동의를 부결하거나 신연 도 총예산안을 그 법정기일 내에 의결하지 아니한 때에는 이 를 국무원에 대한 불신임결의로 간주할 수 있다. 민의원의 국무원에 대한 불신임결의는 재적의원 과반수의 찬 성을 얻어야 한다. 국무원에 대한 불신임결의안은 발의된 때로부터 24시간 이후 72시간 이내에 표결하여야 한다. 이 시간 내에 표결되지 아니 한 때에는 불신임결의안은 제출되지 아니한 것으로 간주한다. 국무원은 국무총리가 궐위되거나 민의원의원총선거 후 처음 으로 민의원이 집회한 때에는 총사직하여야 한다. 제1항과 전항의 경우에 국무원은 후임국무총리가 선임될 때 까지 계속하여 그 직무를 집행한다. [전문개정 1960.6.15.]
5	제71조 국무원은 민의원에서 국무원에 대한 불신임결의안을 가결한 때에는 10일 이내에 민의원해산을 결의하지 않는 한 총사직하여야 한다. 국무원은 민의원이 조약비준에 대한 동의를 부결하거나 신연 도 총예산안을 그 법정기일내에 의결하지 아니한 때에는 이를 국무원에 대한 불신임결의로 간주할 수 있다. 민의원의 국무원에 대한 불신임결의는 재적의원 과반수의 찬 성을 얻어야 한다. 국무원에 대한 불신임결의안은 발의된 때로부터 24시간 이후 72시간 이내에 표결하여야 한다. 이 시간 내에 표결되지 아니 한 때에는 불신임결의안은 제출되지 아니한 것으로 간주한다. 국무원은 국무총리가 궐위되거나 민의원의원총선거 후 처음 으로 민의원이 집회한 때에는 총사직하여야 한다. 제1항과 전항의 경우에 국무원은 후임국무총리가 선임될 때 까지 계속하여 그 직무를 집행한다. [전문개정 1960.6.15.]
6	
7	
8	
9	
10	

소위 발췌개헌이라는 1952년 1차 개헌에서 이승만의 요구대로 대통령직선제를 도입함과 동시에 의원내각제 요소도 추가하였다. 바로 헌법 제2호 제70조의 2항이다. 의원내각제에서 행정부가 의회에 책임을 지는 것처럼 국무원도 의회에 책임을 지도록 규정하였다. 즉 국회가 국무원을 반대하는 표결을 통과시키면 규정상 국무총리와 장관들은 자동으로 사퇴해야 했다. 종신개헌을 획책한 이승만은 1954년 개헌을 통해 국무총리를 없애고 의회 불신임으로 국무원 전체의 총사퇴 대신 개별 국무위원에 대한 불신임으로 규정을 바꾸었다. 의원내각제를 도입한 헌법 4~5호에서 국무원의 불신임과 관련된 조항을 상세하게 규정하였다.

이처럼 국무원은 헌법에 따르면 행정부 안의 의회 역할을 했으며 대통령의 독주를 견제하는 민주적인 기관이었다. 게다가 1919년 설립된 대한민국임시정부에서 만든 국무원의 명칭과 기능을 계승하였다. 따라서 독립운동가를 탄압한 대표적인 친일파이자 일인독재를 선호한 박정희에게 눈엣가시일 수밖에 없었다. 박정희가 국무원을 없앤 이유다. 그러나 국무원은 없애고 다른 것은 그대로 두어 지금까지 헌법은 절름발이이자 논리적 모순을 지니게 되었다. 총리는 본래 모든 국정을 총괄하여 처리한다는 뜻이다. 현재의 국무총리는 국무원의 국정을 총괄한다는 뜻으로 붙여졌다. 그런데 국무원이 없어진 다음에도 총리가 아닌 '국무'총리라는 말은 그대로 남았다. 국가의 중대사를 결정할 권한이 없는 국무회의와 국무위원도 유명무실한 장식물에 불과했다. 대통령과 국무위원(장관)의 합의이자 연대책임의 상징인 부서 제도도 국무회의와 국무위원의 결정권이 없는 현재 필요가 없는 조항으로 전락하였다.

만약 순수한 대통령중심제를 지향한다면 국무회의와 국무위원과 관련된 모든 조항을 삭제해야 한다. 즉 국무회의와 국무위원를 없애고 국무총리와 국무위원의 사인을 요구하는 부서 규정을 삭제해야 한다. 만약 필요하다면 정부조직법이나 국무회의법 등의 법률로도 충분하다. 그리고 자문이 필요하면 미국처럼 국방·외교 관계 장관 회의, 경제부처 장관 회의, 사회·복지 장관 회의 등 관계부처의 장관들과 의견을 주고받으면 된다. 사소하지만 국무총리의 '국무'자도 빼야 한다.

현행 헌법에서 규정된 대통령의 권한이 크기 때문에 이를 견제하려고 하면 1962년 이전에 존재했던 국무원을 부활시키면 된다. 국무원을 행정부의 의회처럼 토론과 찬반 투표가 행해지는 '민주적인' 합의기관으로 운영하면 대통령을 견제할 수 있다. 그리고 대통령의 통치스타일과 여당의 과반수 의석 확보 여부 등 다양한 경우의 수에 따라 대통령중심제로 운영될 수도 있고, 의원내각제로 운영할 수도 있다. 그런데 국회의원들이 동의할까?

대통령과
행정부가 무시하는
지방자치

현행 헌법에서 지방자치는 제117조와 제118조
에 기록되었다. 이는 1948년 헌법에 이미 규정되었고, 헌법상 장면
정권이 만든 헌법 제4~5호에서 지방자치를 가장 잘 보장하였으나
제대로 실행되지 않았다. 역대 헌법의 지방자치에 관한 규정을 살펴
본다.

먼저 지방자치단체의 업무 범위를 살펴보자.

1차	제96조 지방자치단체는 법령의 범위 내에서 그 자치에 관한 행정사무와 국가가 위임한 행정사무를 처리하며 재산을 관리한다. 지방자치단체는 법령의 범위 내에서 자치에 관한 규정을 제정할 수 있다.
2차	제96조 지방자치단체는 법령의 범위 내에서 그 자치에 관한 행정사무와 국가가 위임한 행정사무를 처리하며 재산을 관리한다. 지방자치단체는 법령의 범위 내에서 자치에 관한 규정을 제정할 수 있다.
3차	제96조 지방자치단체는 법령의 범위 내에서 그 자치에 관한 행정사무와 국가가 위임한 행정사무를 처리하며 재산을 관리한다. 지방자치단체는 법령의 범위 내에서 자치에 관한 규정을 제정할 수 있다.
4차	제96조 지방자치단체는 법령의 범위 내에서 그 자치에 관한 행정사무와 국가가 위임한 행정사무를 처리하며 재산을 관리한다. 지방자치단체는 법령의 범위 내에서 자치에 관한 규정을 제정할 수 있다.
5차	제96조 지방자치단체는 법령의 범위 내에서 그 자치에 관한 행정사무와 국가가 위임한 행정사무를 처리하며 재산을 관리한다. 지방자치단체는 법령의 범위 내에서 자치에 관한 규정을 제정할 수 있다.

6차	제109조 ① 지방자치단체는 주민의 복리에 관한 사무를 처리하고 재산을 관리하며 법령의 범위 안에서 자치에 관한 규정을 제정할 수 있다.
7차	제109조 ① 지방자치단체는 주민의 복리에 관한 사무를 처리하고 재산을 관리하며 법령의 범위 안에서 자치에 관한 규정을 제정할 수 있다.
8차	제114조 ① 지방자치단체는 주민의 복리에 관한 사무를 처리하고 재산을 관리하며 법령의 범위 안에서 자치에 관한 규정을 제정할 수 있다.
9차	제118조 ① 지방자치단체는 주민의 복리에 관한 사무를 처리하고 재산을 관리하며, 법령의 범위 안에서 자치에 관한 규정을 제정할 수 있다.
10차	제117조 ① 지방자치단체는 주민의 복리에 관한 사무를 처리하고 재산을 관리하며, 법령의 범위 안에서 자치에 관한 규정을 제정할 수 있다.

1948년 헌법에서 지방자치단체는 자치에 관한 행정사무와 국가가 위임한 행정사무를 처리한다고 규정하였다. 지방자치단체의 행정사무와 국가의 행정사무가 분리되는 것을 보면 1948~1961년 사이에 지방자치단체의 업무 범위가 넓었음을 알 수 있다. 그러나 박정희 정권 때 개정한 헌법 제6호의 제109조에서는 '자치에 관한 행정사무와 국가가 위임한 행정사무'가 '주민의 복리에 관한 사무'로 바뀌었다. 바뀐 표현을 보면 지방자치단체의 업무 범위가 축소되었음을 알 수 있다. 이 조항은 현행 헌법까지 바뀌지 않고 계속되었다.

1차	제97조 지방자치단체의 조직과 운영에 관한 사항은 법률로써 정한다. 지방자치단체에는 각각 의회를 둔다. 지방의회의 조직, 권한과 의원의 선거는 법률로써 정한다.
2차	제97조 지방자치단체의 조직과 운영에 관한 사항은 법률로써 정한다. 지방자치단체에는 각각 의회를 둔다. 지방의회의 조직, 권한과 의원의 선거는 법률로써 정한다.
3차	제97조 지방자치단체의 조직과 운영에 관한 사항은 법률로써 정한다. 지방자치단체에는 각각 의회를 둔다. 지방의회의 조직, 권한과 의원의 선거는 법률로써 정한다.
4차	제97조 지방자치단체의 조직과 운영에 관한 사항은 법률로써 정한다. 지방자치단체의 장의 선임방법은 법률로써 정하되 적어도 시, 읍, 면의 장은 그 주민이 직접 이를 선거한다.〈신설 1960.6.15.〉 지방자치단체에는 각각 의회를 둔다. 지방의회의 조직, 권한과 의원의 선거는 법률로써 정한다.
5차	97조 지방자치단체의 조직과 운영에 관한 사항은 법률로써 정한다. 지방자치단체의 장의 선임방법은 법률로써 정하되 적어도 시, 읍, 면의 장은 그 주민이 직접 이를 선거한다.〈신설 1960.6.15.〉 지방자치단체에는 각각 의회를 둔다. 지방의회의 조직, 권한과 의원의 선거는 법률로써 정한다.
6차	제109조 ② 지방자치단체의 종류는 법률로 정한다.
7차	제109조 ② 지방자치단체의 종류는 법률로 정한다.
8차	제114조 ② 지방자치단체의 종류는 법률로 정한다.
9차	제118조 ② 지방자치단체의 종류는 법률로 정한다.
10차	제117조 ② 지방자치단체의 종류는 법률로 정한다.

위의 조항은 지방자치단체의 조직과 운영에 관한 규정인데, 헌법
에서는 이를 법률로 정한다고 하였다. 헌법 제4~5호에서는 97조에
"지방자치단체의 장의 선임방법은 법률로써 정하되 적어도 시, 읍, 면
의 장은 그 주민이 직접 이를 선거한다"라는 규정이 신설되었다. 물

론 헌법 제6호에서 삭제되었지만 말이다. 이 조항은 풀뿌리 민주주의를 실시할 것을 구체적으로 규정하여 도지사와 특별시장, 군수뿐만 아니라 기층의 시장과 읍장, 면장까지 주민들이 직접 선거해서 뽑는다고 명시하였다.

1960년 11월 1일 자 동아일보 기사에 따르면, 정부는 국무회의를 통해 지방자치법개정법률과 개정자치법에 따르는 지방자치법시행령을 공포하였다. 그리고 서울시장과 도지사 선거는 12월 29일, 서울시와 도의원 선거는 12월 12일, 시·읍·면의원 선거는 12월 19일, 시·읍·면장 선거는 12월 26일에 실시할 것을 아울러 공포하였다.[33] 또 1960년 12월 30일 자 동아일보의 사설을 보면, 지방자치단체 선거결과를 논평하였다. 이 사설에서 시·읍·면장 선거가 실제로 실시 되었으며, 투표율이 74.8~78.3%였고, 시·읍·면장 당선자의 60%가 무소속 후보였음을 확인할 수 있다.[34] 즉 장면 정권에서는 개정된 헌법의 지방자치 조항에 따라 실제로 가장 하위에 있는 지방행정조직의 우두머리인 시장·읍장·면장 선거를 실시하였음을 알 수 있다. 그런데 기초자치단체장 선거는 이때 처음으로 실시된 것이 아니었다. 1956년 7월 9일 자 동아일보 보도에 따르면, 1956년 8월 8일 시·읍·면장 선거와 의원 선거를 동시에 실시하기도 하였다. 8월 6일 국회에서 통과된 자치법에 따라 일부 시·읍·면장의 임기를 인정하여 8월 8일

33) 「各級地方選擧日字決定」, 『동아일보』, 1960. 11. 1, 1면.
34) 「各級地方選擧와 與野政黨의 反省(사설)」, 『동아일보』, 1960. 12. 30, 1면.

헌법은 밥이다 2

선거 대상에서 제외하였다. 지방자치법 부칙 제4항에 따라 24명 시장 중 23명, 73명 읍장 가운데 37명 읍장, 1,436명 면장 가운데 785명 면장은 선거 대상에서 제외되었다.[35] 즉 시장은 1명(4.2%), 읍장은 36명(49.3%), 면장은 651명(45.3%)만을 투표로 뽑았다. 전체적으로 1,533개의 시·읍·면장 가운데 688명만을 투표로 선출하였다. 선거로 뽑는 시·읍·면장의 비율이 44.9%에 불과했으니, 전체의 절반도 선거로 뽑지 않았다. 그나마 선거는 여당인 자유당에 유리하였다. 1956년 8월 7일 자 동아일보 기사를 보면 1956년 8월 8일에 시장·읍장·면장 선거를 실시하고 8월 13일에 서울시의원과 도의원 선거를 실시할 계획이었다. 그런데 시장·읍장·면장 선거에 출마할 야당 후보자들의 후보등록 방해가 공공연히 이루어지고 후보자의 사퇴 소동이 일어나면서 여당 자유당의 승리가 이미 예견되었다. 거창을 비롯하여 전국 각지에서 여당 자유당 혹은 여당 성향의 무소속 후보가 무투표로 당선되었다. 이에 유권자들은 시장·읍장·면장 선거에 무관심하게 되었다고 한다.[36] 실제로 이승만 정권은 지방의회 선거에서도 부정개표를 자행하였고[37] 그 결과 자유당이 시·읍·면장과 의원 선거에서 합계 90%의 장과 의원 자리를 차지했다.[38]

위에서 살펴본 것처럼 최초의 시·읍·면장 선거는 1960년 헌법에

---

35) 「地方選擧 八月八日에 實施」, 『동아일보』, 1956. 7. 9, 1면
36) 「地方選擧 波瀾 끝에 八日開幕」, 『동아일보』, 1956. 8. 7, 1면.
37) 「地方選擧 不正開票報告繼續」, 『동아일보』, 1956. 8. 18, 1면.
38) 「開票, 全國 一齊히 完了」, 『경향신문』, 1956. 8. 11, 1면.

명시하기 이전인 1956년 이승만 정권에서 이미 부분적으로 실행되었다. 1956년과 1960년 시·읍·면장 선거는 풀뿌리 민주주의를 실현할 기회였음에도 불구하고 국민의 외면을 받았다. 1956년 선거에서는 이승만 정권이 자유당이나 친자유당 성향의 무소속 후보를 당선시키기 위해 야당 후보자들의 선거 등록을 방해했고, 강제로 후보에서 사퇴시켰다. 이런 관권선거와 부정선거(부정개표), 다수의 무투표 당선 때문에 국민들은 선거에 관심을 가질 수 없었다. 장면 정권에서 실시한 시·읍·면장 선거는 장면 정권에 대한 실망과 민주당의 분당(구파의 신민당 창당), 정강정책의 차별성 부족 등을 이유로 유권자들의 관심을 끄는 데 실패하였다. 결국 외면당하던 지방자치는 박정희의 쿠데타로 30년 이상 중단되었다. 헌법 제6호에는 시장·읍장·면장의 직접선거 규정은 삭제되었다. 그리고 쿠데타 세력이 공포한 '지방자치에 관한 임시조치법' 때문에 지방자치는 사실상 정지되었다.

다음으로 지방의회에 관한 헌법 조항을 살펴보자.

1차	제97조 지방자치단체의 조직과 운영에 관한 사항은 법률로써 정한다. 지방자치단체에는 각각 의회를 둔다. 지방의회의 조직, 권한과 의원의 선거는 법률로써 정한다.
2차	제97조 지방자치단체의 조직과 운영에 관한 사항은 법률로써 정한다. 지방자치단체에는 각각 의회를 둔다. 지방의회의 조직, 권한과 의원의 선거는 법률로써 정한다.
3차	제97조 지방자치단체의 조직과 운영에 관한 사항은 법률로써 정한다. 지방자치단체에는 각각 의회를 둔다. 지방의회의 조직, 권한과 의원의 선거는 법률로써 정한다.

4차	제97조 지방자치단체의 조직과 운영에 관한 사항은 법률로써 정한다. 지방자치단체의 장의 선임방법은 법률로써 정하되 적어도 시, 읍, 면의 장은 그 주민이 직접 이를 선거한다. 〈신설 1960.6.15.〉 지방자치단체에는 각각 의회를 둔다. 지방의회의 조직, 권한과 의원의 선거는 법률로써 정한다.
5차	97조 지방자치단체의 조직과 운영에 관한 사항은 법률로써 정한다. 지방자치단체의 장의 선임방법은 법률로써 정하되 적어도 시, 읍, 면의 장은 그 주민이 직접 이를 선거한다. 〈신설 1960.6.15.〉 지방자치단체에는 각각 의회를 둔다. 지방의회의 조직, 권한과 의원의 선거는 법률로써 정한다.
6차	제110조 ① 지방자치단체에는 의회를 둔다. ② 지방의회의 조직·권한·의원선거와 지방자치단체의 장의 선임방법 기타 지방자치단체의 조직과 운영에 관한 사항은 법률로 정한다.
7차	제110조 ① 지방자치단체에는 의회를 둔다. ② 지방의회의 조직·권한·의원선거와 지방자치단체의 장의 선임방법 기타 지방자치단체의 조직과 운영에 관한 사항은 법률로 정한다.
8차	제115조 ① 지방자치단체에는 의회를 둔다. ② 지방의회의 조직·권한·의원선거와 지방자치단체의 장의 선임방법 기타 지방자치단체의 조직과 운영에 관한 사항은 법률로 정한다.
9차	제119조 ① 지방자치단체에 의회를 둔다. ② 지방의회의 조직·권한·의원선거와 지방자치단체의 장의 선임방법 기타 지방자치단체의 조직과 운영에 관한 사항은 법률로 정한다.
10차	제118조 ① 지방자치단체에 의회를 둔다. ② 지방의회의 조직·권한·의원선거와 지방자치단체의 장의 선임방법 기타 지방자치단체의 조직과 운영에 관한 사항은 법률로 정한다.

위의 규정은 지방의회에 관한 규정이다. 구절이 바뀌거나 항 번호가 생기기는 했지만, 지방의회의 설치와 조직·권한·의원선거 등을 법률로 정한다는 규정은 헌법 제5호까지 동일하였다. 헌법 제6호에서는 지방의회뿐만 아니라 지방자치단체장의 선임방법과 지방자치

단체의 조직과 운영에 관한 사항을 법률로 정한다는 구절을 추가하였다. 전반적으로 내용상 큰 차이는 없다.

지방자치단체장과 달리 지방의회는 이승만 정권 때인 1952년부터 선거를 통해 의원을 선출하고 활동하였다. 1949년 지방자치법이 제정되었지만, 치안을 이유로 지방의회 선거는 미뤄졌다. 1950년 6월 21일 자 동아일보의 보도에 따르면, 정부는 1950년 11월에 지방의회 선거를 실시할 계획이었다.[39] 그러나 그 사이 6·25 전쟁이 일어나서 선거는 무산되었다. 그나마 1952년에 처음에 지방의회 선거를 실시하였다. 1952년 3월 29일 동아일보 사설에 따르면, 서울시와 경기도 일부를 제외하고 1952년 4월 25일에 시·읍·면 의원 선거, 5월 15일 도의원 선거가 실시될 예정이었다.[40] 그리고 실제로 실시되었다. 박정희는 5·16 쿠데타 이후 지방의회를 해산하고 지방자치에 관한 임시조치법을 만들어 지방자치법과 지방자치를 무력화시켰다. 박정희가 개정한 헌법 제6호와 제7호에 헌법 제1~5호에도 있었던 지방자치 조항이 여전히 존재하였으나 지방의회나 자치단체장 선거가 실시된 적이 없었다. 1963년 12월 20일 동아일보 보도에 따르면, 엄민영 신임 내무부장관은 지방선거에 대해 다음과 같이 말했다. "그는 기자와의 첫 회견에서 지방자치제실시를 위한 지방선거는 우리 실정에

---

39) 「地方議會選擧」, 『동아일보』, 1950. 6. 21, 1면.
40) 「地方選擧를 等閑視말자(사설)」, 『동아일보』, 1952. 3. 29, 1면.

헌법은 밥이다 2

맞는 제도를 연구·검토해서 방침을 결정하겠다고 말하고 그러나 지금 세입으로서는 선거를 다시 치를 수 없는 실정이라고 밝혔다."[41] 결국 돈이 없다는 이유로 지방자치 선거를 못 하겠다는 치사한 이유다. 지금까지도 공무원들이 "예산이 없다"고 말하면, 그 본뜻은 해당 사안이나 사업을 '하기 싫다'는 의미다. 여기서도 돈타령하는 것은 지방자치를 하기 싫다는 뜻이다. 1964년 2월 13일 동아일보에 따르면, 정부와 여당(공화당)이 예산이 없다는 이유로 1964년에 지방자치 선거를 실시할 수 없다고 반대하자 야당은 지방선거의 연내 실시와 입법조치를 촉구하였다. 1964년 당시 박정희의 군정에서 공포한 '지방자치에 관한 임시조치법'이 지방자치법과 공존하였다. 전자는 제11조에 "지방자치법 중 본법에 저촉되는 규정은 본법에 의한 규정에 의한다"라고 하여 장면 정권에서 만든 지방자치제를 뒤엎었다. 그러나 부칙 5항에 "이 법은 지방자치법이 개정·공포됨으로써 폐지한다"고 규정 때문에 지방자치법을 바꾸면 지방의회 선거를 실시할 수 있었다. 그리고 헌법의 부칙 7조 3항에 최초 지방의회의 구성 시기는 법률로 정하도록 하였으므로, 지방자치법 개정으로 지방의회 선거를 실시할 수 있다. "김재광 의원은 동건의안 제출이유로서 ① 지방자치제의 불실시(不實施)는 국민참정권을 유린하며 ② 지방의회가 구성되지 않고 있어 지방의회와 국회가 할 일의 한계가 분명하지 않다고 지적하

---

41) 「地方議會選擧 돈없어 당장은 不能」, 『동아일보』, 1963. 12. 20, 7면.

고 ③ 금년 안에 추경예산안을 작성해서라도 지방의회를 구성하도록 해야 한다고 주장했다. 이에 대하여 정부·여당은 예산이 있지 않다는 이유로 지방의회 의원선거를 내년으로 미룰 움직임을 보이고 있어 여야 간의 상충한 의견 대립은 이를 둘러싸고 또 하나의 정치문제를 대두시킬 전망을 짙게 하고 있다."[42] 이 보도를 보면 박정희 정권은 예산이 부족하다는 상투적인 이유로 다음 해, 즉 1965년으로 지방의회 선거를 미뤘음을 알 수 있다.

1967년 2월 23일 동아일보 보도를 보면, 박정희 정권은 지방자치를 실시했던 이승만·장면 정권 시절 선거로 뽑힌 시·읍·면장과 지방의원의 비리에 대한 정보를 수집하며 지방자치의 반대 이유를 찾으려고 했다. 이 보도에 따르면, "정부의 지방자치제도 실시 여부에 대한 백서 발표에 앞서 최근 내무부는 전국 각 시·도에 ① 시·읍·면장 간선제의 피해, ② 과거 지방자치의 부패상 등에 대해 지방지에 보도된 기사 내용을 발췌·보고토록 지시했는데 대구시의 경우 ① 대구시장 선거 시의 의원매수사건(54년 8월 25일~10월 5일) ② 지방의원선거의 부패(60.12.19) ③ 직선된 장과 중앙 또는 도와의 대립(61.1.1~5.16) 등 8개 항목에 달한 기사 내용을 발췌·보고했다."[43] 1969년 10월 29일 동아일보의 사설을 보면, 1969년까지 지방자치

---

42) 「地方自治制 年內實施를 促求」, 『동아일보』, 1964. 2. 13, 1면.
43) 「大邱 過去의 地方自治制腐敗報道 拔萃報告 지시」, 『동아일보』, 1967. 2. 23, 1면.

선거가 실시되지 않았고, 야당은 지방자치제도 관철을 위해 국회 등원을 거부하였다.[44] 결국 박정희 정권은 이런저런 핑계를 대며 지방자치 선거를 끝내 실시하지 않았다.

유신헌법에도 지방자치에 관한 두 조항은 존재하였다. 그러나 유신헌법의 부칙 제10조에 "이 헌법에 의한 지방의회는 조국통일이 이루어질 때까지 구성하지 아니한다"라는 조항을 삽입하여 사실상 지방자치를 헌법에서 지웠다. 박정희가 죽기 전까지 통일이 되지 않았으니 지방자치도 없었다. 유신헌법 개헌 이전에는 지방자치법을 무력화시켜 지방자치법을 개정하지 않음으로써 지방자치를 실시하지 않았다면, 유신헌법 이후에는 헌법 부칙에 사실상 지방자치를 금지하는 조항을 넣었다. 또 5공 헌법의 부칙 제10조에도 "이 헌법에 의한 지방의회는 지방자치단체의 재정자립도를 감안하여 순차적으로 구성하되, 그 구성 시기는 법률로 정한다"라는 조항을 삽입하여 헌법에 규정된 지방자치, 특히 지방의회 설치를 미루었다.

현행 헌법에도 규정된 지방자치 조항이 실제로 실시된 것은 노태우 정권 말기인 1991년이었다. 1991년 상반기에 지방의회 선거가 실시되었다. 헌법에 보장된 지방자치 조항들을 지키려고 한 것이 아니라 야당의 김대중 총재 등의 요구에 억지로 실행한 것이다. 원래 지방의회 선거와 함께 지방자치단체장 선거도 해야 하지만 노태우 정

---

44)「公明選擧와 地方自治制(사설)」,『동아일보』, 1969. 10. 29, 2면.

권은 할 생각이 없었다. 지방자치법에 따르면 1992년 6월 30일까지 지방자치 단체장 선거를 실시하기로 법률에 규정했었지만 노태우 정권은 지키지 않았다. 1987년과 1992년 연거푸 대통령 선거에서 떨어진 김대중 당시 총재는 관권선거가 패배의 원인 가운데 하나라고 생각하고 지방자치단체장을 선거로 뽑으면 관권선거를 막을 수 있다고 생각했다. 그래서 목숨을 건 단식을 하며 지방자치단체장 선거를 관철하였다. 덕분에 지방자치단체장 선거는 1995년 6월 27일에 다시 부활하였다. 1964년 이후 35년 만의 일이다.

우여곡절 끝에 지방자치는 점차적으로 실시되었지만, 국민들이 지방자치단체장이나 의원을 보는 시각이 호의적이지 않았다. 풀뿌리 민주주의를 실현하기 위해 지방자치단체장이나 도의원·시의원·군의원·구의원 등을 뽑았지만, 대부분은 풀뿌리 민주주의에 관심이 없고 자신들의 이익을 실현하려는 지역의 토호들이었다. 수많은 자치단체장이나 지방의회 의원이 뇌물을 받아 부패 혐의로 감옥에 갔다. 지방자치단체장을 뽑아야 한다고 단식까지 한 김대중 총재는 돈 많은 지방 토호를 전주시장 후보로 공천하였다. 주변 사람들은 반대했지만, 돈 많은 사람이 전주시장이 된 후 돈에 연연하여 나쁜 짓을 하겠느냐며 강행하였다. 그 결과는? 그 전주시장은 뇌물과 수뢰 혐의로 감옥에 갔다. 그렇지 않은 시장과 군수, 지방의회 의원들은 자신이나 가족, 친지의 재산을 불리는 개발정책이나 토지 수용을 하면서 돈벌이에 골몰하였다. 우리의 주변에서 흔히 볼 수 있는 일상이다.

헌법은 밥이다 2

지방자치의 필요성에 회의적일 때 김상곤 경기도교육감과 박원순 서울시장, 이재명 성남시장 등이 등장하였다(현직이 아닌 당시의 직책임).

김상곤 경기도 교육감(2009~2014)은 '이명박식 교육정책'에 반대하며 무상급식 확대와 혁신학교정책을 핵심공약으로 내걸어 당선된 진보계 교육감이었다. 당시 경기도의 도서 벽지, 농·산·어촌 지역 학교, 300인 이하 소규모 경기지역 4백여 개의 초등학교에 있는 급식도 먹지 못하는 빈곤층 자녀는 17%였던 반면, 지원 대상자는 10% 내외였다. 김상곤 교육감은 2009년 하반기부터 무상급식의 비율을 20%까지 추경예산을 올려 책정하려 했다. 무상급식에 반대하는 한나라당이 다수인 경기도의회는 무상급식 확대 예산 171억 원의 절반인 85억 5,000만 원을 삭감하여 반토막 낸 수정안을 통과시켰다. 이러한 반발에도 불구하고 무상급식은 확대되었고, 그만큼 무상급식 논란도 가열되었다. 결국 무상급식은 경기도뿐만 아니라 전국적인 이슈가 되었고, 2011년부터 뜨거운 감자가 되었다. 2012년 대통령 선거를 앞둔 그때, 빈부의 격차가 심해지고 소득 감소, 가계 지출 증가에 견디지 못한 학부모들이 무상급식과 복지에 관심을 가졌다. 당시 오세훈 서울시장은 무상급식에 반대하는 주민투표를 실시하며 서울시장직을 걸었으나 주민투표가 부결되면서 사퇴하였다. 그러나 김상곤 교육감이 불을 지핀 무상급식 문제는 복지 문제로 확대되었고 2012년 대통령 선거의 핵심공약이 되었다. 여당인 새누리당의 박근혜 후보와 통합민주당의 문재인 후보 모두 자기가 대통령이 되면 복지를 잘하겠다고 말했다. 박근혜는 TV토론에서 복지정책을 잘 실행할 수 있느냐는 이정희 후보의 질문에 발끈하여 "그래서 제가 대통령이 되어야 합니다"라는 명언을 남겼다. 그러나 대통령이 된 후 공약 하나도 제대로 지키지 않았다. 노회찬 의원은 2012년 새누리당 대선 공약집의 정책만 제대로 지켜도 좋은 나라가 된다는 가시 돋친 말을 남겼다.

오세훈 대신 보궐선거로 당선된 박원순 시장은 서울시청뿐만 아니라 서울시민의 삶을 바꿔 놓았다. 서울시립대의 반값등록금을 실현한 덕분에 서울시립대의 커트라인이 대폭 상승하였다. 집안 형편이 어려운 서울과 지방 학생들이 연세대·고려대 이하 서울 사립대 대신 선택하는 학교로 바뀌었다고 한다. 박원순 시장은 세월호에 이어 메르스 사태에도 잘 대처하였다. 무력한 모습을 보였던 박근혜 정권의 중앙정부와는 대조적인 모습이었다. 그리고 백남기 농민이 물대포에 맞아 사망한 사건을 거울삼아 2016년 10월 29일부터 시작된 촛불집회 때부터 경찰이 물대포를 쏘지 못하도록 서울시가 관리하는 물을 사용하지 못하게 했다. 덕분에 촛불집회 참석자들은 물대포의 공포에서 벗어날 수 있었다. 또 연인원 백만여 명이 참석한 광화문 촛불집회 참석자들을 위해 화장실을 비롯한 편의시설을 갖추도록 하였다.

이재명 성남시장은 바닥난 지방재정을 메웠을 뿐만 아니라 무상보육, 무상 교복, 지방 상품권 등 각종 복지 정책을 실시하였다. 성남시는 분당구와 비분당 지역으로 나뉜다. 분당구는 "하늘에는 천당, 지상에는 분당"이라는 말이 나돌 정도로 살기 좋은 곳이었고, 한나라당-새누리당 후보만을 뽑는 지역이었다. 이재명 성남시장의 복지정책 덕분에 혜택을 받게 된 분당구민들은 이재명 시장이 재선되는 선거에서 성남시의 다른 구보다 더 많은 표를 몰아주었다. 그 영향일까? 2016년 20대 국회의원 선거 당시 분당구의 2개 선거구에서 야당인 더민주당 후보가 모두 당선되었다. 분당은 강남과 함께 보수세력을 국회의원으로 뽑던 곳이었다. 이처럼 이재명 성남시장의 행정이 돋보이자 중앙정부는 심술을 부렸다. 지방 시·군·구 단체장이 사용할 수 있는 예산을 줄이고 중앙정부에서 시키는 일만 할 수 있을 정도의 예산만 남겨놓았다. 박근혜의 대선 공약인 영·유아 보육도 중앙정부의 예산에서 지출해야 했지만, 지방자치단체들이 지출하라고 미뤘다. 이 때문에 대부분 지방자치단체에서 무상급식 등에 사용해야 하는 예산을 포기해야 했다. 그 과정에서 법률의 하위인 시행령을 고쳐 이러한 조치를 시행하도록 압력을 넣었다.

　이 세 사람을 비롯하여 일반인들에게 알려지지 않은 훌륭한 시장과 도지사, 군수, 구청장, 교육감들이 있다. 자기가 사는 지역의 지방자치단체장을 잘 뽑으면 지방 경제가 살아나고 살기 좋은 지역이 되지만, 그렇지 못하면 토호들과 공무원들의 부패가 만연한 지역이 된다. 잘못 뽑은 대통령과 중앙정부의 횡포를 경험하며 지방분권의 필요성을 절감하게 되었다. 대통령을 잘못 뽑아도 시장이나 도지사, 군수, 구청장을 잘 뽑으면 그나마 살만한 나라가 바람직하지 않을까?

1992년 실시하기로 한 지방자치법의 법률 조항은 김대중 총재의 단식 덕분에 1995년에야 처음으로 실현되었다. 그러나 당시 내무부(현재의 안전행정부)를 비롯한 중앙정부는 지방 통제의 끈을 놓지 않기 위해 돈줄을 풀지 않았다. 지방자치에 필수적인 재정자립이 불가능하도록 만들었다. 지방자치단체의 주요 수입인 부동산 관련 세금과 수수료는 경제 부양을 명목으로 실시된 부동산 정책 때 없어지거나 삭감되었다.

지방자치단체의 재정자립도를 알 수 있는 지표가 있다. 국회예산정책처에 따르면, 우리나라의 국세와 지방세 비율은 2014년 기준으로 76.9:23.1이다. 전체 세금에서 지방세가 차지하는 비율은 1975년 10.2%에서 1995년 21.3%, 2006년 23%, 2010년 21.7%, 2014년 23.1%였다.[45] 40여 년 동안 지방세 증가율은 약 13%P에 불과했다. 이 통계수치에서 알 수 있듯이, 지방자치를 부정했던 박정희 정권부터 지금까지 중앙정부는 지방자치단체의 재정수입인 지방세 증가에 관심을 가지지 않았다.

---

45) 국회예산정책처, 『2016 조세의 이해와 쟁점』, 국회예산정책처, 2016, 19쪽.

헌법은 밥이다 2

일반자치단체 통합재정수입(2016)[46]

| | | 2016 | | | | 2017 | | | |
		수입(조)		비중(%)		수입(예정)(조)		비중(%)	
자체 재원	지방세	68.9	96.0	37.5	52.7	71.2	94.4	40.5	53.7
	세외수입	27.1		14.9		23.2		13.2	
의존 재원	지방교부세	37.3	82.4	20.5	45.2	33.7	77.8	19.2	44.3
	보조금	45.1		24.7		44.1		25.1	
융자 회수 등		3.8		2.7	2.7	31,181		2.0	0.5
합계		182.2		100	100	1,654,102		100	100

위의 표에서 알 수 있듯이, 지방자치단체의 자체 수입은 2016년
52.7%, 2017년 53.7%이다. 이 수치가 지방자립도라고 할 수 있다. 바
꿔 말하면 지방자치단체는 부족한 2016년 45.2%, 2017년 44.3%에
해당하는 82조 4천여억 원과 77조 8천여억 원의 돈을 중앙정부에서
받아야 한다. 이처럼 지방자치단체의 부족한 재정을 중앙정부가 보조
하는 제도를 '지방재정조정제도(local finance equalization scheme)'
라고 한다. 지방정부 간의 재정 격차를 조정하고 부족 재원을 보충하
기 위해 중앙정부와 지방정부 간 또는 지방정부 상호 간에 재정을 조
정하는 제도다. 한국은 소득세나 법인세 등 세율을 중앙정부와 지방
자치단체가 분할하는 형태가 아니라 중앙정부가 지방자치단체에 주

46) 행정안전부, 『2017년도 지방자치단체 통합재정개요』, 2017. 4; 국회예산정책처, 『대한민국 재정
2018』, 2018, 24쪽, [표 1-5] 통합재정수입 현황. 표의 수치는 필자 조정.

는 지방교부세, 국고보조금 등으로 지방재정을 꾸린다. 지방자치단체 상호 간에는 조정교부금 및 시·도비 보조금 제도가 존재한다.[47] '지방재정조정제도'라는 이름은 멋있어 보이지만, 실제로 중앙정부가 지방자치단체의 돈줄을 쥐고 갑질하기 쉬운 구조다. 중앙정부는 지방교부금과 국고보조금으로 수많은 도지사와 시장, 군수, 구청장들을 통제한다. 지방교부금은 부족한 지방재정을 보충하기 위해 중앙정부가 배분하는 예산이다. 재정자립도가 50%를 넘지 않는 지방자치단체가 많은 상황에서 단체장은 지방교부금을 받기 위해 예산 부처(현재는 기획재정부) 공무원을 비롯한 중앙정부에 잘 보여야 한다. 지방자치를 확실히 하기 위해 국세, 즉 중앙정부의 몫으로 돌아가는 세금인 소득세와 법인세를 중앙과 지방이 일정 비율로 분배하는 제도를 도입할 필요가 있다. 메이저리그에 진출한 추신수가 자유계약선수(FA)가 되었을 때, 팬들 사이에서는 연봉 총액과 함께 어떤 구단에 가야 실수령액이 많은지 관심의 대상이 되었다. 미국은 소득세 수입을 연방정부와 주, 주 아래의 지방자치단체가 일정 비율로 분배하기 때문이다. 텍사스, 워싱턴, 플로리다 등의 주는 주세가 없다. 따라서 이런 주에서 경제활동을 하면 소득세가 절반 정도 줄어든다. 주마다 주세가 다르기 때문이다. 미국처럼 소득세와 법인세의 일정 비율을 지방자치단체에 주거나, 혹은 그 비율을 자율적으로 결정할 자유를 준다면 어떻

47) 국회예산정책처, 「2016 조세의 이해와 쟁점」, 국회예산정책처, 2016, 67~75쪽.

헌법은 밥이다 2

게 될까? 자기 지역에 기업들을 끌어들이기 위해 지방자치단체 몫인 법인세 비율을 아예 면제하거나 깎아주는 등 지역 실정에 맞는 정책을 펼칠 수 있을 것이다. 비교 대상이 될지 모르겠지만, 중국처럼 소득세와 법인세뿐만 아니라 부가가치세도 중앙정부와 지역정부가 나눈다면 지방정부(자치단체)의 재정은 더 좋아질 것이다.

지방자치와 관련하여 필자는 현재 2개 특별시, 6개 광역시, 9개 도(특별도 포함)의 행정구역을 재편해야 한다고 생각한다.

첫째, 다른 나라와 비교했을 때 '시'가 너무 많다. 미국의 경우 가장 큰 '주'와 동급인 시는 워싱턴 시(콜롬비아 특별구)밖에 없다. 우리에게 익숙한 뉴욕이나 LA는 각각 뉴욕주와 캘리포니아주의 한 도시일 뿐이다. 직할시가 많은 나라는 중국과 북한인데, 모두 지방자치가 없는 공산국가라는 공통점이 있다. 독일의 경우, 베를린과 함부르크, 브레멘이 '주'이지만, 규모는 시나 다름없다. 함부르크와 브레멘시가 주와 동급이 된 것은 중세 이후 도시가 영주의 간섭을 벗어나 자치를 누리던 역사적 전통과 관계가 있을 것이다.

둘째, 광역시의 전신인 직할시가 지방자치를 막기 위한 알박기에서 출발했다. 서울과 세종이야 행정수도이므로 특별'시'가 되는 것에 별 문제가 없을지 모른다. 그러나 현재는 광역시로 이름을 세탁한 직할시는 중앙정부가 직접 임명한 시장이 관할하는 시라는 뜻이다. 1963년 부산, 1981년 인천과 대구, 1986년 광주, 1989년 대전, 1995년 울산이 직할시 혹은 광역시로 승격되었다. 도시화가 진행된 상황에서 시가 많은 것이 무슨 문제냐고 반문할 지도 모른다. 처음에 직할시를 둔 이유가 지방자치를 무력화시킬 알박기였다. 박정희 정권 때부터 지방자치가 실시될 경우를 대비하여 주요 대도시를 대통령 혹은 내무부가 감독하는 직할시를 만든 것이다. 1995년 명칭을 광역시로 바꾼 이후, 광역시가 왜 생겼는지 이유를 아는 사람들이 적다.

셋째, 현재 지방자치단체의 재정을 비교하면 2016년의 경우 특별시·광역시·특별자치시의 통합재정자립도가 66.3%인 반면, 도·특별자치도는 35.3%다. 2017년에는 전자가 66.6%, 후자는 38%다.[48] 통합재정자주도의 경우 2016년 전자가 77.3%, 후자가 46%, 2017년에는 전자가 73.4%, 후자가 48.3%다. 공통으로 각종 '시'가 도보다 80~90% 더 재정 상태가 좋다. 인천과 울산을 제외한 부산, 대구, 광주, 대전은 각각 경남, 경북, 전남, 충남의 도청소재지가 있던 곳으로 이 지역들을 착취하며 성장한 도시들이다. 도에서 독립하여 직할시(나중에는 광역시)로 독립한 후 상대적으로 재정 상태가 양호하지만, 농촌 지역을 끼고 있는 주변의 도들은 재정 자립도가 절반 정도로 낮다. 소득세나 법인세 등 직접세를 중앙과 지방이 분할하는 방법도 있지만, 원래부터 재정 자립이 어려운 농촌 지역이나 낙후된 지역과 보조를 맞추려면 광역시를 주변의 도와 합치는 방법은 어떨까? 물론 압도적으로 인구가 많고 더 나은 생활을 하는 광역시 사람들이 반대할

---

48) 국회예산정책처, 『대한민국 재정 2018』, 2018, 457쪽, [부록표 38] 지방자치단체 재정력 지표.

헌법은 밥이다 2

가능성이 높지만 말이다.

박근혜 정권에서 중앙정부가 지방자치단체를 핍박하고 통제하는 치사한 행동을 보면서 지방자치가 더욱 필요함을 절감한다. 일부 정치인들은 이를 위해 개헌이 필요하다고 한다. 그러나 지방자치에 관한 두 개 조항이 헌법에 있었지만, 박정희·전두환·노태우 정권은 지키지 않았다. 김영삼 정권도 김대중 총재(당시)가 단식하지 않았으면 지방자치법 규정마저 지키지 않았을 것이다. 헌법에 지방자치 관련 조항을 더 추가하는 것이 좋은지 법률로 보완할 수 있는지 판단이 서지 않는다. 다만 '지방자치단체'를 '지방정부'로 바꾸자는 주장에는 동의한다. 일부 사람들은 종속의 어감을 주는 '지방자치단체'라는 단어를 '지방정부'로 바꾸어야 한다고 주장한다. 그래야 중앙정부와 각종 지방정부가 상하관계가 아닌 위상이 되므로 진정한 지방분권이 실현된다는 것이다. 언어가 사고를 좌우하는 사실을 고려하면 충분히 타당성이 있는 주장이다. 개헌하게 된다면 바뀌어야 할 지방자치 조항은 『헌법은 밥이다』 Part 5에서 구체적으로 살펴봤다. 헌법을 바꾸지 않더라도 지방재정 자립을 위한 법률적·제도적 장치가 필요하다. 세수가 많은 소득세·법인세·부가가치세를 중앙정부와 지방정부가 일정 비율로 나누는 방식이 하나의 대안이 될 수 있다. 국회의원들이 개헌에 기울이는 관심의 절반만 써도 가능할까? 기획재정부와 안전행정부, 교육부, 복지부 등 중앙정부의 반발과 국회의원들의 무관심 등을 극복하면 가능할 것이다.

현행 헌법의 지방자치 조항은 2개뿐이고 내용도 너무 간단하다. 이에 많은 학자들이 대안을 제시하였다. 학자들이 제시하는 지방자치 대안을 살펴보자. 독일과 유럽에서 지방자치의 원칙으로 규정된 보충성의 원칙을 도입하자는 주장이 있다. 보충성의 원칙은 어떤 문제를 처리할 때 소규모의 하위 공동체가 먼저 처리하고 그렇지 못할 때 상급 공동체가 처리해야 한다는 원칙이다. 예컨대 주민들의 정보를 잘 아는 동사무소에서 기초생활수급자를 파악해야지, 상위의 구청이나 시청, 혹은 도청에서 할 필요는 없다는 것이다. 이러한 보충성의 원칙은 최근 들어 유럽공동체의 통합 원칙으로 채택되었고 1992년 독일 헌법 제23조 1항에 명문화됐다. 현행 헌법의 제117조가 보충성의 원칙을 수용했다고 해석하는 학자들도 있다. 이 원칙을 따른다면, 모든 공공사무의 처리 권한은 원칙적으로 지방자치단체에 있다고 한다. 즉, 보충성의 원칙에 따라 주민과 가까운 지방자치단체에 일차적인 관할권을 부여하여 주민들의 뜻에 더 가깝게 문제를 해결하려는 것이 바람직하다고 한다.[49] 그러나 현실은 그렇지 못하다. 중앙정부는 돈줄을 쥐고 생색이 안 나는 번거로운 일만 지방자치단체에 떠넘겼다. 박근혜 정권은 선거 공약으로 내건 영·육아 보육비를 지방자치단체와 교육청에 떠넘기고 초·중·고 무상급식 대신 먼저 처리하라고 압박했다. 만약 보충성의 원리에 따라 처리했다면, 영·육아 보

---

49), 50) 이기우, 「지방자치 활성화를 위한 헌법 개정안의 제안」, 『헌법 다시 보기』, 378~379쪽.

육비 집행 권한뿐만 아니라 여기에 드는 비용도 해당 지방자치단체에 주어야 한다. 따라서 헌법에 "공공사무는 능력이 미치는 한 주민에 가까운 지방자치단체에서 우선적으로 처리한다"는 규정을 넣어야 한다는 제안이 제시되기도 한다.[50]

지방자치를 강조하기 위해 2개 조항에 불과한 지방자치 조항을 늘려야 한다고 주장하는 학자들과 정치인들이 많다. 다음 개헌에서는 지자체의 업무와 권한에 대해 보다 구체적으로 규정할 필요가 있다는 것이다. 아래는 프랑스헌법에 규정된 지방자치 조항이다.[51]

프랑스헌법 제72조의 2

① 지방자치단체들은 법률에서 정하는 바에 따라 자유롭게 지출할 수 있는 재원을 가진다.

② 지방자치단체들은 각종 세금의 전부 또는 일부를 징수할 수 있다. 지방자치단체들은 법률이 정하는 범위 내에서 그 과세 기준 및 세율을 정할 수 있다.

③ 지방자치단체들의 세입 및 기타 고유의 재원은 각 지방자치단체의 재원의 결정적 부분을 형성한다. 이러한 규칙의 시행 방법은 조직법으로 정한다.

④ 국가와 지방자치단체 간의 모든 권한 이양은 그 권한의 행사에 조달되었던 재원의 이양을 수반한다. 지방자치단체의 지출을 증가시키는 모든 권한의 신설 또는 확대는 법률에서 정하는 재원을 수반한다.

---

51) 조유진, 「헌법 사용 설명서」, 352쪽.

⑤ 법률에 지방자치단체 간 평등을 촉진하기 위한 조정 조항을 둔다.

위의 조항처럼 헌법이 바뀐다면, 중앙정부가 자신이 할 일을 지방자치단체에 미루고 돈은 주지 않는 횡포는 사라지게 될 것이다. 지방자치단체가 헌법에 규정된 것처럼 독자적인 세수를 확보한다면, 지역발전을 위해 많은 일을 할 수 있을 것이다. 물론 눈먼 돈을 빼먹으려는 지방자치단체장을 뽑지 않는다면 말이다.

지방자치를 강조하고 박원순 서울시장, 이재명 성남시장, 김상곤 전 경기도교육감처럼 '선정을 베푼' 지자체장들의 사례만 언급하다 보니 토호들과 결탁하여 세금을 낭비하고 전시행정을 벌이며 지자체를 또 다른 출세의 도구로 이용하는 지자체장들을 언급하지 않고 넘어갈 뻔했다. 국민들이 지방자치를 싫어하는 이유 중 하나는 자기 지역의 지자체장들이 나쁜 짓 하는 것을 직접 보거나 듣기 때문이다. 우리 지역의 지자체장이 선정을 베풀기만 기대해야 할까? 경북 구미시에서 활동하고 있는 김수민 시사평론가(전 녹색당 대변인, 전 구미시의회 의원)는 풀뿌리 민주주의를 대안으로 제시한다. 1960년 헌법 개정으로 도입했으나 실행하지 못한 읍·면·동 등 기초자치단체장을 주민들이 직접 뽑을 뿐만 아니라 기초자치단체의 운영에 직접 참여하자는 주장이다. 주민들이 지역의 문제에 직접 참여하고 결정하므로 국민주권을 현장에서 체험하고 직접민주주의를 실현할 수 있다는 장점이 있다. 이를 위해 앞에서 설명한 보충성의 원리에 따라 기초자치단체에 권한을 대폭 위임하고 주민들이 책임감을 가지고 기초자치단체의 일에 관심을 가지면 실현 가능하지 않을까?

[요약] 지방자치 헌법 조항 변천

현행 헌법 조항		최초 제정 차수	개정 차수	개정 내용·특징
117조 1항	지방자치 단체의 사무	제헌	4차	시·읍·면의 장 직접 선출 명시
			6차	지방자치단체의 직무를 자치와 관련된 행정사무나 국가가 위임한 행정사무에서 복리(주민의 복리)와 재산 관리로 격하
			8차	원문은 존재하나 부칙 10조에 통일 때까지 기능 정지 규정
			9차	지방자치 부활
117조 2항	지방자치 단체의 종류	제헌	8차	원문은 존재하나 부칙 10조에 통일 때까지 기능 정지 규정
			9차	부활
118조	지방의회의 조직, 권한, 선거	제헌	8차	원문은 존재하나 부칙 10조에 통일 때까지 기능 정지 규정
			9차	부활

Part 2

헌법이
말하는
대한민국의
경제

경제민주화 조항은
현행 헌법에
처음 생겼다?

2012년 대선 때 화두는 경제민주화였다. 1989년 현행 헌법을 만들 때 경제민주화 조항을 넣었다는 김종인의 주가가 올라갔다. 그는 새누리당과 통합민주당의 러브콜을 동시에 받았고 어느 당으로 갈까 저울질하다가 전자를 택하였다. 박근혜는 '경제민주화'라는 상징을 교묘히 악용하여 선거에서 승리했다. 물론 동의하지 않는 사람들도 있을지 모른다. 선거 부정 때문이라고 하는 사람도 있겠지만. 제헌헌법부터 이 조항의 변화 과정을 한번 훑어보고 잠시 생각해 보자.

헌법 1호	제84조 대한민국의 경제 질서는 모든 국민에게 생활의 기본적 수요를 충족할 수 있게 하는 사회정의의 실현과 균형 있는 국민경제의 발전을 기함을 기본으로 삼는다. 각인의 경제상 자유는 이 한계 내에서 보장된다.
헌법 2호	제84조 대한민국의 경제 질서는 모든 국민에게 생활의 기본적 수요를 충족할 수 있게 하는 사회정의의 실현과 균형 있는 국민경제의 발전을 기함을 기본으로 삼는다. 각인의 경제상 자유는 이 한계 내에서 보장된다.

헌법 3호	제84조 대한민국의 경제 질서는 모든 국민에게 생활의 기본적 수요를 충족할 수 있게 하는 사회정의의 실현과 균형 있는 국민경제의 발전을 기함을 기본으로 삼는다. 각인의 경제상 자유는 이 한계 내에서 보장된다.
헌법 4호	제84조 대한민국의 경제 질서는 모든 국민에게 생활의 기본적 수요를 충족할 수 있게 하는 사회정의의 실현과 균형 있는 국민경제의 발전을 기함을 기본으로 삼는다. 각인의 경제상 자유는 이 한계 내에서 보장된다.
헌법 5호	제84조 대한민국의 경제 질서는 모든 국민에게 생활의 기본적 수요를 충족할 수 있게 하는 사회정의의 실현과 균형 있는 국민경제의 발전을 기함을 기본으로 삼는다. 각인의 경제상 자유는 이 한계 내에서 보장된다.
헌법 6호	제111조 ① 대한민국의 경제 질서는 개인의 경제상의 자유와 창의를 존중함을 기본으로 한다. ② 국가는 모든 국민에게 생활의 기본적 수요를 충족시키는 사회정의의 실현과 균형 있는 국민경제의 발전을 위하여 필요한 범위 안에서 경제에 관한 규제와 조정을 한다.
헌법 7호	제111조 ① 대한민국의 경제 질서는 개인의 경제상의 자유와 창의를 존중함을 기본으로 한다. ② 국가는 모든 국민에게 생활의 기본적 수요를 충족시키는 사회정의의 실현과 균형 있는 국민경제의 발전을 위하여 필요한 범위 안에서 경제에 관한 규제와 조정을 한다.
헌법 8호	제116조 ① 대한민국의 경제 질서는 개인의 경제상의 자유와 창의를 존중함을 기본으로 한다. ② 국가는 모든 국민에게 생활의 기본적 수요를 충족시키는 사회정의의 실현과 균형 있는 국민경제의 발전을 위하여 필요한 범위 안에서 경제에 관한 규제와 조정을 한다.
헌법 9호	제120조 ① 대한민국의 경제 질서는 개인의 경제상의 자유와 창의를 존중함을 기본으로 한다. ② 국가는 모든 국민에게 생활의 기본적 수요를 충족시키는 사회정의의 실현과 균형 있는 국민경제의 발전을 위하여 필요한 범위 안에서 경제에 관한 규제와 조정을 한다. ③ 독과점의 폐단은 적절히 규제·조정한다.
헌법 10호	제119조 ① 대한민국의 경제 질서는 개인과 기업의 경제상의 자유와 창의를 존중함을 기본으로 한다. ② 국가는 균형 있는 국민경제의 성장 및 안정과 적정한 소득의 분배를 유지하고, 시장의 지배와 경제력의 남용을 방지하며, 경제주체간의 조화를 통한 경제의 민주화를 위하여 경제에 관한 규제와 조정을 할 수 있다.

위의 조항 변화 과정을 살펴보면, 우선 대부분 현행 헌법의 '경제의 민주화'라는 구절만 눈에 들어올 것이다. 1948년 헌법에서 제84조였던 이 조항은 3차례의 개정을 통해 현행 헌법의 제119조로 자리 잡았다. 이 조항의 변화 과정을 살펴보자.

먼저 헌법 제6호 때 이 조항은 바뀌었다. 아래에서 어떻게 바뀌었는지 살펴보자.

헌법 제1~5호	헌법 제6호
제84조 대한민국의 경제 질서는 모든 국민에게 생활의 기본적 수요를 충족할 수 있게 하는 사회정의의 실현과 균형 있는 국민경제의 발전을 기함을 기본으로 삼는다. 각인의 경제상 자유는 이 한계내에서 보장된다.	제111조 ① 대한민국의 경제 질서는 개인의 경제상의 자유와 창의를 존중함을 기본으로 한다. ② 국가는 모든 국민에게 생활의 기본적 수요를 충족시키는 사회정의의 실현과 균형 있는 국민경제의 발전을 위하여 필요한 범위 안에서 경제에 관한 규제와 조정을 한다.

헌법 제1~5호를 읽어보면 대한민국의 경제는 모든 국민이 먹고 살 수 있는 사회를 만들고 균형 있는 국민경제 발전을 목표로 삼았다. "생활의 기본적 수요를 충족"이란 구절과 '경제'정의 대신 '사회'정의라는 표현을 쓴 것을 보면 1948년부터 1961년까지 유지된 헌법 제1~5호에서는 모든 국민이 경제적으로 균질하게 사는 사회를 지향했음을 알 수 있다. 이 조항을 비롯하여 1948년 헌법부터 존재한 경제조항은 자유와 평등, 인권 등 기본권만 강조했던 미국과 프랑스 등의

성문헌법과 영국의 불문헌법보다 진일보한 것이라고 평가된다. 헌법과 일정 연령 이상의 남녀에게 '똑같이' 투표권을 주는 보통선거 규정을 보면 1948년 헌법은 당시에 가장 선진적인 헌법이었다. 물론 실천 여부는 제외하고, 이승만 정권이 이 조항을 실현하기 위해 얼마나 노력을 했는지는 모르겠지만, 헌법을 보면 경제적 평등을 강조한 것처럼 보인다.

이승만 정권이 과연 모든 국민이 기본적인 생활이 가능한 경제를 발전시키기 위해 얼마나 노력했는지 잘 모르겠다. 6·25 전쟁 당시부터 미군이 준 원조물자를 장군, 장교, 공무원과 정치인들이 빼돌리는 바람에 군인과 국민들이 굶주리거나 굶어 죽었다. 대표적인 사건이 국민방위군 사건이다. 6·25 전쟁 도중 군인병력충원이 어렵자 남한 정부는 군인·경찰·공무원과 학생이 아닌 만 17~40세의 성인 남성을 국민방위군에 편입시켰다. 육군이 국민방위군을 관리하였다. 국민방위군 사건은 1951년 1월 1·4 후퇴 당시 국민방위군 고위 장교들이 국고금과 군수물자를 착복하여 국민방위군 약 9~12만 명이 굶어 죽거나 얼어 죽은 사건이다. 1951년 봄에 국회에서 이 사건이 폭로되었다. 정부의 진상 규명 은폐와 방해에 회의를 느낀 이시영 부통령이 사표를 제출하였고 이승만에게 호의적이었던 한민당과 민국당계 인사 조병옥, 윤보선, 김성수 등 야당 인사들이 이승만 정권에 등을 돌렸다. 뿐만 아니라 군입대 기피현상이 증가했고 이승만 정권의 신뢰도가 급격히 추락하였다. 전쟁이 끝난 후 미국이 지급한 물자는 제대로 분배되지 않고 정치인과 공무원, 군인들이 빼돌려 자기 배를 불렸다. 이러니 1948년 헌법 제84조는 제대로 지켜질 수 없었다.

그런데 오른쪽의 바뀐 구절을 보면 1항은 경제 질서는 개인의 경제적 자유와 창의를 존중한다고 바뀌었다. 2항에서는 모든 국민이 기본적인 생활이 가능하고 국민경제를 발전시키기 위해 필요한 범위 안에서 경제를 규제하고 조정할 수 있다고 하였다. 강조점은 "필요한 범위 안에서"이다. 두 조항의 해석은 다르겠지만, 경제적 평등보다 경제적 자유를 강조하는 것으로 읽힌다. 공교롭게도 박정희는 쿠데타를 일으킨 후 부정축재자 처벌을 혁명공약으로 내세우고 부정축재자 26명을 구속했다. 이 가운데 재계 서열 1~11위의 기업가들도 포함되었다. 박정희는 쿠데타 당시 일본에 있다가 귀국한 이병철 삼성그룹 회장을 만난 후 재벌 총수들을 풀어주고 친재벌적인 정책으로 돌아섰다. 이후 박정희 정권이 재벌들이 필요로 하는 돈을 빌려주고 정치자금을 받는 정경유착이 시작되었고, 점차 고착화하였다. 이러한 당시 상황을 고려하면 제111조 1항의 경제적 자유와 창의, 2항의 "필요한 범위 안에서 경제에 관한 규제와 조정을 한다"는 구절은 앞으로 친재벌, 혹은 친기업 정책을 펼치겠다는 선언처럼 읽힌다. 이 조항은 유신 헌법 때도 계속 유지되었다. 공교롭게도 유신시대에 재벌들은 여러 가지 특혜를 받으며 더욱더 성장하였다.

전두환 정권은 이 조항에 독과점 폐단 규제·조정 조항을 3항에 추가하였다. 그러나 현행 헌법에서는 이 조항을 삭제하고 일부 2항을 고쳤다.

헌법 제9호	현행 헌법
제120조 ① 대한민국의 경제 질서는 개인의 경제상의 자유와 창의를 존중함을 기본으로 한다. ② 국가는 모든 국민에게 생활의 기본적 수요를 충족시키는 사회정의의 실현과 균형 있는 국민경제의 발전을 위하여 필요한 범위 안에서 경제에 관한 규제와 조정을 한다. ③ 독과점의 폐단은 적절히 규제·조정한다.	제119조 ① 대한민국의 경제 질서는 개인과 기업의 경제상의 자유와 창의를 존중함을 기본으로 한다. ② 국가는 균형 있는 국민경제의 성장 및 안정과 적정한 소득의 분배를 유지하고, 시장의 지배와 경제력의 남용을 방지하며, 경제주체간의 조화를 통한 경제의 민주화를 위하여 경제에 관한 규제와 조정을 할 수 있다.

5공 헌법의 제120조와 현행 헌법의 제119조를 비교하면 1항은 동일하고, 독과점의 폐단을 규제·조정하는 3항이 삭제되었음을 알 수 있다. 2항은 대체적인 뜻은 비슷하지만 '시장의 지배와 경제력 남용 방지', '경제주체 간의 조화를 통한 경제민주화'라는 구절만 추가되었을 뿐이다. 현행 헌법의 제119조 2항은 경제민주화 조항으로 불린다. '시장의 지배와 경제력 남용 방지'라는 구절은 5공 헌법의 제120조 3항 독과점 규제·조정을 에둘러 표현한 것처럼 읽힌다. 그렇다면 사실상 '경제주체 간의 조화를 통한 경제민주화'라는 구절만 새로 첨가되었을 뿐 국가가 경제를 규제·조정할 수 있다는 결론은 헌법 제6호 때와 별 차이가 없다. 따라서 김종인이 현행 헌법에 '경제주체 간의 조화를 통한 경제민주화'라는 구절을 추가한 것은 맞을 수 있지만, 현행

헌법의 제119조는 가깝게는 헌법 제6호, 멀게는 1948년 헌법 때부터 내려오는 조항이었다. 이 조항은 재벌 총수들에게 눈엣가시였다. 그들은 개헌할 때 반드시 빼고 싶어 하는 조항이라고 한다. 헌법재판소는 이 조항을 다음과 같이 해석하고 있다.

> "헌법이 이미 많은 문제점과 모순을 노정한 자유방임적 시장경제를 지향하지 않고 아울러 전체주의국가의 계획 통제경제도 지양하면서 국민 모두가 호혜 공영하는 실질적인 사회정의가 보장되는 국가, 환언하면 자본주의적 생산양식이라든가 시장 매커니즘의 자동 조절 기능이라는 골격을 유지하면서 근로대중의 최소한의 인간다운 생활을 보장하기 위하여 소득의 재분배, 투자의 유도·조정, 실업자 구제 내지 완전고용, 광험위한 사회보장을 책임 있게 시행하는 국가 즉 민주복지국가의 이상을 추구하고 있음을 의미한다(헌재결 1989.12.22. 88헌가13)."

헌법재판소의 유권해석에 따르면 현행 헌법의 제119조는 전체주의국가나 공산주의 국가의 계획경제 혹은 통제경제와 자유방임적 시장경제를 모두 배제한다. 즉 이념과 상관없이 모든 국민이 잘살고 시장정의가 보장되는 민주복지국가 이념을 지향하고 있다고 한다. 이 조항은 이념의 문제가 아니라 먹고사는 문제가 중심이다.

재벌이 삭제를 요구하는 이 조항은 단순히 조항만 놓고 보면, 현행 헌법보다 5공 때 만든 헌법 제9호 조항이 더 나아 보인다. 현재 재벌의 독과점 폐해와 대기업의 골목상권 침해, 빈부격차의 확대 등 현재의 경제 상황을 생각해 보자. 헌법 제9호의 제3항 독과점 규제·조정 조항이 있었다면 국가가 이 문제에 "당연히" 개입해야 했다. 만약 독과점을 그대로 두고 봤으면 누군가 위헌 소송을 했을지 모를 일이다. 일부 독자들에게 듣기 불편하겠지만, 헌법의 기본권과 경제조항만 비교하면, 전두환 정권 때의 헌법 제9호가 상대적으로 나았다. 물론 독과점 규정이 헌법에 빠졌지만 공정거래위원회법에 따라 공정거래위원회가 집행하면 된다는 반론도 가능하다. 공정거래위원회가 제대로 일을 할 때 말이다. 공정거래위원회는 재벌과 대기업 편을 들며 IMF 이후 빈부격차와 골목상권 침식, 중소기업의 몰락을 팔짱을 끼고 방관하기만 했다. 중소기업을 경영하는 사람들의 이야기를 들어보면 시답잖은 정부의 경제정책보다 공정거래위원회가 "규정대로" 일하면 중소기업이 성장할 수 있다고 한다. 공정위는 기울어진 경기장에서 편파판정을 하는 심판이었다는 뜻이다. 문재인 정부 출범 이후 재벌 저격수 김상조 교수가 공정거래위원장이 되었다. 현행 헌법에 삭제된 독과점 규제와 재벌편중현상을 바꿔 주기를 기대한다.

헌법 제9호 제120조 3항의 독과점 규제와 조정이 실제 경제정책과 물가안정에 직접적인 영향을 주었는지 인과관계를 밝히기는 어렵다. 공교롭게도 이 조항이 있었던 전두환 정권 시절 물가는 낮았고, 덕분에 국민들의 생활은 그나마 나았다. 반면 노태우 정권 때 물가가 급등하였다. 대부분 학자들은 전두환 정권이 강압적으로 물가를 올리지 못하게 하여 기업들이 제품 가격을 올리지 못하다가 민주화 이후 정부의 눈치를 보지 않고 가격을 올려 물가가 올랐다고 한다. 단순히 노태우가 '물태우'라고 불릴 정도로 나약하고 무능해서 물가 앙등을 지켜만 본 것일까? 헌법에 독과점 규제·조정 조항이 없어지고, 헌법재판소가 위헌 소송을 판결하기 시작하면서 노골적인 간섭은 쉽지 않았을 것이다. 적어도 헌법 규정만 가지고 해석하면 말이다.

경제의 민주화를 위한 경제의 규제와 조정이 제대로 지켜졌고, 여전히 지켜지고 있을까? 청년 실업률이 5%가 넘고 소득 불평등이 점차 심해진 현재, 대부분의 사람들은 현행 헌법의 제119조 2항을 읽어보며 현실과 동떨어진 이야기라고 생각할 것이다. 그럼에도 불구하고 보수적인 학자들과 정치인들은 현행 헌법의 경제에 대한 규제와 정부의 개입이 너무 심하다고 주장한다. 헌법을 바꿀 경우 현행 헌법의 제119조를 바꿀 기세다. 그들은 제119조 2항 경제민주화 조항을 삭제하고 "경쟁의 자유는 보호해야 한다. 경제에 대한 규제와 조정은 자유 시장경제의 확립과 유지를 위하여 필요한 경우에 한한다"로 바꿔야 한다고 주장했다. 경제민주화를 위한 개입을 막고 재벌과 대기업의 독식과 편중을 방치하겠다는 취지다. 또 현행 헌법 제32조 근로의 권리와 의무 조항에 규정된 최저임금제, 2항 두 번째 문장의 "국가는 근로의 의무의 내용과 조건을 민주주의 원칙에 따라 법률로 정한다"는 규정, 제33조의 노동 3권도 삭제해야 한다고 주장한다.[52] 그들

---

52) 조유진, 『헌법 사용 설명서』, 2012, 355~356쪽.

의 주장처럼 현행 헌법의 제119조가 바뀌게 된다면, 국민은 없고 재벌과 대기업을 위한 나라로 바뀔 것이다.

반면 경제민주화를 확대해석하여 노동자가 기업의 경영에 참여해야 한다는 주장도 제기된다. 한국의 재벌과 언론, 기득권층은 기업 경영에 노동자가 참여한다는 발상 자체를 시장경제와 공존할 수 없다고 주장한다. 자본주의 본고장 유럽의 주요 국가들은 이미 수십 년 전부터 '경영 참여'를 법적 권리로 보장하고 있다. 영국이나 프랑스는 공기업만이 아니라 사기업을 포함하여 전체적으로 노동자 경영 참여를 제도화했다. 프랑스의 경우 국영 기업은 관리위원회를 두고 여기에 노동자 대표가 1/3만큼 참여하도록 하고 있다. 독일도 1974년의 직업구성법, 1976년의 공동결정법이 노동자의 경영 참여를 뒷받침하는 근거이다. 공공결정법은 2,000명 이상을 고용하는 기업에서 노동자 대표가 경영이사회와 감사회에 참여할 것을 규정하였다.[53] 유럽 선진국에서 보장하는 노동자의 경영 참여를 도입해야 한다는 주장이다. 그러나 노조 활동과 노조의 정치 참여를 불온하게 생각하는 현실에서 이 주장이 공감대를 얻기까지는 많은 시간이 필요할 것이다.

---

53) 박홍순, 『헌법의 발견』, 비아북, 2015, 297~298쪽.

서울 사람은
농지를
살 수 있을까?

필자는 현행 헌법의 제121조 1항을 읽고 가장 충격을 받았다.

제121조 ① 국가는 농지에 관하여 경자유전의 원칙이 달성될 수 있도록 노력하여야 하며, 농지의 소작제도는 금지된다.

제121조 1항의 핵심 어구는 경자유전의 원칙과 소작제도 금지이다. 경자유전(耕者有田)은 경작하는 사람은 토지를 소유한다는 뜻이다. 경제유전의 원칙은 농민들은 모두 자기가 사용하는 농토에서 농사짓는다는 자영농을 육성한다고 해석된다. 농지의 소작제도 금지는 글자 그대로 소작농을 없애겠다는 뜻이다. 그러나 이 두 구절이 대한민국에서 실현되었던 적이 있을까? 결론부터 말하면 그런 적도 없고 역대 정권은 그럴 의지도 없었다.

NBR(Nothing but Rhoe). 노무현 정권의 정책은 무조건 안 된다는 뜻이다. 노무현 정권이 했던 정책을 모두 부인하고 180도 반대로 했던 이명박 정권과 언론이 거의 유일하게 아무 말 없이 찬성했던 제도가 있다. 농지직불금제도. 농지가 줄어드는 것을 막기 위해 논이나 밭을 경작하는 사람에게 주어졌던 보조금이다. 2018년의 경우 쌀 직불금 예산으로 1조 800억 원이 책정되었다. 이 직불금의 부정 수급 문제가 불거졌지만 이명박 정권과 언론은 침묵했다. 그들이 수혜자였기 때문이다. 원래 직불금은 논밭을 경작하는 농민들이 받아야 한다. 소작농의 경우 대부분 농사를 짓지 않는 도시의 부재지주들이 직불금을 받아갔다. 소작료도 모자라서 소작농이 받아야 하는 직불금까지 가로챈 것은 단순히 탐욕 때문만은 아니었다. 직불금 수령은 땅주인이 농사를 짓는다는 증거이기 때문이다. 헌법에 나온 것처럼 경자유전의 원칙 때문에 도시에 사는 부재지주(직접 농사를 짓지 않는 땅주인)들이 농지를 소유하는 것은 "원칙상" 금지되었다. 그러나 원칙은 원칙이고 많은 사람들이 법을 어기거나 우회하거나 피해갔다. 박정희 정권이 만든 헌법 제6호부터 농지의 소작제도는 금지한다고 했지만, 박정희 정권 자체가 강남의 논밭을 사재기 한 후 되팔아 돈을 벌어 선거자금으로 활용하였다. 나중에 대통령 부인이 되는 이순자와 김옥숙이 강남의 유명한 복부인이었다는 소문은 지금까지 인구에 회자 되고 있다. 두 사람만 그런가? 재벌과 강남의 부자들은 자신만의 네트워크로 확보한 정보로 개발되기 전에 농지를 싼값에 산 후 나중에 비싸게 팔거나 국가에 수용되어 많은 보상금을 받았다. 토건 국가 대한민국에서 땅장사는 아파트 장사와 함께 늘 남는 장사였다.

이 조항은 1948년 헌법의 제86조의 토지 분배 조항으로 거슬러 올라간다.

헌법 1호	제86조 농지는 농민에게 분배하며 그 분배의 방법, 소유의 한도, 소유권의 내용과 한계는 법률로써 정한다.
헌법 2호	제86조 농지는 농민에게 분배하며 그 분배의 방법, 소유의 한도, 소유권의 내용과 한계는 법률로써 정한다.
헌법 3호	제86조 농지는 농민에게 분배하며 그 분배의 방법, 소유의 한도, 소유권의 내용과 한계는 법률로써 정한다.
헌법 4호	제86조 농지는 농민에게 분배하며 그 분배의 방법, 소유의 한도, 소유권의 내용과 한계는 법률로써 정한다.
헌법 5호	제86조 농지는 농민에게 분배하며 그 분배의 방법, 소유의 한도, 소유권의 내용과 한계는 법률로써 정한다.
헌법 6호	제113조 농지의 소작제도는 법률이 정하는 바에 의하여 금지된다.
헌법 7호	제113조 농지의 소작제도는 법률이 정하는 바에 의하여 금지된다.
헌법 8호	제118조 농지의 소작제도는 법률이 정하는 바에 의하여 금지된다.
헌법 9호	제122조 농지의 소작제도는 법률이 정하는 바에 의하여 금지된다. 다만, 농업생산성의 제고와 농지의 합리적인 이용을 위한 임대차 및 위탁경영은 법률이 정하는 바에 의하여 인정된다.
헌법 10호	제121조 ① 국가는 농지에 관하여 경자유전의 원칙이 달성될 수 있도록 노력하여야 하며, 농지의 소작제도는 금지된다. ② 농업생산성의 제고와 농지의 합리적인 이용을 위하거나 불가피한 사정으로 발생하는 농지의 임대차와 위탁경영은 법률이 정하는 바에 의하여 인정된다.

　　위의 조항들을 읽어보면 알겠지만, 이 조항은 원래 농민에게 농지를 분배하는 제도였다. 1948년 남북으로 분단된 당시 38선 이남의 대한민국은 농민이 대다수인 농업 국가였다. 일제강점기 시절 일제에 논밭을 빼앗기고 수탈당한, 그마저 소작농이 대다수인 농민들을 잘살

게 하는 것이 막 독립한 한국의 당면 과제였다. 게다가 38도 이북의 공산당 정권의 북한과 38도 이남에서 활동하는 공산주의자들의 활동을 막기 위해서라도 농지개혁이 필요하였다.

초대 농림부 장관 조봉암은 1948년 농지개혁을 추진하였다. 필자가 대학생일 때 읽었던 책이나 한국 현대사 수업에서는 이 농지개혁을 낮게 평가하였다. 유상몰수 유상분배의 원칙 때문이다. 이는 지주들에게 보상금을 주고 땅을 매수한 후 농민들에게 싸게 파는 방법이다. 북한이 지주들의 땅을 몰수한 후 농민들에게 공짜로 나누어주는 무상몰수, 무상분배의 토지개혁을 실시한 것과 비교하면 대한민국의 농지개혁은 지주나 농민 모두에게 불만족스러웠을 것이다. 그러나 무상몰수, 무상분배한 공산주의 국가들을 제외하면, 1950년부터 시작된 농지개혁은 세계사적으로도 드물게 성공한 농지개혁이라고 한다. 6·25 전쟁 때 농민들이 북한군에게 협조하지 않은 것도 농지개혁 덕분이라는 우스갯소리도 있다. 빚지고 산 땅이지만 자기 땅을 가진 농민들에게 "무상몰수, 무상분배"라는 북한의 토지개혁 선전이 먹히지 않았다. 땅을 가졌으니 북한군에게 땅을 빼앗길까 두려워 오히려 협조하지 않았다고 한다. 농지개혁이 공산화를 막았다는 농담도 있다.

이 농지개혁은 조선 후기부터 일제강점기까지 호의호식하던 지주 계층을 몰락시키는 계기가 되었다. 필자의 주변 사람들 이야기를 들어보면 조상들이 대부분 조선시대나 일제강점기에 적게는 수백 석 많게는 수천 석 혹은 수만 석을 수확하는 대지주였다고 한다. 90% 이상이 양반이라는 것과 마찬가지로 사실로 보기는 어렵지만, 이때 농지개혁으로 지주들이 많은 땅을 잃은 것도 사실이다. 상당수 지주들은 농지개혁 이후 몰락하였다. 현재와 달리 과거에 잘살았다는 조상을 둔 사람들은 이러한 지주들의 자손일 것이다. 일부 지주들은 남은 땅마저 빼앗기지 않으려고 교육사업에 뛰어들었다. 자기 땅에 학교를 설립하면 세금을 안 내거나 덜 내도 되었고, 교육사업이라는 좋은 일을 하므로 지역사회에서 목에 힘주고 다닐 수 있었다. 박정희 정권이 경제개발을 앞세우며 재벌들에게 있는 돈 없는 돈 퍼주느라 교육에 투자할 수 없을 때 이들이 국가 대신 학교를 지어주니 서로 좋은 셈이었다. 박정희 정권은 나중에 사립학교에 많은 특혜와 지원을 해주었다.

제86조의 농지 분배는 이러한 경제적·사회적 배경 아래 실시되었지만, 농지개혁이 완료된 후 이 조항은 사실상 헌법에서 무의미한 규정이었다. 그러니 박정희 정권이 만든 6차 헌법에서 농지개혁 대신 소작제도의 금지를 규정하였다. 이미 농지를 농민들에게 분배했으니, 농지를 많이 소유한 지주가 탄생하는 것을 막는 것이 중요했기 때문이라고 좋게 해석해 주자. 그러나 전두환 정권이 만든 헌법 제9호에 예외 조항을 두게 된다. 임대차 및 위탁경영을 예외적으로 허용한 것이다. 전두환의 가정교사였다는 김재익 청와대 경제수석은 경제개발 5개년 계획으로 상징되는 정부 주도의 경제 대신 정부의 간섭을 줄이고 기업의 자율성을 강조하는 정책을 추진하려 했다고 한다. 요새 유

행하는 '신자유주의'와 가깝다고 할까? 임대차 및 위탁경영을 예외적으로 허용한 것은 자급자족 농업이 아닌 농업의 규모를 키워 농업의 기업화나 국제경쟁력 강화를 꾀하기 위한 사전 조치였을 수도 있다. 반면 빼딱하게 해석하면, 이 예외규정은 1항의 소작 금지를 피하기 위한 꼼수가 아닐까?

현행 헌법은 전두환 정권이 만든 헌법 제9호의 제122조를 두 조항으로 나눈 것에 불과하다. 멋있어 보이라고 '경자유전의 원칙'이란 문구를 집어넣었을 뿐이다. 그러나 이 문구를 넣은 헌법 입안자는 이 구절대로 경자유전의 원칙과 소작제도 금지가 제대로 지켜지리라고 생각했을까? 조항을 고치면서 웃지 않았을까? 전두환 정권 말기에 3저 호황으로 떼돈을 번 재벌들은 그 돈으로 설비투자나 기술개발에 쓰지 않고 땅을 사들였다. IMF 사태의 원인 가운데 하나였던 수출 부진은 재벌들의 주장처럼 임금인상과 노조파업보다 기술개발을 등한시하고 땅 투기에 앞장선 자신들이 자초하였다. 가격 경쟁력과 품질 경쟁력이 없는 제품을 해외의 어느 나라가 사주겠는가? 임금이 올랐으면 기술개발을 통해 더 좋은 품질의 상품을 만들어야 하는데 재벌들은 저임금의 노동집약적 산업에만 안주하였다. 당시 경제 대통령이라 불리던 최종현 선경 회장은 "기술개발에 오랜 기간 투자하면 성공한다는 보장이 있나?"라고 말하며 장기적인 기술개발 투자를 공개적으로 거부하였다. 재벌의 비업무용 부동산 투기를 막기 위해 계획한 토지공개념은 결국 좌초되었다. 그나마 김종인이 바득바득 우겨서 재벌들에게 비업무용 토지를 팔라고 압박했고, 재벌들은 입술을 깨물고 비업무용 부동산을 팔았다고 한다. 사영기업에게 재산을 팔라고 강요하는 것은 재산권 보호 조항과 자본주의 경제원칙에 어긋난 위헌이라고 주장할 것이다. 그러나 농사를 짓지 않는 재벌의 농지를 매매와 개발 차익을 목적으로 사들이는 것 또한 경자유전의 원칙을 위반한 위헌적 행위이다. 혹자는 김종인의 지시대로 비업무용 부동산을 매각한 덕분에 재벌들은 IMF 당시 피해를 덜 보았다고 한다. 부동산을 판 돈으로 어느 정도 버틸 수 있었다는 주장이다. 그렇다고 재벌들이 김종인에게 고맙다고 생각할지.

경자유전의 원칙과 소작제도 금지. 이미 둘 다 지켜지지 않는 상황에서 어떻게 해야 할까? 헌법의 규정을 지켜야 할지, 아니면 현실에 맞지 않는 규정을 바꾸어야 할지 고민할 때가 된 것 같다.

자연자원은
누구의 것인가?

제목이 거창하다. 땅과 땅 위에 있는 풀과 나무, 농작물은 주인이 있지만, 땅 밑의 지하수와 각종 광물, 공기와 물(강물, 냇물, 우물물), 바닷속의 물고기와 조개는 주인이 없다. 마시거나 잡는 사람이 임자다. 전근대 시대 중국에서 거의 유일하다시피 전국시대부터 산림수택, 즉 산과 숲, 늪, 연못, 강 등의 생산물에 세금을 부과하였다. 이는 예외적인 조치였고 대부분의 사회에서는 여러 자원들을 함께 나누어 사용했고 세금을 부과하지도 않았다. 중세 유럽에서는 장원이나 마을 주변의 빈 땅에서 양이나 다른 가축을 길렀고, 숲에서 생산되는 나무와 과일, 열매 등은 개인의 소유가 아니었다. 우리나라도 땅 주인이 횡포를 부리지 않는 한 이런 것들은 마을 사람들이 마음껏 사용할 수 있는 공공재였다.

근대는 모든 것이 개인 혹은 법인(회사나 단체)의 소유로 바뀌는 소유권과 재산권 만능의 세상이다. 어제의 공공재가 사유재산으로 바뀌는 모습을 일상생활에서도 보고 있다. 수도·철도·공항의 민영화가 대표적인 예이다. 아침에 산책하던 동네의 산길도 사유지라는 이유로 갑자기 통행이 금지되기도 한다. 따라서 '자연자원은 누구의 것인가'라는 제목이 도발적으로 들릴 수도 있다. 과연 그런가? 이상하게 생각할 사람도 있지만, 헌법에서는 이 문제를 조항으로 만들었다. 이 규정의 변화 과정을 살펴보자.

헌법 1호	제85조 광물 기타 중요한 지하자원, 수산자원, 수력과 경제상 이용할 수 있는 자연력은 국유로 한다. 공공필요에 의하여 일정한 기간 그 개발 또는 이용을 특허하거나 또는 특허를 취소함은 법률의 정하는 바에 의하여 행한다.
헌법 2호	제85조 광물 기타 중요한 지하자원, 수산자원, 수력과 경제상 이용할 수 있는 자연력은 국유로 한다. 공공필요에 의하여 일정한 기간 그 개발 또는 이용을 특허하거나 또는 특허를 취소함은 법률의 정하는 바에 의하여 행한다.
헌법 3호	85조 광물 기타 중요한 지하자원, 수산자원, 수력과 경제상 이용할 수 있는 자연력은 법률이 정하는 바에 의하여 일정한 기간 그 채취, 개발 또는 이용을 특허할 수 있다. [전문개정 1954.11.29.]

헌법 4호	제85조 광물 기타 중요한 지하자원, 수산자원, 수력과 경제상 이용할 수 있는 자연력은 법률이 정하는 바에 의하여 일정한 기간 그 채취, 개발 또는 이용을 특허할 수 있다. [전문개정 1954.11.29.]
헌법 5호	제85조 광물 기타 중요한 지하자원, 수산자원, 수력과 경제상 이용할 수 있는 자연력은 법률이 정하는 바에 의하여 일정한 기간 그 채취, 개발 또는 이용을 특허할 수 있다. [전문개정 1954.11.29.]
헌법 6호	제112조 광물 기타 중요한 지하자원·수산자원·수력과 경제상 이용할 수 있는 자연력은 법률이 정하는 바에 의하여 일정한 기간 그 채취·개발 또는 이용을 특허할 수 있다.
헌법 7호	제112조 광물 기타 중요한 지하자원·수산자원·수력과 경제상 이용할 수 있는 자연력은 법률이 정하는 바에 의하여 일정한 기간 그 채취·개발 또는 이용을 특허할 수 있다.
헌법 8호	제117조 ① 광물 기타 중요한 지하자원, 수산자원, 수력과 경제상 이용할 수 있는 자연력은 법률이 정하는 바에 의하여 일정한 기간 그 채취·개발 또는 이용을 특허할 수 있다.
헌법 9호	제121조 ① 광물 기타 중요한 지하자원·수산자원·수력과 경제상 이용할 수 있는 자연력은 법률이 정하는 바에 의하여 일정한 기간 그 채취·개발 또는 이용을 특허할 수 있다.
헌법 10호	제120조 ① 광물 기타 중요한 지하자원·수산자원·수력과 경제상 이용할 수 있는 자연력은 법률이 정하는 바에 의하여 일정한 기간 그 채취·개발 또는 이용을 특허할 수 있다.

　1948년 헌법에서는 광물과 지하자원, 수산자원, 수력, 기타 자연력을 국유, 즉 국가 소유로 규정하였다. 이해가 되는 조항이기는 하다. 1950년대 텅스텐(중석)이 전체 수출의 68%, 오징어, 김 등 수산물이 20~30%를 차지하던 시절이었다. 그러니 광물과 수산자원 등을 국유로 하고 이 자원을 이용할 때 법률에 따라 허가하는 방식을 취하였다. 이 조항은 특이하게도 이승만 정권 때인 3차 개정 때 정반대로 자연

력의 국가 소유를 포기하고 민간인들이 자유롭게 이용할 수 있도록 바뀌었다.

대통령 더 해 먹으려고 대통령 선출방법(간선제→직선제), 임기(중임→초대 대통령 무제한) 등 권력구조에 관한 조항을 바꾸고 기본권을 그대로 둔 이승만 정권은 2차 개헌으로 3개의 경제조항을 바꾸었다. 미국의 압력 혹은 권고 때문이었다. 미국의 사절단 퀴니가 한국의 헌법을 보고 빨갱이 헌법이라고 비판하며 바꿀 것을 요구했다. 미국의 경제원조가 한 푼이라도 아쉬웠던 이승만은 미국의 조언에 따라 사회민주주의의 색채가 강한 조항을 자본주의 경제에 맞게 바꾸었다. 이 조항이 주 타깃이었다. 그러나 텅스텐과 수산물이 수출에서 60~70%를 차지하는 상황에서 헌법 조항을 바꾸었다고 실생활이 달라지지는 않았을 것이다. 부패한 공무원들이 허가권을 쥐고 있는 상황에서.

현행 헌법은 헌법 제3호부터 바뀐 조항인데, 지하자원과 수산자원, 수력 등 자연력을 공유할 방법은 없을까? 2017년 3월 더민주당 대통령 경선에서 이재명 성남시장은 토지기본소득을 선거 공약으로 제시했다. 국토보유세 15.5조 원을 걷어서 모든 국민에게 연 30만 원씩 토지배당을 지급하겠다는 주장이다. 조세저항이 예상되지만, 국토보유세를 걷어 토지배당을 지급하는 것은 모든 국민에게 평등한 토지권을 보장한다는 취지다. 이는 자연력을 국유로 했던 1948년 헌법 제85조의 취지에 부합한다. 어떤 사람들은 비슷한 맥락에서 부동산의 가치가 정부 혹은 지방자치단체가 건설한 도로, 지하철, 공원 등 인프라의 영향을 받으므로 부동산에 고율의 과세를 부여하는 것이 합리적이라고 주장한다. 문제는 현행 헌법 제120조에 위배 되느냐 여부인데, 미국 알래스카주의 예를 보면 그럴 것 같지 않다. 알래스카주는 석유 수입을 알래스카주 주민들에게 배당하고 있다. 석유라는 지하자원의 수익을 주민들에게 배당의 형식으로 분배하는 정책을 미국 연방 대법원이나 정치인들이 위헌이라고 딴지 걸지 않는 것을 보면, 자본주의 원칙에 어긋나지 않는 것 같다. 따라서 한국에서도 실행 가능할 것 같다. 공공재인 땅과 공기, 물, 지하자원을 공기업이나 사영기업에게 사용하게 하고 거둔 세금이나 수익을 국민소득으로 국민에게 나눠주면 어떨까? 알래스카처럼 제주도와 평창 등지에서 생산되는 물에 해당 지방자치단체에서 세금을 거두거나 수익 중 일부를 분배받아 해당 지역의 주민들에게 기본소득으로 나눠주면, 주민들의 소득 증대에 기여할 것이다.

문재인 대통령이 후보 시절 스마트폰 기본요금을 없애겠다는 공약을 발표한 적이 있다. 처음에는 사영기업인 SKT나 KT, LG유플러스 등의 팔을 비틀어 요금을 없애는 것이 자본주의 경제에 맞는 일인지 반신반의했다. 그러나 현행 헌법 제120조 규정을 검토해 봐도 자연력, 이 경우 전파와 주파수 등을 이 기업들이 허가를 받고 사용하는 만큼 국가가 사용료를 받는 것이 이치에 맞다. 물론 역대 정권에서 재벌과 유착하며 사용료를 안 받거나 적게 받았겠지만. 문재인 대통령의 공약은 스마트폰 업체로부터 받아야 할 사용료를 기본요금 면제로 '퉁' 친다는 뜻이다. 사용료를 받아 국민에게 현금으로 주면 이것이 국민소득이다. 어쨌든 헌법 제120조의 정신에 맞는 공약이므로 스마트폰 기본요금이 없어지기를 기대하지만, 원고를 수정하고 있는 현재까지도 아무런 소식이 없다. 이동통신사와 관련 공무원이 강렬히 저항하고 있는 탓이다. 대통령은 바뀌었지만 실무를 담당하는 공무원들은 바뀌지 않았다는 세간의 평가는 언제쯤 바뀔까?

국토개발과 토건 국가

유신헌법의 제117조 2항은 "국토와 자원은 국가의 보호를 받으며, 국가는 그 균형 있는 개발과 이용을 위한 계획을 수립한다"라고 하였다. 이 조항은 글자 하나 바뀌지 않고 현행 헌법까지 계승되었다(제120조 2항). 비슷한 내용은 122조에도 보인다고 한다. 불행하게도 이 조항이 악명 높은 이명박 정권의 4대강 살리기 사업의 헌법적 근거가 되었다고 한다.[54] 한편 현행 헌법 제122조의 국토 이용의 제한 조항은 노태우 정권 때 시도한 토지공개념의 헌법적 근거가 되었다고 한다. 이에 따라 제정된 토지공개념 3법은 '토

---

54) 차병직, 윤재왕, 윤지영, 『지금 다시, 헌법』, 477쪽.

지초과이득세법', '개발이익환수에 관한 법률', '택지 소유 상한에 관한 법률'을 말한다. 이 법률들은 헌법재판소로부터 각각 헌법 불합치, 일부 위헌, 위헌 등의 판결을 받았고, 1998년 IMF 사태 이후 건설 경기 활성화를 위한다는 명목으로 3법 자체가 아예 폐지되었다.[55] 땅으로 돈을 번 이 나라의 지배층은 자신들의 이익을 포기할 생각이 없었고, 땅부자들인 헌법재판관들은 이를 충실히 실행하였다. 2018년 3월에 발표된 문재인 대통령의 개헌안에는 '토지공개념'조항이 포함되었다. 소수가 토지를 독점하여 소유하는 것을 막기 위한 절실한 조항이다. 그러나 부동산으로 재미를 본 기득권들은 '빨갱이조항'이라며 반대한다. 다음 개헌 때는 이 조항이 추가되기를 기대해 본다.

공교롭게도 국토개발계획 수립을 가능하게 한 조항이 유신헌법에 신설된 1972년 제1차 국토종합개발계획(1972~1981)의 시작 시기가 겹친다. 이는 우연은 아닐 것이다. 필자가 중학교 사회 교과서와 고등학교 지리 교과서에서 국토종합개발계획이 중요하다고 배웠다. 경제개발 5개년 계획보다 시험에도 자주 나왔던 것 같다. 그때는 경제개발 5개년 계획이 5년마다 바뀌는 반면 국토종합개발계획은 10년마다 바뀌기 때문에 중요하게 여겨지는 것으로 알고 넘어갔다. 그러나 대한민국이 건설사-건설부 관료-언론-정치인으로 이어지는 토건족이 지배하는 토건 국가임을 알고 나서 그 이유를 어렴풋이 깨달

---

55) 조유진, 『헌법 사용 설명서』, 364~365쪽.

게 되었다. 국토종합개발계획이 발표되면, 혹은 그 전에 정보를 얻은 사람들이 미리 땅을 산다. 그러면 그 땅이나 주변에 도로나 신시가지, 공업단지 등이 들어서면 토지 가격이 올라간다. 땅을 산 사람들은 토지 수용의 대가로 국가로부터 토지보상금을 받거나 건설회사나 일반인에게 팔아서 수십 배, 수백 배의 이익을 챙기게 된다. 땅을 사서 묵혀두면 언젠가 떼돈을 번다는 부동산 불패신화가 생겼다.

예전에 『일본, 허울뿐인 풍요』라는 책을 읽고 깜짝 놀랐었다. 한신 대지진으로 고가도로가 엿가락처럼 휘어지고 망가진 모습을 TV에서 본 적이 있다. 개번 매코맥은 이 사건을 예로 들며 일본 건설업계의 부패를 신랄하게 비판하였다. 토목·건설업계가 중앙의 국회의원과 지방자치단체 공무원 등과 결탁하여 뇌물을 주고받고 부실공사를 일삼아 한신대지진이라는 큰 피해를 냈다고 주장한다. 토건족, 건설족이라는 단어도 이 책을 통해 알게 됐다. 사람과 자동차 수가 적은 농촌에 고속도로처럼 넓은 아스팔트 길을 놓는 것은 부지기수라는 것이다. 남의 나라 일이니 웃고 넘어갔다. 그러나 남의 일이 아니었다. 정신 차리고 보니 토건족·건설족은 한국이 원조였던 셈이다. 우리나라도 일본처럼 농촌에도 차가 다니지 않는 고속도로와 아스팔트 길을 만들었을 뿐만 아니라 공장 없는 산업단지와 빈 아파트를 찍어냈다. 토건족·건설족의 위대한 업적은 배가 다니지 않는 경인 운하와 건강했던 강을 녹초가 가득한 썩은 인공 호수로 만든 4대강 사업이다. 정권은 바뀌었는데 4대강 사업의 주모자들은 아직 처벌받지 않았다.

토건족과 건설족이 기승을 부리는 이유는 건설회사와 정치인, 토목·건설 부문 공무원과 교수, 언론, 은행이 한통속이 되어 이권과 이익을 나눠 먹기 때문이다. 건설회사는 건설자재 빼먹기와 분식회계로 만든 비자금을 정치인이나 공무원에게 상납한다. 각종 프로젝트를 심사하는 토목·건설학과 교수들에게 평소에 상품권을 뿌리며 환심을 산다. 그리고 광고수입에 목마른 언론에 광고를 주며 부동산 매매를 부추기고 '국토건설'의 필요성을 홍보한다. 은행은 건설회사에 돈을 대주고 언론과 건설회사의 광고에 속아 아파트를 사려는 사람들에게 비싼 이자로 돈을 빌려준다. 서로에게 이익이 되니 없는 공사도 만들어 국민의 세금을 퍼붓는다.

게다가 대통령과 중앙정부, 지방자치단체장에도 이익이 되니 눈 감아 준다. 박근혜 정권 때 업종별 GDP 경제성장률을 계산해보니 모든 업종이 마이너스거나 변동이 없었는데 토목·건설 부문만 플러스를 기록하였다. 박근혜가 정권을 잡은 4년 동안 토목·건설 부문만 성장한 것이다. 아파트나 건물을 지으면 판매가격만큼 GDP가 증가한 것으로 계산된다. 건설회사나 건물주, 집주인이 '마음대로' 정한 가격이 경제성장률의 항목이 되기 때문이다. 아파트가 팔리든 안 팔리든 상관없이. 경제성장률을 손쉽게 높이는 방법은 땅 파고 건물 짓는 것이 최고다! 다른 나라가 지식 경제나 4차 산업혁명에 관심을 가질 때 '헬조선'은 땅과 물에 돈을 쏟아부었다. 토건족·건설족은 돈을 벌었지만, 국가 경쟁력은 떨어지고 환경은 나빠지며 국고는 점점 비어간다.

국가는 공공기업과
사영기업을
소유할 수 있다?

1948년 헌법 제87조에는 우리의 상식을 뒤엎는 조항이 있다.

제87조 중요한 운수, 통신, 금융, 보험, 전기, 수리, 수도, 까스 및 공공성을 가진 기업은 국영 또는 공영으로 한다. 공공필요에 의하여 사영을 특허하거나 또는 그 특허를 취소함은 법률의 정하는 바에 의하여 행한다. 대외무역은 국가의 통제하에 둔다.

운수, 통신, 금융, 보험, 전기, 수리, 수도, 가스 및 공공성을 가진 기업은 국영기업이나 공기업으로 한다는 제87조 조항은 조소앙이 만든 건국강령 5조의 몇 가지 조항과 일치한다.

(1) 대산업기관의 공구와 시설을 국유로 하고, 토지, 광산, 어업, 수리, 임업 소택과 수상, 공중의 운수사업과 은행, 전신, 교통 등과 대규모의 농, 공, 상, 기업과 성시, 공업구역의 공용적 주요산업은 국유로 하고, 소규모 혹 중소기업은 사영으로 함.

(2) 적의 침략, 침점 혹은 시설한 관공, 사유 토지와 어업, 광산, 농림, 은행, 회사, 공장, 철도, 학교, 교회, 사찰, 병원, 공원 등의 산업과 기타토지 및 경제, 정

치, 군사, 문화, 교육, 종교, 위생에 관한 일체 사유자본과 부적자의 일체 소유자
본과 부동산을 몰수하여 국유로 함.

(5) 국제무역, 전기, 수도, 대규모의 인쇄소, 출판, 영화극장 등을 국유, 국영으로 함.

조소앙의 건국대강 2항은 적, 즉 일본의 기업과 각종 시설을 몰수
하여 국가의 소요 혹은 국영으로 할 것을 규정하였다. 1항과 5항은
주요산업을 국유 혹은 공영으로 할 것을 규정하였는데 위에서 살펴
본 1948년 헌법의 제87조와 유사하다. 이러한 유사성을 바탕으로 조
소앙의 건국강령이나 임시헌법, 혹은 임시헌장이 1948년 헌법에 영
향을 주었다고 보는 학자들이 많다.

이 87조 조항은 헌법 제3호에서 삭제되었다. 반면 180도 바뀐 조
항이 있다. 1948년 헌법의 제88조다.

여기서 '사영기업'이란 단어가 생소할 것이다. 우리에게 익숙한
'민영기업'이다. 원래 국영기업, 공기업의 반대말로 개인이 소유하고
경영하는 기업을 사영기업이라고 불렀다. 1948년 무렵에는 '사인'이
개인이란 뜻으로 사용됐으니 사인이 경영하는 기업이라는 뜻이다. 그
러나 국가 소유의 국영기업이나 공기업을 사영기업으로 만들면서 국
민에게 돌려준다는 명분을 내세우고 실제로는 재벌들에게 팔아넘기
기 위해 '사영화', '사영기업'이라는 말 대신 '민영화', '민영기업'이라
는 말을 써서 국민을 속인다. 이명박 정권 때 인천공항공사를 국민에
게 돌려준다고 호도하였다. 인천공항공사 주식을 국민에게 모두 공짜

헌법 1호	제88조 국방상 또는 국민생활상 긴절한 필요에 의하여 사영기업을 국유 또는 공유로 이전하거나 또는 그 경영을 통제, 관리함은 법률이 정하는 바에 의하여 행한다.
헌법 2호	제88조 국방상 또는 국민생활상 긴절한 필요에 의하여 사영기업을 국유 또는 공유로 이전하거나 또는 그 경영을 통제, 관리함은 법률이 정하는 바에 의하여 행한다.
헌법 3호	제88조 국방상 또는 국민생활상 긴절한 필요로 인하여 법률로써 특히 규정한 경우를 제외하고는 사영기업을 국유 또는 공유로 이전하거나 그 경영을 통제 또는 관리할 수 없다. [전문개정 1954.11.29.]
헌법 4호	제88조 국방상 또는 국민생활상 긴절한 필요로 인하여 법률로써 특히 규정한 경우를 제외하고는 사영기업을 국유 또는 공유로 이전하거나 그 경영을 통제 또는 관리할 수 없다. [전문개정 1954.11.29.]
헌법 5호	제88조 국방상 또는 국민생활상 긴절한 필요로 인하여 법률로써 특히 규정한 경우를 제외하고는 사영기업을 국유 또는 공유로 이전하거나 그 경영을 통제 또는 관리할 수 없다. [전문개정 1954.11.29.]
헌법 6호	제117조 국방상 또는 국민경제상 긴절한 필요로 인하여 법률에 정한 경우를 제외하고는, 사영기업을 국유 또는 공유로 이전하거나 그 경영을 통제 또는 관리할 수 없다.
헌법 7호	제117조 국방상 또는 국민경제상 긴절한 필요로 인하여 법률에 정한 경우를 제외하고는, 사영기업을 국유 또는 공유로 이전하거나 그 경영을 통제 또는 관리할 수 없다.
헌법 8호	제122조 국방상 또는 국민경제상 긴절한 필요로 인하여 법률에 정한 경우를 제외하고는, 사영기업을 국유 또는 공유로 이전하거나 그 경영을 통제 또는 관리할 수 없다.
헌법 9호	제127조 국방상 또는 국민경제상 긴절한 필요로 인하여 법률에 정한 경우를 제외하고는, 사영기업을 국유 또는 공유로 이전하거나 그 경영을 통제 또는 관리할 수 없다.
헌법 10호	제126조 국방상 또는 국민경제상 긴절한 필요로 인하여 법률이 정하는 경우를 제외하고는, 사영기업을 국유 또는 공유로 이전하거나 그 경영을 통제 또는 관리할 수 없다.

로 주는 것이 아니라 주식을 살 기회를 줄테니 돈 있으면 사라는 것을 '민영화' 혹은 "국민에게 돌려준다"고 사기를 친다.

1954년 헌법 제3호에서 표현이 조금 다르지만 국방 등 특별한 경우를 제외하고 사영기업을 국유화하거나 공기업으로 바꿀 수 없다고 바꾸었다. 이전의 조항과 비교하면 사영기업의 국유화 혹은 공기업화를 엄격하게 제한한 것이다. 이 조항은 헌법 제6호와 현행 헌법에서 표현이 약간 바뀌었지만, 대략적인 내용은 그대로 유지되었다.

바이마르 헌법과 조소앙의 건국강령 등의 영향을 받아 제정된 제85조와 제88조는 1954년 헌법 제3호에서 바뀌었다. 1954년 운수, 통신, 금융, 보험, 전기, 수리, 수도, 가스와 공공기업의 국유화 혹은 공기업화 조항을 없애고 사영기업의 국유화와 공기업화의 범위를 좁혀 사실상 불가능하게 만든 것이다. 그때까지 헌법에 반영된 사회민주주의적 성격을 없애고 경제 질서의 자유화 혹은 자본주의 경제체제를 지향했음을 천명한 것이다. 여기에는 미국의 입김이 있었다.

이승만은 1954년 개헌을 추진할 때 경제조항을 바꾼다고 공개적으로 밝히지 않다가 비밀리에 졸속으로 추진하였다. 미국의 경제원조 때문이었다. 1953년 한국을 방문한 제2차 한미재단 사절단(American-Korean Foundation Mission)의 한 사람인 퀴니(Edger M. Queeny)는 한국 헌법이 사회주의 헌법이라고 단정하였다. 이 사절단이 작성한 보고서에서 퀴니는 대한민국 헌법의 제85·87·88조를 개정하고 사영기업 경제를 시작하라고 조언했다. 제85조는 각종 지하자원과 수산물 등 자연력을 국가의 소유로 규정한 조항이었다. 제87조는 운수, 통신, 금융, 보험, 전기, 수리, 수도, 가스, 공공기업은 국영기업 혹은 공기업으로 유지함을 명시한 조항이었다. 제88조는 사영기업의 국유화 혹은 공기업화를 가능하게 한 조항이었다. 사영기업의 자유를 최대한 보장하고 되도록 공기업을 안 만들려고 안달하는 미국인들이 싫어할 만한 조항이었다. 중앙은행 역할을 하는 연방준비이사회(FRB)도 민간 은행인 것처럼 미국은 국유, 혹은 국영기업을 싫어한다. 그러니 미국은 경제원조의 대가로 국가의 경제 개입을 축소하고 자유시장경제를 촉진하라고 주문했다. 이승만은 미국의 압력을 피하고 경제원조를 받기 위해 1954년 개헌 때 제87조를 삭제하고 제85조와 제88조를 정반대로 바꾼 것이다. 당시 여야 국회의원들도 경제 개건에 도움이 된다는 이유로 찬성했다. 경제조항 개헌안 질의토론에 참여한 20명 가운데 12명이 찬성했다. 기업인들은 찬성과 반대로 나뉘었다. 대한상공회의소, 무역업자, 은행, 광산업자(석탄, 텅스텐)들은 찬성, 국영기업과 공기업 관계자는 반대했다. 이후 외국인 투자가 촉진되면 국내 산업이 잠식당할 것이라는 우려 때문에 반대가 확산되었다. 이러한 상황에서도 우격다짐으로 제85·87·88조를 삭제하거나 바꾸었다는 점에서 비민주적이라는 비판을 받았다.[56]

---

56) 신용옥, 「대한민국 헌법 경제조항 개정안의 정치·경제적 환경과 그 성격」, 『한국근현대사연구』, 44, 2008.

학계에서는 이승만이 1954년 헌법 개정 당시 제85·87·88조를 삭제하거나 정반대로 개정한 것을 두고 미국의 경제원조를 받기 위해 임기응변으로 대응한 것이라고 평가한다. 헌법을 무시하던 이승만의 입장에서는 미국의 경제원조가 더 중요했을 것이다. 또 이 세 조항이 삭제되거나 바뀌었다고 국영기업이나 공기업을 사영기업으로 바꿀 생각도 없었을 것이다. 전기, 가스, 수도, 전화(통신), 은행 등이 1954년 개헌 이후에도 여전히 국영기업이나 공기업으로 남아 있었기 때문이다. 주요산업을 국영 혹은 공기업으로 둔다는 제87조의 삭제가 국영기업·공기업의 사영화를 뜻하는 것이 아니기 때문이다. 이는 산업은행 설립에서 확인할 수 있다. 1953년 12월 30일 한국산업은행법이 공포되어 한국산업은행이 출범하였다. 한국산업은행은 정부가 자본금 전액을 출자하였고 총재와 부총재를 대통령이 임명하는 등 사실상 정부의 통제를 받았다. 산업은행은 기업 대출이 주요 업무였기 때문에 대출을 미끼로 사영기업을 통제할 수 있었다. 헌법 제3호에서는 제88조에 사영기업을 통제·관리할 수 없도록 바뀌었지만, 개헌 전에 통과된 산업은행법은 바뀌지 않았다. 헌법 제3호의 제88조를 지키려고 한다면, 위헌 소지가 있는 산업은행법을 바꾸어야 했지만 그대로 둔 것은 이승만 정권이 헌법을 지킬 생각이 없었음을 보여준다.

그러나 1954년 개정된 제88조는 사영화를 추진하는 법적 기반이 되었을 것이다. 국가 소유이던 국영기업과 공기업은 국영기업이나 공기업은 박정희 정권부터 점차 사영화되어 사영기업(사기업)으로 바꿔었다. 박정희 정권 때 국영기업이었던 항공회사는 현재 대한항공으로, 전화국은 KT와 SKT로, 포항제철은 POSCO로, 전매청은 KT&G로, 석유공사는 유공을 거쳐 SK로 각각 바뀌었다. 철도청은 철도공사로 바뀌어 사영화 대열에 합류하였다. 서울과 지방의 도시가스 회사도 주식회사로 바뀌었다. 정부 통제 아래 있던 대부분 은행은 인수·합병을 통해 국민은행, 하나은행, 우리은행, 신한은행만 살아남았는데 주식의 과반수를 외국인이 가진, 사실상 외국 회사나 다름없다. 한국전력과 한국가스공사는 주식의 상당수를 민간에 팔아 민간인의 지분이 더 많은 사영기업이나 다름없다. 지방자치단체가 관리했던 상하수도는 대부분 수자원공사에 위탁을 맡기는 추세다. 이를 사영화로 가는 과정으로 의심하는 사람들도 있다. 수구세력과 재계는 황금알을 낳는 거위인 인천공항을 사영화할 기회를 호시탐탐 노리고 있다.

공기업을 재벌들에게 넘긴 이유는 크게 두 가지다. 정부 공무원들이 공기업의 경영에 관여하다 보니 적자가 눈덩이처럼 불어났다. 그러다 보니 차라리 재벌들에게 넘기고 정치자금 혹은 뇌물을 받는 편이 정권 측에서는 이익이었다. 두 번째는 1997년 금융위기 이후 IMF와 국내 신자유주의 세력의 '사영화(민영화)' 압박이었다. 이때 POSCO와 KT 등 알짜 기업이 사영화되었다. 국가의 주력산업이 국가소유로 있는 것이 좋은지, 민간기업이 되는 게 좋은지는 상황에 따라 다르다. 국영기업 혹은 공기업이라도 부패한 공무원들과 정치인들이 관리하면 경영은 엉망이 된다. 민간기업이 된다고 해도 정권의 입

헌법은 밥이다 2

김이 닿아 낙하산으로 투입된 경영인이 나쁜 생각을 가지면 회사가 망가진다. 이명박 정권이 '꽂은' 사장과 회장 때문에 POSCO와 KT가 망가진 모습을 보니 더욱 그렇다. 소유와 경영의 주체보다 이 기업들이 나라와 사회, 국민(시민)에게 얼마나 도움이 되는지, 즉 공익성과 사회적 기여가 더 중요할 것이다. 그러나 이미 사영화된 과거의 공기업(대한항공, POSCO, KT, SKT 등)이나 사영화 단계를 밟고 있는 공기업들이 독점을 대가로 얻은 공공성을 얼마나 유지하고 사회에 기여하고 있을까? 이에 대해 부정적인 대답을 하는 독자들이 많을 것이다. 일부 재벌들의 배만 불렸을 뿐 고용 없는 성장을 통해 사회에 기여하는 바가 적음을 체감하고 있기 때문이다.

무역 통제에서
무역 육성으로

대한민국은 무역으로 먹고사는 나라다. 통계를 보면, 무역의존도가 2000년대 초중반 60~70%대였으나, 계속 증가하여 2012년 112.8%에 이르렀다. 이후 하락하였으나 2015년에는 88.1%이다. 이는 30%대인 미국과 일본 등 주요 선진국보다 2배 이상 높다. 이는 대한민국 경제가 내수시장에 의존하는 것이 아니라 수출과 수입, 특히 전자에 의존하는 경제라는 뜻이다. 현행 헌법 제125조는 대외무역을 육성한다고 규정하여 무역대국을 뒷받침하는 헌법 조항이다. 그러나 1948년 헌법 제87조에는 "대외무역은 국가의 통제하에 둔다"라고 하였다. 이 조항의 변화 과정을 살펴보자.

헌법 1호	제87조 중요한 운수, 통신, 금융, 보험, 전기, 수리, 수도, 까스 및 공공성을 가진 기업은 국영 또는 공영으로 한다. 공공필요에 의하여 사영을 특허하거나 또는 그 특허를 취소함은 법률의 정하는 바에 의하여 행한다. 대외무역은 국가의 통제하에 둔다.
헌법 2호	제87조 중요한 운수, 통신, 금융, 보험, 전기, 수리, 수도, 까스 및 공공성을 가진 기업은 국영 또는 공영으로 한다. 공공필요에 의하여 사영을 특허하거나 또는 그 특허를 취소함은 법률의 정하는 바에 의하여 행한다. 대외무역은 국가의 통제하에 둔다.
헌법 3호	제87조 대외무역은 법률의 정하는 바에 의하여 국가의 통제하에 둔다. [전문 개정 1954.11.29.]
헌법 4호	제87조 대외무역은 법률의 정하는 바에 의하여 국가의 통제하에 둔다. [전문 개정 1954.11.29.]
헌법 5호	제87조 대외무역은 법률의 정하는 바에 의하여 국가의 통제하에 둔다. [전문 개정 1954.11.29.]
헌법 6호	제116조 국가는 대외무역을 육성하며 이를 규제·조정할 수 있다.
헌법 7호	제116조 국가는 대외무역을 육성하며 이를 규제·조정할 수 있다.
헌법 8호	제121조 국가는 대외무역을 육성하며 이를 규제·조정할 수 있다.
헌법 9호	제126조 국가는 대외무역을 육성하며, 이를 규제·조정할 수 있다.
헌법 10호	제125조 국가는 대외무역을 육성하며, 이를 규제·조정할 수 있다.

위의 조항들을 살펴보면, 무역을 다룬 1948년 헌법의 제87조는 2차례 바뀌었다. 1954년 개헌과 1962년 개헌 때다.

1차 헌법	헌법 제3호
대외무역은 국가의 통제하에 둔다.	대외무역은 법률의 정하는 바에 의하여 국가의 통제하에 둔다.

헌법 제3호로 바뀐 조항을 비교해 보면, 대외무역을 국가가 통제한다는 내용은 변함없다. 그러나 헌법 제3호에서 "법률의 정하는 바에 의하여"라는 구절을 삽입하였다. 이는 법률에 따라 통제의 정도가 달라질 수 있으므로 1차 헌법에 비해 후퇴한 것이다. 표현은 다르지만 대외무역을 국가가 통제한다는 뜻은 무엇일까? 1948년 헌법을 기초한 유진오는 『헌법해의(憲法解義)』에서 "대외무역을 국가의 통제하에 둔다는 것은 대외무역에 관하여 국가가 일정한 계획을 수립하고 그 계획의 범위 내에서 사인(개인)의 활동을 허용하는 것이다"라고 설명하였다. 국가의 통제는 결국 계획경제로 해석될 수 있고, 정부가 무역에 개입할 수 있음을 뜻한다. 당시 수출보다 미국의 원조와 수입에 의존했으므로 경제적으로 대외 종속이 심화 되는 것을 막으려는 의도였을 것이다. 1948년 당시 경제에 대한 한미 양국의 시각차이에서 이를 엿볼 수 있다. 1948년 12월 한미경제원조협정을 체결하기 전에 미국은 국가의 경제 개입 축소, 무역장벽 철폐, 자유무역 장려, 외국 민간자본의 투자 촉진 등을 조언하였다. 반면 정부는 공업화 추진을 강력히 주장하였다. 1948년 당시 오징어 등 수산물과 텅스텐을 주로 수출하며 공업 기반이 거의 존재하지 않았던 농업 국가였음을

기억하자. 이승만 정권이 공업화를 추진한 것은 농업 국가에서 공업화를 통해 선진공업국으로 발전하고자 했던 염원이었을 것이다. 미국이 무역장벽의 철폐와 자유무역을 강요한 것을 보면, 1948년부터 수입을 막고 국내 산업을 보호하기 위해 보호무역 정책을 펼쳤음을 알수 있다. 따라서 국가의 대외무역 통제에 수출 촉진과 더불어 보호무역이 중요한 요소였음을 알 수 있다.

이승만 정권은 미국의 경제원조를 받기 위해 1954년 경제조항 제85·87·88조를 바꾸어 성의를 표시하였다. 국내 산업을 보호하기 위해 보호무역이 필요했기 때문에 제87조 가운데 운수, 통신, 금융, 보험, 전기, 수리, 수도, 가스 등 업종을 국영기업과 공기업으로 만든다는 조항은 삭제했지만, 국가의 대외무역 통제는 "법률의 정하는 바에 의하여"라는 유보 조항을 넣어 어정쩡하게 타협한 것이다.

박정희 정권은 1962년 개헌 이후 국가의 대외무역 통제 조항을 완전히 없애고 "국가는 대외무역을 육성하며 이를 규제·조정할 수 있다"라고 바꾸었다. 헌법 제6호는 1963년 12월 17일 시행되었는데, 이는 공교롭게도 미국의 대한민국 경제정책과 겹친다. 미국 의회에서 발간한『프레이저 보고서』의 내용을 살펴보자.

"1961년에 박정희가 권력을 잡았을 때, 미국의 대통령대책반은 한국의 정치,
경제 상황을 평가하고 일련의 권장사항 및 당면 목표, 그리고 장기적 목표를 수
립했다. …(중략)… 한편으로 AID의 기본 목표는 매우 신속히 수출주도형 경제

를 발전시키도록 지원하여 상당한 국방예산을 감당할 수 있도록 하는 것이다.

다른 한편으로 AID는 그 성장이 사회적으로 공정한 방식과 민주적 정치 환경

을 진전시키기 기대했다."[57]

위의 인용문에서 박정희가 정권을 잡았을 때 미국이 한국의 정치
와 경제를 파악하고 단기적 목표와 장기적 목표를 세웠다고 하였다.
그리고 미국의 경제원조 목적 가운데 하나가 수출주도형 경제를 발
전시키기 위함이었음을 언급하였다. 그리고 번스타인 박사가 1964년
한국 경제정책을 맡았을 때 안정화 프로그램(Stablization Program)
을 설계하며 제시한 네 가지 목적 가운데 하나가 수입량 통제와 허가
제의 부분적 폐지를 통한 수출증대였다.[58] 번스타인 박사가 안정화
프로그램을 입안한 1964년은 1963년 12월 헌법 제6호가 시행된 후
이다. 『프레이저 보고서』의 두 기록을 종합하면, 미국은 박정희가 정
권을 잡은 1961년부터 경제원조를 무기로 수출주도형 경제체제를 만
들어 발전시키도록 하였고, 1964년부터 수입 통제를 폐지하여 수입
을 자유화하고 수출을 늘리는 무역 정책의 자유화를 추진하도록 하
였다. 실제로 박정희 정권이 1962년부터 시작한 1차 경제개발 5개년
계획(1962~1966)의 추진방향에도 수출증대 정책이 있었다. 따라서

---

57) 미 하원 국제관계위원회 국제기구소위원회 위원회, 『프레이저 보고서』, 265쪽.
58) 미 하원 국제관계위원회 국제기구소위원회, 『프레이저』, 267쪽.

박정희 정권의 수출 정책은 일정 부분 미국의 영향을 받았을 것이다. 『프레이저 보고서』에서 1965년 한국의 경제 상황을 아래와 같이 설명하였다.

"1965년에 정부는 변동환율제를 허용하고 수입 규제를 자유화하기 시작했다. 무역 분야의 자유화는 중요한 것이다: 경제적으로 그것은 수출에서 성장을 유지할 수 있는 국가의 능력을 증명하고 수출용 제품 생산에 필요한 원자재를 공급하도록 해준다. 정치적으로 그것은 부정부패를 조장하는 민간 부문에 기회를 제공하겠다는 정부의 의지를 나타낸다.

미국의 충고에 따라 1965년 9월에 한국정부는, 저축 수준을 제고하기 위해 은행 이자율을 30%로 인상시켰다. 그 정책은 명백히 성공적이었다: 1년이 지나지 않아 저축은 3배로 늘었다.

동시에 이러한 개혁들이 수행되면서 생산 부문들과 많은 산업체들과 마찬가지로 각 지방마다 수출 목표가 할당되었다. 신용 장려금, 수입 특례, 세금 우대, 그리고 수출증대 보상제도들로 자발적인 수출상품 생산을 장려했다. 이 정책 또한 대단히 성공적이었다. 1964년부터 1966년 사이에 수출액은 2배 이상 늘어났다.

어느 무역관계 전문가가 본 소위에서 말했던 것처럼, 1964년의 개혁 프로그램은 1960년대 후반 높은 비율의 수출 확대를 지속하는 결정적 요인이었다. 그러나 그녀는 1961년부터 1963년 사이의 성공이 없었다면, 한국정부가 이 개혁을

실행하는 것이 정치적으로 불가능했을지도 모른다고 지적했다.[59]

위의 인용문에서 알 수 있듯이 한국은 1965년 변동환율제와 수입 규제 자율화, 수출 상품 생산 장려 등 적극적인 무역 정책을 추진하였다. 번스타인은 1964~1966년의 3년 동안 안정화 프로그램의 목표가 잘 달성되었으며, 한국의 수출 확대는 1961~1963년 미국의 조치가 성공적이었기 때문이라고 보았다. 『프레이저 보고서』에서는 1961년 이후 미국이 추진한 경제원조와 수출 중심의 한국 경제정책이 성공했다고 기록하였다.

『프레이저 보고서』를 요약하면, 미국이 1961년부터 한국 경제발전을 위해 세운 계획은 무역의 활성화, 즉 수입의 자유화와 수출증대 정책이었다. 박정희 정권의 1차 경제개발 5개년 계획에서도 수출증대 등 무역 정책이 있는 것으로 보아 양국의 이해가 일치하여 수출 중심의 경제정책을 펼치면서 동시에 수입 규제를 없애는 정책을 추진했음을 알 수 있다. 이처럼 변동환율제를 채택하고 수입 규제를 없애 수입의 자유화를 추진하기 위하여 무역을 통제하는 헌법 제1~5호의 제87조를 대외무역을 육성한다고 정반대로 바꾼 것이다. 그리고 '통제' 대신 '규제'와 '조정'이라는 단어로 바꾸었다. 박정희 정권이 1962~1963년 개헌을 추진하며 대외무역의 통제 조항을 대외무역

---

59) 미 하원 국제관계위원회 국제기구소위원회, 『프레이저 보고서』, 267쪽.

육성으로 바꾼 것은 경제개발 5개년 계획과 미국의 경제원조 및 안정화 프로그램에서 강조하는 수출 중심의 경제와 수입자유화를 실시하기 위한 사전 정지작업이었음을 알 수 있다.

그런데 박근호 교수(일본 시즈오카대)는 미국국립공문서관(NARA) 소장 국무성 문서(RG59)의 한국 관련 문서와 존슨대통령도서관 소장 국가안전보장회의 문서, 베트남전쟁 관련 문서, 대한민국대통령기록물(대통령비서실, 경제기획원, 경제과학심의회, 재무부, 상공부, 총무처 등 정부 문서) 등을 검토한 실증적 연구서를 출판하였다. 최근 번역된『박정희 경제 신화 해부-정책 없는 고도성장』에 따르면, 박정희 정권 시기 비약적인 수출증대는 미국 덕분이었다. 박정희 정권의 경제정책, 특히 수출 정책의 목표와 계획은 제대로 달성되지 않았다. 그런데도 한국의 수출이 늘어난 것은 미국이 물건을 사줬기 때문이라고 주장하였다. 이를 '바이 코리아 정책'이라고 한다. 1960년대 미국은 보호주의적 통상정책을 취하고 있었지만, 한국만 예외였고 한국 제품만 사주었다는 것이다.[60]『프레이저 보고서』에도 이를 시사하는 구절이 있다.

"그러나 한국은 1976년에 수립된 개발도상국에서의 수입품에 대한 '일반특혜관세제도(Generalized System of Preference-GSP)'를 통해 매우 큰 이익을 얻었

---

60) 박근호 지음, 김성칠 옮김,『박정희 경제 신화 해부-정책 없는 고도성장』, 회화나무, 2017.

다. 일반특혜관세제도는 해당 개발도상국의 3천여 품목을 무관세로 미국에 수출하는 것을 허용했다.

1977년에 한국은 무관세로 5억 3,100만 달러어치 이상을 수출했다. 당시 모든 해당 국가들이 미국에 수출한 해당 상품 총액은 46억 5천만 달러였다.

한국을 포함한 개발도상국들은 일반특혜관세대상국에 선택되기를 원했고, 한국은 선택되었다. 그러나 어떤 무역전문가들은 한국을 비롯한 몇몇 나라는 상대적으로 높은 발전 수준에 있기 때문에 이 특혜를 받아서는 안 된다고 제안했다. 특히 한국과 대만은 비용에 있어서 다른 저개발 국가들의 많은 특정 품목 시장을 지배했다.”[61]

위의 구절을 보면, 미국이 자국 시장을 한국과 대만에 관대하게 개방했음을 확인할 수 있다. 특히 한국은 1977년 당시 무관세로 미국에 수출한 상품 총액 46억 5천만 달러 가운데 11.4%에 해당하는 5억 3,100만 달러를 차지한다. 당시 개발도상국의 수를 생각하면 적은 액수는 아니다. 따라서 박정희 정권 시절 미국의 도움으로 무역액이 늘었다는 주장은 사실에 가까울 것이다.

1960~1970년대 한국의 자율적인 발전과 박정희 정권의 경제정책보다 미국의 도움을 강조하는 주장에 거부감을 가질 수도 있다. 아직 제조업이 막 걸음마를 뗀 상태에서 조악한 품질의 제품을 다

---

61) 미 하원 국제관계위원회 국제기구소위원회, 『프레이저 보고서』, 321쪽.

른 나라에 팔 수 있다는 건 단순히 자신감만으로 불가능하다. 분명히 믿는 구석이 있었을 것이다. 바로 미국이었다. 결과적으로 보면, 1962~1963년 헌법 제6호 개정에서 제116조에 대외무역을 육성한다고 바꾼 이유가 수출 중심의 경제정책과 관련이 있음은 분명하다. 『프레이저 보고서』에서는 이 수출 중심 경제정책의 결과를 다음과 같이 서술하였다.

"이 기간 후반부, 정부에 의해 주도된 경제적 변화들의 핵심은 소수의 무역과 산업 복합기업들의 성장이었다. 이때 급팽창한 기업들은 현대, 삼성, 대우, 쌍용 그룹들이었다."[62]

위에서 '산업 복합기업'은 우리가 사용하는 '재벌'을 가리킨다. 유신 이전 박정희 정권의 경제정책 결과 소수의 무역회사와 재벌이 성장했다는 내용이다. 재벌들이 현대종합상사, 삼성물산, (주)대우 등 종합상사 혹은 무역회사를 세워 수출입을 좌우하였으니, 사실상 위에서 언급한 네 재벌이 수출주도정책의 수혜자였다.

그러나 미국이 한국에 늘 호의적이었던 것은 아니었다. 한국산 제품을 사주던 미국은 한국의 경제 규모가 어느 정도 커지자 한국 시장의 문을 열라고 압박하였다. 『프레이저 보고서』에서 다음과 같이 기

---

62) 미 하원 국제관계위원회 국제기구소위원회, 『프레이저 보고서』, 69쪽.

록하였다.

"1977~1978년 동안 미국은 더 많은 자유화를 실행하라고 압박을 가했다. 한국
정부 역시 너무 급속히 증가하는 외환보유고를 조정하고 국내 물가를 진정시키
기 위해, 그리고 거래 국가들에 사정이 허락하는 한 자국 시장을 개방할 용의가
있다는 것을 보여주기 위해 무역자유화에 더욱 관심을 나타냈다.

한국정부는 관세율을 25%로 낮추는 계획을 수립했다. 1977년부터 한국정부
는 일부 품목들에 대해서는 수입 제한을 완화했고, 다른 일부 품목들의 제한을
제거했다. 최근에 대사관이 평가한 바에 따르면, 무역자유화 조치들의 결과로
1978년 한국의 무역 적자는 거의 10억 달러가 증가한 것으로 평가되었다.

일반적으로 미국정부 관리들은 한국의 노력을 고무적인 것으로 간주했으나,
한-미 양국의 관점에서 수입자유화가 진전될수록 바람직하다고 믿었다. 특히
그들은 수입에 대한 다수의 비관세장벽이 남아 있다는 것을 언급했다. 그러나
미국은 한-미 무역 관심의 핵심 초점을 제네바에서 개최될 다자간무역협상에
두었고, 그 쟁점에 관해 더 이상 한국정부를 심하게 압박하지 않았다."[63]

위의 인용문에서 알 수 있듯이 미국은 1977~1978년 사이 박정희
정권에게 수입장벽을 낮추라고 압력을 넣고 관철시켰다. 덕분에 한국
의 무역수지 적자는 10억 달러 가까이 증가하였다. 인용문에서 구체

---

63) 미 하원 국제관계위원회 국제기구소위원회, 『프레이저 보고서』, 319쪽.

적으로 언급하지 않았지만, 이 돈의 상당수는 미국 기업들의 한국 수출액이었을 것이다. 이 역시 무역을 통제한다는 헌법 조항이 있었으면 미국의 압력에 대응할 수 있었지만, 이미 조항을 무역의 육성으로 바꾼지라 미국의 말대로 할 수밖에 없었다. 미국이 한국의 수출을 도와준 것은 한국이 예뻐서가 아니었다. "키워서 잡아먹는다"라는 냉혹한 계산의 결과다. 다행히 마지막 단락에서 서술한 것처럼, 미국이 한국 시장 개방보다 다자간무역협상에 더 관심을 기울였던 덕분에 시장을 더 개방하지 않아도 되었다.

무역으로 성장하다 보니 현재의 통상관료들과 재벌, 지배층은 자유무역을 종교처럼 신봉한다. 그리고 자유무역협정(FTA)을 남발하였다. 노무현 정권은 국민과 국민의 대표인 국회의 의견을 묻지도, 동의를 구하지 않고 한미FTA를 추진하였다. 원문을 공개하지 않는 것은 기본이고, 국회의원들이 이 조약문을 보고 싶으면 필기도구도 없이 컴퓨터 모니터로만 봐야 했다. 일본이 환태평양 경제 동반자 협정(TPP)을 체결하기 위해 각종 경제단체와 직업 이익단체의 의견을 묻고 조정했던 것과 대조적이다. 한미FTA가 이명박 정권에서 통과되었다고 하더라도 노무현 정권의 비공개적이고 비민주적인 추진 태도는 비판받아야 마땅하다. 이때의 반성으로 국회는 '통상조약의 체결 절차 및 이행에 관한 법률'(약칭 통상절차법) 제정안을 2012년 1월 17일에 통과시켰다. 이 법은 정부의 정보 공개(제4조), 국회에 대한 보고 및 서류 제출 의무(제5조), 통상조약 체결 계획의 수립 및 국회 보

　　　　　　　　　　　　　헌법은 밥이다 2

고 의무(제6조), 공청회 개최 의무(제7조), 국민의 의견 제출(제8조), 경제적 타당성 검토(제9조), 국회의 의견 제시(제10조), 국내에 미치는 영향 평가(제11조) 등을 규정하고 있다.[64] 그러나 한중FTA 체결 과정을 보면, 이 법의 규정과 절차대로 체결되었는지 의문이다. 중국에 일방적으로 유리한 통상협정을 서둘러 처리한 것도 문제지만, 당시 협상에 참여한 야당의 이종걸 원내대표와 최재천 원내부대표는 무기력하게 한중FTA 통과를 합의해주었다고 한다. 언론보도에 따르면, 당시 새누리당 원내대표단과 포도주를 곁들여 점심을 먹은 이종걸과 최재천 두 의원은 한중FTA 통과 문제를 협의한다고 둘러대고 다른 방에 간 후 졸았다고 한다. 새누리당 원대대표단이 사람을 보내 잠자고 있던 이 두 사람을 깨우자 무안한 두 사람이 그냥 동의했다는 우스갯소리가 있다. 언론보도가 사실이 아니길 바란다.

헌법에서 무역을 육성함과 동시에 이를 규제·조정할 수 있다고 규정하였다. 한미FTA와 한중FTA 체결 과정을 보면 무역의 육성에만 치우쳐 규제·조정할 수 있는 장치가 부족함을 느낀다. 무엇보다 국민의 대표인 국회가 무역협정에 전혀 관여하지 못하고 찬성과 반대만 할 수 있는 무기력함이 두드러진다. 미국의 무역대표부처럼 무역과 관련된 협정을 맺을 권한을 국회가 가지는 것은 어떨까? 통상 관료들이 국민의 눈치를 보지 않기 때문에 멋대로 할 수 있지만, 유권자의

---

64) 조유진, 『헌법 사용 설명서』, 145~146쪽.

표를 의식해야 하는 국회는 적어도 유권자들의 이해관계를 조정하는 시늉이라도 할 것이기 때문이다. 국회의원들이 동의할까? 그들의 생각이 궁금하다.

농업·어업·중소기업·소비자를 보호한다고?

박정희 정권은 헌법 제6호에 농민·어민·중소기업자들이 서로 돕고 자립하기 위해 협동조합을 육성한다는 구절을 헌법에 집어넣었다.

헌법 6호	제115조 국가는 농민·어민과 중소기업자의 자조를 기반으로 하는 협동조합을 육성하고 그 정치적 중립성을 보장한다.
헌법 7호	제115조 국가는 농민·어민과 중소기업자의 자조를 기반으로 하는 협동조합을 육성하고 그 정치적 중립성을 보장한다.
헌법 8호	제120조 ① 국가는 농민·어민의 자조를 기반으로 하는 농어촌개발을 위하여 계획을 수립하며, 지역사회의 균형 있는 발전을 기한다. ② 농민·어민과 중소기업자의 자조조직은 육성된다.
헌법 9호	제124조 ① 국가는 농민·어민의 자조를 기반으로 하는 농어촌개발을 위하여 필요한 계획을 수립하며, 지역사회의 균형 있는 발전을 기한다. ② 국가는 중소기업의 사업활동을 보호·육성하여야 한다. ③ 국가는 농민·어민과 중소기업의 자조조직을 육성하여야 하며, 그 정치적 중립성을 보장한다.

헌법 10호	제123조 ① 국가는 농업 및 어업을 보호·육성하기 위하여 농·어촌종합개발과 그 지원 등 필요한 계획을 수립·시행하여야 한다. ② 국가는 지역 간의 균형 있는 발전을 위하여 지역경제를 육성할 의무를 진다. ③ 국가는 중소기업을 보호·육성하여야 한다. ④ 국가는 농수산물의 수급균형과 유통구조의 개선에 노력하여 가격안정을 도모함으로써 농·어민의 이익을 보호한다. ⑤ 국가는 농·어민과 중소기업의 자조조직을 육성하여야 하며, 그 자율적 활동과 발전을 보장한다.

박정희 정권이 이 조항을 집어넣기 전후 농협과 수협이 정비되거나 새로 생겼다. 1958년 4월 설립된 농협(농업협동조합)은 5·16 쿠데타 이후 3개월이 지난 1961년 8월 농업은행과 통합되었다. 수협은 1962년 1월 20일 수산업협동조합법이 공포된 이후 만들어졌다. 같은 해 12월 중소기업협동조합법이 제정·공포되었고 1962년 5월 중소기업협동조합중앙회가 설립되었다. 헌법 제6호 제115조에서 이 조합들의 정치적 중립성을 보장한다는 구절을 집어넣었지만 허울뿐이었다. 농협과 수협은 사실상 정부가 시키는 대로 하는 관제조합이었기 때문이다. 그러니 정치적 중립성이 보장될 리가 없었다. 정부가 농협과 수협 등을 완전히 장악했기 때문일까? 정치에 동원하기 위해서였을까? 1972년 유신헌법에서는 협동조합의 중립성 조항을 삭제하였다. 아니, 헌법에서 협동조합이라는 단어를 없앴다. 이 조항은 전두환 정권이 만든 헌법 제9호에서 부활했지만 현행 헌법에서는 다시 삭제되었다.

헌법 제8호(유신헌법) 제120조 1항에 "국가는 농민·어민의 자조를 기반으로 하는 농어촌개발을 위하여 계획을 수립하며, 지역사회의 균형 있는 발전을 기한다"라는 구절을 새로 추가하였다. 이 조항은 글자 하나 바뀌지 않고 현재 헌법에까지 남아 있다. 농업과 어업의 발전보다 농어촌개발이 강조되었다. 왠지 새마을운동이 떠오른다. 새마을운동은 1969년 시작되었지만, 1973년부터 정부가 대대적으로 홍보하며 전국민적 운동으로 확산시켰다. 1973년은 유신헌법이 제정된지 1년 후이다. 『프레이저 보고서』는 1972년 이후 박정희 정권이 농업에 "진지하게" 관심을 가졌다고 기록하였다.

"비록 PL480에 의한 쌀 선적이 도시 노동자들이 지불하는 쌀값을 낮춤으로써 국내의 정치적 문제를 완화시켰지만, 농촌지역에서는 해로운 영향을 가져왔다. 쌀 생산자들에게 지불되는 가격이 낮게 유지되어, 이미 방치되어 있던 경제 영역이 심각하게 침체되었다.

1972년이 되어서야 정부는 농업 영역에 진지하게 관심을 기울이게 되었다. 그때부터 농업 영역의 현대화를 위한 자본과 노동을 동원하는 10년짜리 프로그램인 '새마을운동'을 강조하기 시작했다. 농촌의 생산성은 그때부터 실질적으로 개선되었다."[65]

---

65) 미 하원 국제관계위원회 국제기구소위원회 지음, 『프레이저 보고서』, 69쪽.

위에서 유신헌법을 언급하지 않았지만, 박정희 정권이 농업에 관심을 보이게 된 해인 1972년에 유신헌법이 만들어졌고 새마을운동을 강조하기 시작했다. "초가집도 없애고 마을 길도 넓히고"라는 새마을운동 노래의 구절은 '농어촌개발 계획'과 들어맞는 것 같다. 따라서 헌법 제8호(유신헌법) 제120조 1항은 새마을운동 때문에 추가되었다고 볼 수 있을 것이다. 새마을운동을 추진하고 농어촌개발 계획을 추진했는지 모르겠으나, 균형 있는 지역 발전이 제대로 이뤄졌을까? 학계의 연구에 따르면, 새마을운동이 활발해졌을 무렵부터 농촌은 더욱더 피폐해지고 농민들이 고향을 떠나 도시로 이주하는 이촌향도 현상이 더욱 심해졌다고 한다. 그리고 지금까지 농어촌을 균형 있게 개발하는 것보다 대도시, 특히 서울을 중심으로 한 수도권의 개발에 치우치고 지역 간 불균형은 더욱 심해졌다.

"1960년대 중반 경, AID는 한국정부가 일부 국내 식량 곡물에 대한 가격을 시장가격 이하로만 허락하는 정책 때문에 농촌 소득은 최소한의 증가만 이루어지고 있다고 지적하였다. 이 정책과 함께 농촌 소득이 낮은 성장을 초래하는 이유는, 한국정부의 인플레이션 억제 노력과 도시 저임금노동자들에게 싼 생필품을 제공할 필요성 때문이었다."[66]

---

66) 미 하원 국제관계위원회 국제기구소위원회, 『프레이저 보고서』, 287쪽.

『프레이저 보고서』에 따르면, 1972년 이전 박정희 정권은 농촌을 피폐하게 만드는 정책을 펼쳤다. 저임금에 시달리는 도시 노동자들이 생계를 유지할 수 있도록 당시 주식이었던 쌀값을 낮추는 것이 필수적인 조치였다. 이에 박정희 정권은 미국의 PL480에 따라 값싼 미국산 쌀을 수입하여 국내 쌀값을 낮추도록 하였다. 또 농민들에게 지불하는 쌀값도 낮추어 도시의 소비자들에게 싼 가격에 쌀을 공급하였다. 이처럼 제값을 받지 못하고 쌀을 파는 농민들의 삶이 피폐하지 않으면 이상했다.

전두환 정권이 만든 헌법 제9호에서는 2항에 중소기업 보호·육성 조항을 추가하고 3항 협동조합으로 해석될 수 있는 자조조직의 정치적 중립성 조항을 부활하였다. 현행 헌법에서는 지역 간의 균형발전을 위한 지역경제 육성의무를 2항에 분리하였다. 4항에는 국가가 농수산물의 수급·균형과 유통구조 개선, 가격안정을 위해 노력할 것을 명시하였다. 5항은 9차 헌법보다 후퇴하여 정치적 중립 규정이 삭제되었다. 농업·어업·중소기업 보호를 규정한 현행 헌법의 제123조는 헌법 제6호에서 만들어진 후 8차, 9차, 헌법 제10호 등 모두 3차례 개정되었다. 처음 제정된 헌법 제6호부터 헌법 조항은 멋지다. 국가가 농업·어업·중소기업의 협동조합을 육성하고 균형 있는 지역 발전과 지역경제 발전을 위해 노력한다? 실제로 국가는 헌법 규정을 제대로 지켰는가? 농협은 현재 증권회사와 보험회사까지 소유한 대형 금융기관이 되었지만, 농수산물의 수급균형과 유통구조의 개선, 가격안정을 위해 노력했다는 이야기를 들어본 적이 거의 없다. 김대중 정권 때 유통구조의 개선을 통해 농민들이 헐값에 농산물을 팔고 도시민들이 비싸게 사 먹는 구조를 고치려고 계획했지만 많은 시간이 필요하다는 이유로 포기하였다. 유통구조 개선사업이 정권이 끝난 후 완성되기 때문에 자신들의 치적이 되지 못한다는 이유였다. 덕분에 우리는 배추와 무 파동, 우유 파동, 닭고기 파동 등을 주기적으로 경험하고 있다. 부패했지만 유능하다던 역대 보수정권들도 농업·수산업 발전에 도움을 주기는커녕 반대로 결과적으로 농어민을 점점 가난하게 만들었다. 그나마 민주화 추세에 맞춰서 1989년부터 단위조합장 직선제가 실시됐지만 대출 금고의 사금고화, 이권 사업에서의 공공연한 뇌물 교환, 쌀 생산지 허위 표기 등 조합장과 조합의 비리는 끊이지 않았다. 그 결과 협동조합의 특징인 비투기성이나 호혜성과는 점점 멀어졌다.[67]

20대 국회의 유일한 농축산업 전문가 김현권 의원(더민주당)이 김어준의 '다스 뵈이다'에서 밝힌 바에 따르면, 이명박 정권은 고의로 축산업을 고사시켰다고 한다. 광우병 촛불시위에 대한 뒤끝 때문에 (김현권 의원의 표현) 각종 전염병이 돌았을 때 돼지와 닭을 지나치게 살처분했다는 것이다. 확실히 이명박 정권 때 도살된 가축의 수가 압도적으로 많았다. 그 결과 중소 혹은 영세한 축산농가가 몰락하고

---

67) 박홍순, 『헌법의 발견』, 217쪽.

하림을 비롯한 대기업이 점점 축산업을 잠식하고 있다고 한다. 이는 김현원 의원의 주장만이 아니다. 정은정의 『대한민국 치킨전』에 따르면, 여러 차례 조류 인플루엔자 사태를 겪으며 하림이 양계업을 잠식하였고, 하림의 독과점은 돌이킬 수 없는 상황이 되었다. 하림은 닭 사료 등 양계사업과 관련된 업종에도 진출하여 수직계열화를 완성했다고 한다.[68] 하림뿐만 아니라 재벌의 계열사가 축산업, 사료 등 관련 업종을 잠식했다고 한다. 특히 이명박 정권 출범 이후부터 더욱 심해진 현상이라고 한다. 그렇다고 이명박 정권을 비난할 수 없다. 헌법에는 농민과 어민 이외에 '축산업자'를 진흥하라는 표현이 없다고 항변하면 할 말이 없다.

우리는 이탈리아가 축구와 과도한 복지 지출로 경제위기를 겪는 나라라고 알고 있지만 이는 잘못된 정보다. 이탈리아는 협동조합에 관한 한 선진국이다. 이탈리아의 협동조합에 관한 논문에 따르면, 이탈리아의 협동조합은 1854년 시작되었다. 1948년 제정된 이탈리아 헌법 제45조에는 "공화국은 상호부조의 특성을 갖고 사적 투기를 지향하지 않는 협동조합의 사회적 기능을 승인한다. 헌법은 적합한 수단을 통해 협력을 증진하고 보호하며, 적절한 관리를 통해 협동조합의 특성과 목적을 보장한다"라고 규정하였다. 이 조항은 협동조합에 대한 근거조항일 뿐만 아니라, 국가가 협동조합을 보호하고 그 사회

---

68) 정은정, 『대한민국 치킨전-백숙에서 치킨으로, 한국을 지배한 닭 이야기-』, 따비, 2014.

적 기능을 인정하는 규정이었다. 그리고 이 조항을 바탕으로 민법과 협동조합법이 만들어졌다.[69] 헌법 조항을 비교하면, 이탈리아의 헌법이 협동조합 육성에 적합한 구체적인 규정을 명시했음을 알 수 있다.

2012년 갑자기 국내에 협동조합 붐이 일었다. 국회의원과 대통령 선거에서 경제민주화가 화두로 대두하면서 협동조합이 경제민주화를 실현할 대안으로 부각되었다. 자본주의를 상징하는 주식회사는 1원 1표 주의를 지향한다. 즉 투자한 돈만큼 발언권을 갖는다. 반면 협동조합은 1인 1표를 원칙으로 한다. 출자한 돈에 상관없이 조합원이 1표씩 투표권을 가진다. 투표권처럼 한 사람에게 1표를 준다는 점에서 민주적이라는 주장이다. 경제 문제를 조합원이 민주적으로 결정할 수 있다는 특징이 경제민주화와 비슷해 보였다. 일부 언론은 스페인의 몬드라곤 협동조합(바스크 지방)과 축구의 명가 FC바르셀로나, 콥이탈리아, 스위스의 미그로(Migro)와 쿱(Coop), AP통신, 선키스트, 키위 재배로 잘 알려진 뉴질랜드 제스프리 등 성공한 협동조합을 소개하였다.[70] 그러나 협동조합은 조합원의 상호부조와 복지라는 순기능이 있지만, 성공 가능성이 적다는 단점이 있었다. 대안 언론을 자처하고 국민TV를 출범시킨 미디어협동조합, 주식회사에서 협동조합으로 전환한 프레시안, 팟캐스트 방송 이이제이 팬들이 만든 이이제

---

69) 김정현, 「이탈리아헌법과 협동조합법제」, 『홍익법학』, 14-1, 2013, 171~198쪽.
70) 이상훈·유성열 기자, 「'따뜻한 시장경제의 모델' 협동조합이 뜬다(상·중·하)」, 『동아일보』, 2012.11.12.3.

이 생활역사협동조합 등 언론 관련 협동조합이 만들어졌지만 상업적인 성공을 거두고 있는 것 같지는 않다(이 책의 원고를 수정하는 지금, 이이제이 생활역사협동조합은 해산하였다). 일부 생활협동조합(생협)은 농가와 계약을 맺어 일정한 가격으로 농축산물을 구입하여 생산자와 소비자 모두 이익이 되는 구조를 만들었다고 한다. 소비자 입장에서는 시장에서보다 비싸게 농축산물을 구입할 때도 있지만, 품질이 좋을 뿐만 아니라 배추·무·달걀 파동으로 가격이 급등할 때는 오히려 저렴하게 살 수 있다고 한다. 신용협동조합(신협) 역시 은행으로부터 돈을 빌리기 어려운 사람들을 조합원으로 가입시켜 금융거래를 하면서 서로 도움을 주고 있다고 한다. 그러나 성공한 협동조합의 수는 적다. 무엇보다 농협과 수협 등이 다른 나라와 달리 금융업에 종사하며 농민과 어민들의 이익을 외면하는 현실이다. 협동조합을 헌법에 명시한 1962년부터 '재벌 대신 협동조합을 제대로 육성했으면 어땠을까?'라는 생각을 해보게 된다.

중소기업과 균형 있는 지역 발전도 마찬가지이다. 1970년대부터 거의 모든 선거 공약에 중소기업 살리기와 균형 있는 지역 발전이 꼭 들어가지만, 어떤 정권이나 국회의원이 이에 관한 가시적인 성과를 거두기 위해 노력했는지 모르겠다. 중소기업을 살려야 한다는 여론이 빗발치자 허겁지겁 중소기업청을 만들었고, 문재인 정부 출범 이후 중소벤처기업부로 확대 개편되었다. 과거의 예를 보면, 조직만 커지고 중소기업들에 도움이 된 것 같지는 않다. 문재인 정부가 2018

년 3월에 발표한 개헌안에는 중소기업 다음에 '소상공인'이라는 단어가 추가되었다. IMF 금융위기 이후 증가한 자영업자들을 배려한 조치 같다. 또 1조 3항에는 대한민국이 지방분권국가를 지향한다고 명시했으니 지방의 균형발전도 강조하였다. 그러나 야당의 태업 때문에 개헌안이 무산되었다. 개헌과 별도로 개헌안의 정신을 실제 정책에 접목해 구현한다고 했으니 중소기업 살리기와 지방의 균형발전이 성공할지 관심을 가지고 지켜보자.

다음으로 소비자보호운동에 관한 규정을 살펴보자.

헌법 9호	제125조 국가는 건전한 소비행위를 계도하고 생산품의 품질향상을 촉구하기 위한 소비자보호운동을 법률이 정하는 바에 의하여 보장한다.
헌법 10호	제124조 국가는 건전한 소비행위를 계도하고 생산품의 품질향상을 촉구하기 위한 소비자보호운동을 법률이 정하는 바에 의하여 보장한다.

헌법 제9호 제125조에서도 소비자보호운동을 보장한다고 하였지만, 시민단체가 벌이는 소비자보호운동이 아니라고 한다. "국가는 건전한 소비행위를 계도하고 생산품의 품질향상을 촉구하기 위한"이라는 구절을 보면, 소비자를 보호하는 운동이 아니라 생산자들의 품질향상을 격려하는 운동을 장려한다는 뜻으로 읽힌다. 이 조항은 소비자가 아니라 생산자를 위한 조항 같다.

억지로 이 헌법 조항과 관련된 법률을 찾아보면 소비자기본법이 있다. 여기에는 소비자의 권리 8가지가 있다.

① 물품 또는 용역으로 인한 생명·신체 또는 재산에 대한 위해로부터 보호받을 권리

② 물품이나 용역 등을 선택할 때 필요한 지식이나 정보를 제공받을 권리

③ 물품이나 용역을 사용할 때 거래 상대방, 구입 장소, 가격, 거래 조건 등을 자유롭게 선택할 권리

④ 소비 생활에 영향을 주는 국가와 지방자치단체의 정책과 사업자의 사업 활동 등에 대하여 의견을 반영시킬 권리

⑤ 물품 등의 사용으로 인하여 입은 피해에 대하여 신속·공정한 절차에 따라 적절한 보상을 받을 권리

⑥ 합리적인 소비생활을 위하여 필요한 교육을 받을 권리

⑦ 소비자 스스로의 권익을 증진하기 위하여 단체를 조직하고 이를 통하여 활동할 수 있는 권리

⑧ 안전하고 쾌적한 소비생활 환경에서 소비할 권리(소비자기본법 제4조)

소비자보호법은 현행 헌법 제124조와 달리 소비자들의 권리를 8가지나 나열하였다. 그러나 구체적으로 살펴보면 소비자들의 권리를 보장하는 규정이 적다 보니 생산자와 판매자는 법의 허점을 이용하여 소비자를 농락한다. 외국에서 노조와 소비자 친화 기업이 국내에서 개판인 이유다. 법이 소비자를 보호하지 않으니 한국 법에 따라 장사한다. 가습기 문제가 대표적인 예다. 옥시레킷벤키저는 가습기 살균제가 인체에 해롭다는 사실을 알고도 팔았다고 한다. 문제는 피해

자들이 항의해도 해당 정부부처는 모르쇠로 일관하며 책임을 회피했다는 사실이다. 법의 허점이 있다 보니 인체에 해로운 가습기 살균제를 판 신현우 전 옥시 대표는 징역 7년, 존 리 전 옥시 대표는 무죄 판결을 받았다(2017년 1월 6일).『뉴스타파』보도에 따르면, 2016년 12월 31일 기준으로 신고된 사망자만 1,112명이고, 같은 기간까지 3차 피해조사 접수자가 752명, 4차 피해조사 접수자는 4천 명이다. 뒤늦게 3~4단계 피해자도 피해구제를 받을 수 있는 가습기살균제피해구제법이 가까스로 환경노동위원회에서 통과됐다. 그러나 처음 법안에 포함됐던 '징벌적 손해배상제'가 끝내 삭제되었다. 당시 새누리당(현재의 자유한국당)의 반대로 말이다. 또 가해 기업의 기금 출연 액수의 상한선을 2천억 원으로 제한하였다. 앞으로 밝혀질 피해자들은 피해 보상도 받지 못할 수 있다.[71] 이 사건을 판결한 법원이나 징벌적 손해배상제를 삭제하고 가습기살균제피해구제법을 통과시킨 국회나 이 사건을 방치한 행정부 모두 문제다. 헌법에서 소비자의 권리를 무시하고 소비자 보호를 언급하지 않았으니, 법률이라도 제대로 만들까? 특히 재벌과 대기업의 이익을 대변하는 자유한국당 등 수구세력의 자세가 바뀌지 않는 한 쉽지 않을 것이다.

현행 헌법의 제124조가 소비자의 권리와 피해 보상을 강조하는 규정이었다면 헌법소원이라도 걸었으려만, 헌법도 도움이 안 된다.

---

71) 김새봄 기자,「가습기살균제 사망 1,112명인데 징역 7년-"대한민국에 정의는 없다"-」,『뉴스타파』, 2017. 1. 6.

노무현 정권 때 소비자 집단소송제도(1인 대표소송)이나 징벌적 손해배상제도를 도입하려고 했지만, 재벌들의 반대로 성공하지 못했다. 그때 재벌들은 "우리가 죄인이냐?"라고 항변했다. 그 말속에는 소송으로 피해를 받지 않는 범위 내에서 법을 어기거나 편법으로 맞서겠다고 읽혔다. 그 이후 재벌과 대기업이 보여준 행태도 실제로 그랬다.

1인 대표소송이 없으니, 인터넷 포털에서 개인정보가 유출되거나 피해를 봐도 소송하기 어렵다. 필자도 한때 그런 소송에 동참할까 생각했으나 포기했다. 소송해서 받는 돈이 10만 원인데, 착수금 등으로 변호사에게 보내야 하는 돈이 많았다. 돈과 시간을 생각하면 실익이 없었다. 요새도 개인정보가 털리거나 사회적 문제가 생기면 인터넷 포털에 카페를 만든 후 집단손해배상 소송을 건다는 변호사들이 있다. 돈은 그 변호사들만이 번다.

징벌적 손해배상도 없으니, 기업들은 소비자와의 약속도 지키지 않는다. 예를 들면 삼성생명이 지급해야 할 자살보험금(재해사망특약보험금)을 주지 않고 버티다 금융감독원의 철퇴를 맞았다. 세계일보는 보험금청구 소멸시효 2년이 지났다는 이유로 주지 않은 자살보험금 규모는 삼성생명이 1,608억 원, 교보생명 1,134억 원, 한화생명이 150억 원가량이라고 보도하였다.[72] 이들은 금융감독원의 중징계

---

72) 이동준 기자, 「삼성·교보·한화 자살보험금 '꼼수' 지급··· 나흘 뒤 징계 결정」, 『세계일보』, 2017. 2. 19.

를 받자 마지못해 보험금을 지급했다. 보험금을 주지 않으려고 사후 약관을 바꾸고 끝까지 버티는 보험사가 많은 것은 소송을 걸어도 시간이 많이 소요되고 보상액도 적기 때문이다. 물론 금융당국의 미온적인 대처도 한몫한다.

금융회사만 소비자를 우습게 여기는 것이 아니다. 커피전문점인 스타벅스는 1년 동안 무료 음료를 주는 것처럼 경품 행사를 벌이고 당첨된 소비자에게 1개의 음료만 지급했다가 민사소송을 당했다. 서울중앙지법 민사1단독 조정현 부장판사는 소비자 A씨가 "229만 3천 200원을 지급하라"며 스타벅스를 상대로 낸 손해배상청구 소송에서 원고 승소로 판결했다.[73] 이 소비자를 변호한 최 모 변호사도 이와 비슷한 사건으로 소송을 걸어 승소한 경험이 있다고 한다. 미국에서 이런 소송에서 졌으면 그 매장의 1년 매출액을 피해자에게 줬어야 했을 것이다. 징벌적 손해배상제도가 없고, 개인이 대기업을 상대로 소송을 걸지 않을 것이라는 계산 때문에 기업들은 소비자들에게 한 약속을 지키지 않는다. 오히려 힘없는 개인에게 소송을 걸겠다고 협박한다.

부여와 고구려, 백제에 물건을 훔치면 훔친 물건의 10배, 12배, 5배로 갚도록 하는 형벌 조항이 있었다. 그 정도로 징벌적인 배상 규정이 있으면 함부로 도둑질하지 않을 것이라는 생각이 든다. 조상들은

---

73) 황재하 기자, 「'1년 음료 제공' 행사해놓고 1잔 준 스타벅스… 소송 졌다」, 『연합뉴스』, 2017. 5. 24.

이미 1500년도 전에 지혜를 발휘하고 있었다. "국산품 애용운동"에 기대어 물건을 팔아온 기업들이 이 사회에 공헌하는 길은 고용창출 뿐만 아니라 소비자를 속이지 않고 정직하게 물건을 팔고 대가를 지불하는 것이다. 국산품 애용운동이 노년층에는 통할지 모르나 청년들은 다르다. 20~30대 사이에서 국산 자동차나 맥주보다 외국산 자동차와 맥주가 많이 팔리는 현상은 그런 세태를 반영한다. 소비자들이 깐깐해야 기업들은 더 좋은 제품을 만들고 서비스도 좋아진다. 국내에서 쉽게 상품이나 서비스를 팔던 기업들이 해외로 나가서 고전하는 이유도 국내에서 하던 대로 갑질을 일삼기 때문이다. 대표적인 예가 중국 유통업에 진출했다가 비참하게 철수한 이마트와 롯데의 실패다. 한국의 소비자들은 저가 상품을 사면서도 고급 인테리어와 더 많은 서비스를 요구하지만, 중국의 소비자들은 인테리어를 중시하지 않는 미국식 창고형 할인매장을 선호하였다. 이미 미국식 동선에 익숙해진 중국인들은 한국식 동선과 물건 배치를 외면했다. 한국식 마케팅이 중국에서도 통할 것이라는 오만으로 장사하다가 실패한 사례다. 게다가 경쟁이 치열한 중국에서 제조업체에 '갑질'을 할 수도 없었다. 마케팅 실패와 값싼 제품조달 실패, 갑질에 익숙하던 그들은 실패할 수밖에 없었다. 소비자보호운동은 기업에 손해가 되는 것이 아니라 품질을 높이는 면역 역할을 한다. 그러나 재벌과 대기업들이 소비자들의 말을 들을까?

슈퍼 갑인 재벌과 대기업들은 동종 업체와 경쟁하기보다 담합으로 물건의 가격을 올린다. 이러한 가격 담합의 피해는 고스란히 소비자의 몫이다. 자본주의 시장경제에서 가격 담합은 자본주의의 근간을 해치는 중대 범죄로 간주 된다. 따라서 미국은 가격 담합으로 얻은 부당 이익이나 소비자 피해액의 두세 배까지 벌금을 부과한다. 소송에 참여하지 않은 피해자도 보상을 받을 수 있는 집단소송제도를 실시하고 있다. 담합 참여자도 보통은 1~2년에서 많으면 최대 10년까지 징역형을 선고받는다. 유럽연합은 해당 기업의 전년도 매출액(전 세계 기준)의 10%까지 벌금이나 과징금을 부과한다. 이에 비해 한국은 대기업의 가격 담합 천국이다. 과징금의 실제 부과율은 1.5~2.0% 안팎으로 추정된다.[74] 매출액보다 과징금이 적으니 소액의 과징금을 내고 적발될 때까지 담합 하는 것이 더 이익이다. 이러니 담합을 안 하려야 안 할 수가 없다. 오히려 담합을 부추기려고 과징금을 적게 책정한 것은 아닌지 의심마저 든다.

소비자가 아닌 생산자를 보호하는 현행 헌법의 제124조는 소비자의 권리를 보장하는 방향으로 바뀌어야 한다. 그리고 그 헌법 조항에 맞게 1인 대표소송과 징벌적 손해배상제도를 도입해야 한다. 아쉽게도 문재인 정부가 2018년 3월에 발표한 헌법 개정안에는 이런 고민이 전혀 반영되지 않았다. 현행 헌법의 124조를 읽기 쉽게 풀어썼을 뿐이다. 헌법학자나 경제학자가 아닌 소비자운동 전문가가 검토했으

---

74) 박홍순, 『헌법의 발견』, 295-296쪽.

면 다른 내용이 포함되었을 것이다.

요컨대 헌법이 보호하고 육성한다는 농업·어업·중소기업·소비자 운동은 여전히 외면받고 있다.

국민의 혈세, 세금

1948년 헌법 제90조는 "조세의 종목과 세율은 법률로써 정한다"라고 규정하였다. 1962년 제정된 헌법 제6호에서 "법률로써"를 "법률로" 고쳤을 뿐 현행 헌법 제59조에도 있는 규정이다. 현행 헌법 제59조의 규정을 조세법률주의라고 한다. 과세요건 법정주의, 과세요건 명확주의, 소급 과세 금지의 원칙, 엄격 해석의 원칙 등이 조세법률주의의 내용이다.[75]

미국 독립운동에 앞장선 벤저민 프랭클린은 "세상엔 절대 피할 수 없는 두 가지가 있는데 하나는 죽음이고, 다른 하나는 세금이다"라는 유명한 명언을 남겼다. 세금 내기 싫어서 독립운동에 참여한, '건국의 아버지'다운 발언이다. 1948년 제29조에 "모든 국민은 법률의 정하는 바에 의하여 납세의 의무를 진다"라는 조항을 신설한 후, 현행 헌법 제38조까지 글자 하나 고치지 않고 납세의 의무를 규정하였다.

---

75) 정회철, 『기본강의 헌법』, 여산, 2011, 1,081~1,084쪽.

세금은 역사를 바꿀 정도로 중요한 문제다. 영국과 프랑스는 세금 때문에 민주주의가 시작되었고, 미국은 독립하였다. 영국의 귀족들은 존 왕과 싸워 이긴 후 귀족들의 동의 없이 세금을 부과할 수 없도록 협약을 맺었다. 이것이 대헌장이다. 이후 귀족들의 대표들이 의회를 만들었고, 점차 상층 평민(처음에는 젠틀맨과 요우맨이라 불리는 대지주 혹은 중소지주가, 후에는 상인, 금융업자, 전문직 종사자가 중심 세력이 됨) 중심의 의회, 즉 하원이 권력의 중심이 되었다. 영국 하원은 스튜어트 왕가의 왕들과 싸우며 과세권을 비롯한 권한을 하나씩 장악하였고, 명예혁명 이후 권리장전에 세금 부과의 권리가 의회에 있음을 명문화하였다. 프랑스의 루이 16세는 루이 14세가 남겨놓은 빚, 즉 국가채무를 갚기 위해 성직자, 귀족, 평민의 대표로 구성된 삼부회를 소집했다. 그러나 기대했던 증세 대신 프랑스대혁명이 일어나 루이 16세가 단두대에서 처형되었다. 프랑스대혁명 이후 입헌군주제, 공화정, 제정, 왕정복고, 공화정, 제정, 공화정 등이 반복되었지만, 민주화는 진전되었다. 영국의 식민지였던 미국은 종주국이었던 영국이 식민지 전쟁의 비용을 식민지에 부과하자 이에 반발하여 독립운동을 벌였다. 프랑스·인디언과 싸워 식민지가 확대되면서 혜택을 본 것은 식민지 주민이므로 수혜자의 납세 원칙이 타당할 것이다. 그러나 이들은 이전에 내지 않은 세금을 내라는 명령에 "대표가 없다면 세금도 없다(No taxation without representation)"라는 슬로건을 내세우며 반발하였다. 결국 영국과 싸워 독립하였다. 그러나 독립 후 재정난에 시달린 나머지 위스키에 세금을 매겼다가 이에 반발한 농민들이 반란을 일으키기도 했다.

한국과 중국, 일본에서 세금 때문에 민주주의가 진행된 적은 거의 없다. 이 세 나라는 전근대 시대부터 국가권력이 너무 강하여 백성들이 조세저항을 할 수 없었다. 가끔 과도한 세금 때문에 농민 봉기가 일어나고, 중국의 일부 왕조가 붕괴되기도 했다. 그러나 이는 왕조의 교체였을 뿐, 납세자인 백성들의 권리가 신장되거나 영국처럼 의회가 만들어지지 않았다. 오히려 한국과 중국에서는 지배계급은 세금을 내지 않았고 군역과 요역을 부담하지 않았다. 유럽에서 지배계급, 즉 영주나 귀족이 전쟁에 참전하고 황제나 왕에게 세금을 냈던 것과 반대다. 한국에 한정해서 말하면, 근현대를 거치면서 이러한 특권의식은 여전히 지속되었다. 소위 사회지도층들과 자손들의 군대 면제 비율이 증가하고 세금 체납액도 많다. 문재인 정부의 첫 총리로 지명된 이낙연 전남지사가 군대 면제를 받은 아들을 군대에 보내달라고 탄원서를 낸 것은 정치적 동기와 상관없이 예외다. 박근혜 정권에서 검찰·경찰·국정원 등 사정기관을 장악하며 권력을 행사한 우병우 전 민정수석도 세금을 제대로 내지 않았다는 의혹에 시달렸다. 문재인 정부에서 외무부장관으로 임명된 강경화 역시 장관으로 지명되고 이틀 후에 두 딸이 내지 않은 증여세를 납부해서 구설수에 올랐다. 잊을만하면 자녀들의 사고로 조용할 날 없는 조양호 대한항공 사주 일가는 관세청 몰래(?) 자사의 비행기로 해외에서 구매한 물품을 신고도 하지 않고 국내로 반입했다고 한다. 쉽게 말하면 밀수를 저질렀단다. 당연한 의무인 세금도 내지 않고 말이다. 심지어 조씨 일가와 같은 혜택을 받을 수 있는 VIP 리스트까지 만들어 일부의 정·재계 인사들에게 편의를 제공했다고 한다. 이 나라는 민주공화국이고 주권은 국민으로부터 나오지만, 세금을 내는 국민과 내지 않는 특권계급이 존재하는 전근대 시대의 '헬조선'에 불과하다.

봉건시대의 헬조선에서 민주공화국으로 탈바꿈하려면 특히 지배계급과 정치인에게 엄격하게 세금을 부과해야 한다. 선출직 공무원(대통령, 국회의원, 도지사·시장·군수·구청장 등 지자체장과 지방의회 의원)뿐만 아니라 모든 임명직 공무원들이 세금을 내지 않으면 액수에 따라 징계와 승진 누락, 파면 등 인사상 불이익을 주는 조항을 만들어야 한다. 특히 고위공무원일수록 세금을 내지 않는 관행은 민주공화국의 기본원칙을 파괴하는 중대한 범죄행위다. 수구 혹은 보수세력(현재의 자유당과 바른정당)이나 자칭 진보세력(민주당) 누구든지 세금을 제대로 납부하지 않는 정치인과 공무원은 반드시 처벌해야 한다.

국가가 존재하는 이상, 세금은 피할 수 없다. 한국의 세금은 세금을 거두는 주체에 따라 국세(중앙정부의 국세청과 관세청)와 지방세(지방자치단체)로 나뉜다. 국세는 납세자가 직접 내는 직접세와 납세자의 의지와 상관없이 상품과 서비스, 금융소득을 원천징수하는 간접세가 있다(국세기본법 제1조). 지방세는 세금의 지출이 명시되지 않은 보통세와 구체적인 목적으로만 써야 하는 목적세가 있다. 세금은 납부자가 직접 내느냐의 여부에 따라 직접세와 간접세로 나눌 수 있다. 직접세는 개인과 법인(회사)의 소득에 부과하고 많이 벌면 세율을 높이는 누진제를 채택하여 소득재분배의 효과가 있지만 세금을 안 내려고 하는 조세저항에 취약하다. 소득세와 법인세가 대표적인 직접세다. 반면 간접세는 동일한 세율로 징수하며, 직접세에 비해 반발이 적다. 물건을 살 때 10%씩 부과되는 부가가치세와 담배 피우고 술 마실 때 우리 모르게 내는 담뱃세와 주세가 대표적인 간접세다.

2017년 국세 세목별 구성비를 살펴보면(수납액 기준), 소득세(28.3%)가 총 국세 중에서 세수 비중이 가장 높고, 부가가치세(25.3%), 법인세(22.3%), 교통·에너지·환경세(5.9%)의 순서다.[76] 여기에서 개인이 내는 소득세가 기업이 내는 법인세보다 비중이 높은 추세가 주목된다. 현재 삼성, 현대차 등 일부 재벌들이 천문학적인 당기순이익을 올리지만 고용이나 세금 납부에서 국민경제에 기여 하는 비중은 적다. 노태우 정권 시절 34%였던 법인세는 김영삼 정권에서 28%, 김대중 정권에서 27%, 노무현 정권에서 25%, 이명박 정권에서 22%로 계속 하락하였다(과표 2억 이상 기준). 그리고 고용이나 연구개발비만큼 세금에서 공제하는 각종 세액공제가 많아서 실효세율은 명목 법인세율의 절반 정도로 떨어졌다. 반면 개인과 가계의 수입은 줄었지만 소득세 비율은 법인세보다 높다. 직접세의 두 축인 개

---

76) 국회예산정책처, 『대한민국 재정 2018』, 444쪽, [부록표 16] 국제수입 실적 추이.

인소득세와 법인세는 2014년 기준 총 조세 대비 합계는 29.3%이지만, OECD 평균 33.3%보다 낮았다. 적어도 미국과 유럽의 주요 선진국보다 직접세 부담률이 적다는 이야기다. 법인세가 부가가치세보다 낮다는 것도 문제다. 부가가치세는 각종 상품과 서비스에 일률적으로 10%씩 내는 간접세이기 때문이다. 이 나라 정부는 소수의 고소득자와 재벌·대기업으로부터 직접 세금을 걷는 것보다 과자나 김밥, 아이스크림 등 소비 용품에서 거두는 간접세로 재정수입을 충당한 것이다. 또 2017년 국세수입통계에 따르면 같은 해에 거둔 종합부동산세는 1.7조로 국세수입의 0.6%에 불과하다. 부동산 소유자들은 세금을 제대로 내지 않는다는 뜻이다.

사실 직접세, 특히 소득세는 조세저항이 높으므로 한국뿐만 아니라 다른 나라에서도 도입하기 주저했던 세금이다.

대표적인 직접세인 소득세는 1799년 영국에서 처음 도입되었다. 당시 영국은 프랑스혁명을 막기 위해 유럽의 여러 나라와 연합하여 프랑스혁명 세력과 전쟁을 벌였다. 이때 군사비를 마련하느라 어려움을 겪었다. 각종 세금과 국채까지 동원해도 비용을 충당하지 못하자 개인의 소득에 세금을 매기자는 주장이 나왔다. 소득세 도입에 대해 영국 국왕뿐만 아니라 당시 수상인 윌리엄 피트까지 앞장서서 반대했다. 영국 사람들은 이 소득세를 치욕적이고 야만적인 압제로 여겼다고 한다. 소득세를 부과하려면 국가가 개인의 수입(소득)이라는 개인정보를 일일이 파악해야 했기 때문이다. 사생활 침해라고 여겼

우리나라의 국세체계[77]

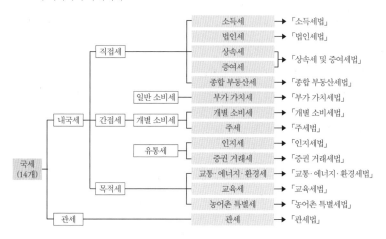

		소득세 → 「소득세법」	
	직접세	법인세 → 「법인세법」	
		상속세	「상속세 및 증여세법」
		증여세	
		종합 부동산세 → 「종합 부동산세법」	

국세
(14개) — 내국세 — 직접세 / 간접세 / 목적세, 관세

을 법하다. 전쟁비용 때문에 없이 소득세를 도입해 60파운드가 넘는 소득에 10%의 소득세를 부과하였다. 국가에 사생활을 공개해야 하는 '악마 같은' 소득세는 전쟁이 끝나자마자 곧바로 폐지되었다. 이후 나폴레옹전쟁으로 소득세가 다시 도입됐다가 워털루전투 다음 해인 1816년 폐지되었다. 1842년 늘어나는 재정적자 해소를 위해 다시 도입되었다. 이후 크림전쟁의 비용 충당을 위해 소득세는 유지됐고, 1860년대에 누진적 소득세는 정착되었으며, 결국 1890년대에 영구

77) 국회예산정책처, 재정통계(stat.nabo.go.kr); 국회예산정책처, 『2016 조세의 이해와 쟁점』, 국회, 2016, 7쪽.

세금으로 확정되었다. 그 결과 지금까지 영국의 주요한 세입원이 되었다.

미국에서도 1860년대 남북전쟁에 쓰일 전비 마련을 위해 북군 측에서 소득세를 처음 도입했다. 급여뿐만 아니라 이자와 배당에도 부과됐다. 전쟁이 끝난 후에도 연방정부의 막대한 부채를 갚기 위해 유지되다가 1872년에 폐지됐다. 소득세에 대한 미련이 있었는지, 1874년부터 1894년까지 20년 동안 소득세 도입을 위한 법안이 68개 제출되었다. 그러나 소득세에 대한 반감과 저항을 가진 세력이 위헌 소송을 제기하여 결국 소득세는 1895년 대법원에서 위헌 판정을 받았다. 이후 민주당의 적극적인 지지로 1913년에 헌법 개정을 통해 소득세를 징수할 수 있다는 조항을 추가하여 다시 소득세가 부활하였다 (수정헌법 16조). 연간 3,000달러 이상의 소득을 가진 사람에서 1%의 세율로 과세하고 5만 달러 이상의 소득을 가진 사람에게는 7%로 과세하였다. 당시 소득세 납부자가 미국 국민의 1%에 불과하였다. 도입 당시 소득세는 가진 자들에게 부과하는 세금이었음을 알 수 있다. 처음에는 최고 세율이 7%에 불과했으나 1916년 15%, 1917년 67%, 1918년 77%까지 급등하였다. 1차 세계대전의 전쟁비용 때문이었다. 1차 대전 이후 1920년대 호황기에 24%까지 떨어졌던 소득세율은 대공황을 거쳐 루즈벨트 대통령 취임 후 다시 급등하기 시작해 2차 세계대전 막바지에는 94%에 달하였다. 이후 소득세율은 떨어졌고, 국민 대부분이 내는 세금으로 바뀌었다. 19세기뿐만 아니라 지금도 소득세를 증오하는 미국인들이 많다. 일부는 정부가 개인을 억압한다는 이유로 싫어하고 일부는 소득세가 세계정부를 꿈꾸는 비밀조직이 만든 세금이라는 음모론을 믿는다. 이보다 더 많은 사람에게 소득세를 악착같이 걷기 위해 만든 IRS(Internal Revenue Service, '국세청'으로 번역)는 증오와 두려움의 대상이다. 그래서 미국 영화나 드라마에서 IRS에 대한 농담과 풍자, 증오의 대사를 자주 발견할 수 있다.

한국의 경우, 일제강점기인 1934년 일반소득세가 도입되었다. 1949년 7월 15일 정부수립 후 최초로 소득세법이 제정된 후 여러 차례 바뀌었다. 영국이나 미국과 달리 일제에 의해 강제적으로 이식되었기 때문에 두드러진 소득세 저항은 없었다. 그러나 행정체계의 미비 등을 이유로 소득세 징수가 제대로 실행되었는지는 의문이다. 최초의 기독교 장로 대통령 이승만은 기독교의 전파를 위해 물심양면 지원하였고, 목사들에게 소득세를 부과하지 않았다. 그래서 세법에는 목사와 스님, 신부들에게 소득세를 부과할 수 있는 규정이 있었지만, 제대로 실현된 적이 없었다. 또 소득세율도 최고 과세구간이 38%로 선진국 특히 복지국가의 모범이 되는 덴마크나 스웨덴보다 세금 부담률이 낮았다. 문재인 정부 출범 이후 2017년에 5억 원 초과 소득자의 소득세율을 40%로 높였고, 2018년에는 3억 원 초과 소득자는 40%, 5억 원 초과 소득자는 42%로 올렸다. 증세에 대한 정치적 부담 때문에 일부만 소득세를 올리는 데 그쳤다.

현재 정부는 종교인 과세뿐만 아니라 불로소득인 임대소득 과세에 미온적이다. IMF 이후 김대중 정권은 침체 된 경제를 살린다는 목적으로 전세와 월세에 부과하던 세금을 없앴다. 이후 임대소득에 과세했지만, 대상은 적고 세율은 낮다. 현재 1세대 1주택 임대소득은 비과세다(단, 고가주택(기준시가 9억 원 초과)과 국외주택 임대소득은 과세한다). 1세대 2주택 이상의 임대주택에만 과세한다. 국회 기획재정위원회 조세소위원회는 2016년 11월 29일 소규모 임대사업자에 대한 과세 유예기간을 2년 더 늘리는 방안에 잠정 합의했다. 1세대 2주택 이상 연간 2,000만 원의 임대소득에 부과하려는 계획을 늦춘 것이다.

그나마 2,000만 원 미만의 임대소득에는 세금을 부과하지 않는다. 즉, 2,000만 원 이상의 임대소득자만 세금을 낸다. 이들도 임대사업자로 등록하면 각종 비용을 제외하고 세금을 부과하기 때문에 실제 납부하는 세금은 적다. 그리고 임대소득자들이 대부분 임대소득으로 노후생활을 한다는 이유다. 야당 조세소위 관계자는 "주택임대소득의 경우 은퇴한 사람들의 노후자금 성격이 있으므로 급격하게 과세를 시작하는 것은 무리가 있다고 판단했다"고 밝혔다.[78] 2016년 당시 이 야당 관계자가 정의당일 리는 없고 더민주당 소속으로 추정된다. 자기 당을 지지하는 청장년과 서민들의 이익에 반대하는 결정을 내린 것이다. 충분히 이해된다. 국민일보가 2017년 국회의원 재산을 분석한 기사를 보자.

---

78) 나현준 기자, 「2,000만 원 이하 임대소득 비과세 2년 더 연장된다」, 『매일경제신문』, 2016. 11. 30.

20대 국회의원 10명 중 4명은 다주택자이고, 4명 중 1명은 서울 강남 3구(강남·서초·송파구)에 주택을 가지고 있는 것으로 집계됐다. 장·차관, 청와대 참모 3명 중 1명도 다주택자였다.

국회공직자윤리위원회가 29일 공개한 2017년 말 기준 국회의원 재산변동사항 내역에 따르면 총 287명(국무위원 겸직 의원 및 구속수감 의원 제외) 가운데 집을 2채 이상 보유한 다주택자(본인·배우자 보유 기준)는 119명(41.5%)으로 집계됐다. 정당별로는 자유한국당 의원이 62명으로 가장 많았고 더불어민주당(39명), 바른미래당(13명), 민주평화당(4명) 순이었다.

주택을 3채 이상 보유한 의원은 34명(11.8%)으로 나타났다. 가장 많은 주택을 보유한 의원은 이용주 민주평화당 의원이었다. 이 의원은 6채를 소유하고 있는데 모두 서울에 있는 주택이었다. 이 중 3채(서초구 아파트와 다세대주택, 송파구 아파트)는 강남 3구에 있었다. 이 의원의 서초구 다세대주택은 임대사업용으로 원룸·투룸 11개 세대로 구성돼 있다. 오제세·이개호 민주당 의원, 강석호·이양수 한국당 의원은 주택을 각각 5채씩 보유하고 있었다.

강남 3구에 주택을 보유한 국회의원은 총 74명으로, 전체의 25.8%였다. 정당별로는 한국당 의원이 41명으로 가장 많았다. 정종섭 한국당 의원은 신고한 4채 모두 강남 3구에 가지고 있었다. 정 의원은 서초구에만 아파트 2채와 오피스텔 2채를 갖고 있다.

정부공직자윤리위원회가 공개한 행정부 고위 공직자 재산변동사항 내역에 따르면 18개 부처 장·차관 41명 중 15명(36.6%)은 다주택자로 집계됐다. 장관 중에서는 김상곤 사회부총리 겸 교육부 장관, 유영민 과학기술정보통신부 장

관, 강경화 외교부 장관, 송영무 국방부 장관, 도종환 문화체육관광부 장관이 다
주택자였다. 부동산 시장 안정을 책임지는 국토교통부 1급 이상 고위 공직자 9
명 중 4명이 집을 2채 이상 가진 다주택자로 확인됐다."[79]

위의 기사에서 20대 국회의원 가운데 119명(41.5%)이 2채 이상
의 집을 가지고 있다고 한다. 장·차관 41명 중 15명, 전체의 36.6%가
2채 이상의 다주택자다. 국회의원과 장·차관 모두 10명 중 4명 꼴로
2채 이상의 주택을 소유한 다주택자였다. 또 강남 3구에 주택을 보유
한 국회의원은 총 74명으로, 전체의 25.8%라고 한다. 6채를 보유한
이용섭 의원은 3채, 정종섭 의원은 4채 모두 강남 3구에 주택을 보유
했다. 이들이 가진 주택에 가족들이 뿔뿔이 흩어져 살지는 않았을 것
이고, 1채 이상의 주택(단독주택, 아파트, 오피스텔)은 세를 주었을
것이다. 즉 이들은 공무원이면서 임대업자였다. 국회의원과 장·차관
의 40%가 임대업자이다 보니 세입자를 위한 정책이나 임대업자 과
세에 소극적일 수밖에 없다.

말로는 중산층과 서민, 청년을 위해 일한다고 하지만, 다주택자인
국회의원 40%는 사실상 임대업자를 대변하는 것이나 다름없다. 그나
마 이들이 유예 시킨 임대소득 과세, 즉 원래 2017년 과세하려는 세
율도 사실 높은 수준이 아니다. 경향신문의 기사를 보자.

---

79) 윤성민·최승욱 기자, 「국회의원 41.5% 119명이 다주택자」, 『국민일보』, 2018. 3. 29.

"먼저 국내 임대소득에 대한 과세가 얼마나 제대로 이뤄지지 않는지 보자. 이자·배당소득 등으로 연 1,500만 원 버는 사람이 집을 임대로 놓고 월세 100만 원을 받는 경우라면 이렇다. 연간 임대수익 1,200만 원을 거두는데도 올해까지는 연 2,000만 원까지는 세금이 없다. 3년의 유예기간이 끝나는 내년 이후에도 연간 2,000만 원까지는 과세방식을 유리한 쪽으로 고를 수 있다. 임대소득에다 근로소득·이자소득 등을 더해 많을수록 세율이 높아지는 종합소득과세(누진세율 6~38%)가 아니라 '분리과세'를 선택해 단일세율(14%)을 적용받을 수 있다. 분리과세를 하면 임대소득의 60%(720만 원)는 집수리·유지에 따른 '필요경비'로 인정받아 과세대상에서 제외된다. 추가로 400만 원은 '기본공제'로 과세에서 또 빠진다. 결과적으로 이 경우 임대소득 80만 원에 대해서만 분리과세를 적용받아 11만 2,000원만 내면 된다.

근로소득이든 이자소득이든 임대소득이든 합산해서 '종합소득'을 기준으로 과세하는 게 조세정의 원칙에 부합한다. 그러나 정부가 뒷문을 열어준 격이다."[80]

위의 기사대로 계산하면, 2,000만 원 이하의 임대소득자는 필요경비와 기본공제를 뺀 880만 원에 14%의 세율을 적용하면 56만 원만 세금을 낸다. 이는 2,000만 원의 2.8%에 불과하다. 심지어 이런 계산대로라면 임대소득이 연간 1,000만 원 이하는 세금을 한 푼도 내지 않아도 된다. 이처럼 낮은 세율임에도 불구하고 임대소득에 세금

---

80) 전병역 기자, 「구멍 뚫린 월세 임대소득 과세, 전세난 키운다」, 『경향신문』, 2016. 5. 7.

헌법은 밥이다 2

을 부과하지 않는다는 것은 납득하기 어렵다. 매일경제신문에 따르면, 임대소득 과세를 강하게 밀어붙인 야당이 한발 물러선 이유는 건보료 때문이라고 한다. 2,000만 원의 임대소득을 얻는 임대인이 내는 세금은 연간 56만 원에 불과하지만, 건강보험료는 연 274만 원이라고 한다.[81] 노년층이 얼마나 더민주당을 찍길래, 건강보험료를 납부해야 하는 노년층의 표를 의식할까? 그럴 리는 없겠지만, 2013년 8월 신설된 국회법 제29조의 2가 생각난다. 국회의원은 원칙적으로 영리업무에 종사할 수 없으나, 이 조항에 따라 국회의원 본인 소유의 토지·건물 등 재산을 활용한 임대업을 할 수 있다. 혹시 동료 국회의원들의 이해를 반영한 것은 아닌지?

조선시대도 아닌 민주공화국에서 불로소득에 제대로 세금을 매기지 않으니 "조물주 위에 건물주"라는 말이 나올 법하다. 세상 물정에 밝은 초등학생들의 장래희망이 건물주인 이유이기도 하다.

1년에 2,000만 원의 임대소득을 올린다? 1년에 2,000만 원의 월세 수입이면 한 달에 167만 원의 월세 수입이 생긴다는 말이다. 이게 적은 돈일까? 30만 원짜리 원룸이나 오피스텔을 월세로 임대한다면, 5~6채에 해당하는 돈이다. 이 정도면 임대소득이 노후생활수준을 넘는다. 보건복지부가 2017년 7월 22일 고시한 기준 중위소득(2017년 기준 중위소득 및 생계·의료급여 선정기준과 최저보장수준)과 비교

---

81) 나현준 기자, 「2,000만 원 이하 임대소득 비과세 2년 더 연장된다」, 『매일경제신문』, 2016. 11. 30.

해 보자. 중위소득은 모든 가구를 소득순으로 순위를 매겼을 때, 가운데를 차지한 가구의 소득을 의미한다. 이에 따라 보건복지부장관이 급여의 기준 등에 활용하기 위하여 제20조 제2항에 따른 중앙생활보장위원회의 심의·의결을 거쳐 고시하는 국민 가구소득의 중위값이 기준 중위소득이다. 2017년 한국의 1인 가구는 1,652,931원, 2인 가구는 2,814,449, 3인 가구는 3,640,915원, 4인 가구는 4,467,380원이다(보건복지부 고시 제2016-127호). 1인당 소득으로 환산하면, 2인 가구는 약 141만 원, 3인 가구는 약 121만 원, 4인 가구는 약 112만 원이다. 임대소득이 부과되지 않는 1년 2,000만 원, 즉 월 167만 원은 1~4인 가구의 중위소득보다 많다. 따라서 이러한 불로소득에 세금을 부과하지 않는 것은 형평성을 강조하는 조세정의에 부합하지 않는다. 게다가 현행 세법으로 다른 재산과 소득 없이 시가 5억 원짜리 주택 2채(총 재산가액 10억 원)로 연간 2,000만 원의 임대소득을 얻는 임대인은 실제 임대로 인해 납부할 세금이 연간 56만 원에 불과하다고 한다. 실제 임대소득의 2.8%에 불과하다. 임대소득 세율도 낮다. 참고로 2018년 소득세(종합소득세) 세율과 비교하면, 1,200만 원 이하는 6%, 1,200~4,600만 원 소득자는 15%의 세율이 적용된다. 임대소득자들은 비슷한 소득구간의 세율인 15%의 약 1/5만 세금을 낸다는 뜻이다. 이처럼 불로소득인 임대소득에 과세를 주저하고 그나마 낮은 세율을 부과하는 것이 과연 공정하고 형평성 있는 과세인가? 소작을 주고 소작료를 받지만 세금을 안 내는 조선시대 양반처럼 임대소득자에게 세금을 거두지 않거나 낮은 세율을 적용하는 것은 '4차 산업혁명'을 앞둔 산업사회인 21세기 한국이 19세기 말 조선시대나 다름없다는 뜻이다. 달리 헬조선인가?

> "민주사회를위한변호사모임의 '2015 한국 인권보고서'를 보면, 국내에 2주택 이상 소유한 다주택자는 총 136만 5,000명이다. 이 가운데 3주택 이상 보유자는 21만 1,000명이다. 국세청에 주택임대소득(2013년 귀속분)을 신고한 납세자 수는 10만 3,000명으로, 다주택자 중 7.5%에 그쳤다. 이들이 신고한 총수입금액도 1조 6,793억 원뿐이다. 전·월세 임대 가구 747만 가구에 연평균 600만 원 간주임대료를 적용하면 임대소득이 약 45조 원에 이른다는 이론적 추산이 가능하다."[82]

2년 전 통계이지만, 세금을 내지 않는 임대소득이 약 45조 원이라고 한다. 이 금액의 10%를 세금으로 거둬들이면 4조 5천억 원이다. 대통령 선거 전인 2017년 4월 JTBC·중앙일보와 한국정치학회의 주최로 열린 토론회(대선후보 4차 TV 토론회)에서 유승민 후보는 "문 후보가 공약한 일자리 창출 81만 개 중 공무원이 17만 개인데 여기에 대부분 돈이 들어가고, 나머지 64만 개는 예산이 4조 원밖에 안 들어간다. 제가 계산해보니 9급 초봉으로 17만 명 공무원들에게 월급을

---

82) 전병역 기자, 「구멍 뚫린 월세 임대소득 과세, 전세난 키운다」, 『경향신문』, 2016. 5. 7.

쥐도 1년에 4조 3,000억 원이 넘는다. 계산도 안 해보고 재원을 낮춰 잡은 거 아닌가"라고 따졌다. 유승민 의원의 계산을 따른다고 해도 임대소득에 10% 과세하면, 1년에 9급 공무원 17만 4천 명을 새로 고용할 수 있다. 지금까지 헬조선 정부는 젊은이들의 미래보다 노년층과 세금을 내지 않고 불로소득으로 배를 불린 기득권층의 이해를 대변한 조세 행정을 편 것이다.

참여연대의 '조세정의 실현을 위한 임대소득과세 개편방안' 보고서에 따르면 2015년의 경우 394만 월세 가구가 집주인에게 매달 내는 월세는 2조 614억 원이라고 한다. 1년에 24조 7,371억 원(보증금 제외 추정치)에 이른다. 집을 두 채 이상 보유한 다주택자의 임대소득 규모는 20조 6,125억 원에 달한다고 추정된다. 이는 지난해 국내 의약품산업(21조 7,256억 원)이나 편의점 시장(20조 4,000억 원)과 비슷한 규모다.[83] 이런 거대 산업과 맞먹는 돈에 세금을 매기지 않는 것이 헬조선의 현실이다.

필자가 고등학교 사회 교과서에서 배웠던 세금에 관한 지식은 현실에서 전혀 통용되지 않는다. 직접세는 소득재분배 효과가 있고, 소득 수준과 상관없이 같은 비율로 부과하는 간접세의 비중이 높아지면 빈부의 격차가 심해진다는 조세의 기본적인 상식 말이다. 그러나 교과서와 현실은 다르다. 1948년부터 기득권층의 이해관계를 대변한

---

83) 허승 기자, 「다주택자 월세소득 연 20조… 18조는 세금 한 푼 안 내」, 『한겨레신문』, 2017. 7. 13.

헌법은 밥이다 2

이 나라에서 세금 역시 직접세인 소득세와 법인세 대신 간접세를 걷는데 골몰하였다. 간접세의 대표인 부가가치세를 살펴보자.

부가가치세(Value Added Tax 혹은 Goods and Services Tax)는 제품이나 용역이 생산·유통되는 모든 단계에서 기업이 새로 만들어 내는 가치, 즉 부가가치에 부과하는 세금이다. 1954년 프랑스가 최초로 도입했다고 하며, 처음에는 공산품에만 부과하다가 후에 용역(서비스)까지 과세 범위를 넓혔다. 상품이나 서비스를 구매할 때 세금이 포함되기 때문에 조세저항이 원천봉쇄된 세금이다. 따라서 세금을 거두기 쉽다는 장점이 있다. 한국에서는 1977년 7월 1일부터 시행하였다. 이렇게 걷기 쉬운 세금인 부가가치세는 박정희 정권을 무너뜨릴 뻔한 폭발력을 지녔었다. 1980년 광주민주화항쟁에 묻혔지만, 1979년 부마항쟁도 중요한 사건이었다. 이때 부산과 마산의 대학생들뿐만 아니라 시장의 상인들까지 "유신 타도"를 외쳤다. 아니 전자보다 후자의 수가 더 많았다. 제2차 오일쇼크로 한국 경제에 큰 타격을 입고 정부의 중화학공업 중복투자의 후유증이 큰 상황에서 갓 도입된 부가가치세 때문에 영세 상인들의 부담이 컸기 때문이다. 당시 중앙정보부의 첩보에 따르면, 부산과 마산 시민들은 "유신 타도", "박정희 정권은 물러가라"보다 "부가가치세를 없애라"라는 구호를 더 많이 외쳤다고 한다. 박정희가 살해된 1979년 10월 26일 궁정동 안가의 모임에서 차지철 경호실장은 캄보디아의 독재자 폴포트가 캄보디아 사람들을 학살한 것처럼 100만 명 정도 죽이면 부마항쟁을 진압할 수 있다고 박정희에게 말했다. 현지 보고를 통해 민심이반을 생생히 알고 있었던 김재규 중앙정보부부장은 차지철의 말에 격분하여 그를 총으로 쐈다. 물론 박정희도 그의 총탄에 맞아 죽었다.

전두환 정권이 들어선 후 전두환은 한때 부가가치세를 없애려고 했다. 부마사태의 원인이 독재보다 부가가치세 때문이었음을 알기 때문이다. 현행 헌법 119조 2항의 경제민주화 조항의 창설자로 잘못 알려진 김종인은 신군부의 국가보위입법회의 전문 위원과 민정당 국회의원(1981~1988)을 지냈다. 그는 전두환에게 부가가치세를 없애지 말라고 충고했다고 한다. 그의 말대로 전두환은 부가가치세를 예전처럼 거두었다. 1980년 광주민주화항쟁을 무자비하게 진압하여 국민이 겁을 먹어서일까? 1년 전 부마항쟁처럼 부가가치세 반대는 거의 없었다. 전두환은 총칼로 부가가치세를 정착시킨 것이다. 한국의 부가가치세는 미국이나 일본보다 더 나쁘다. 미국과 일본에서는 상품의 가격표가 부가가치세 부과 이전의 가격으로 표시되었다. 계산할 때 소비자들에게 부가가치세가 얼마 더 나왔다고 말해준다. 미국 영화나 드라마에서 흔히 보는 장면이다. 필자도 일본에서 책을 샀을 때 책에 쓰인 정가와 카드명세표의 가격이 달라 잠시 분노했던 경험이 있다. 왜놈들이 한국인이라고 바가지 씌웠다고 생각했기 때문이다. 일본에서도 부가가치세(일본에서는 소비세)를 뺀 금액을 상품가격으로 게시해놓는다. 그러니 오해가 생길 수밖에. 이 나라에서는 그런 오해를 피하기 위해 정가에 "친절하게도" 부가가치세를 붙여서 상품이나 서비스의 가격을 표기한다. 그러니 10%의 부가가치세를 더 냈는지 알기 어렵다. 가끔 카드를 보면, 원가와 부가가치세를 별도로 표시한 계산서를 볼 때가 있다. 그제서야 내가 산 물건의 10%가 부가가치세로 징수되었음을 안다.

부마사태의 트라우마 때문일까? 모든 정권에서 증세를 주저한다. 유승민 후보가 문재인 후보에게 복지정책을 한다면서 증세가 없다고 말하는 것은 사기라고 말한 적이 있다. 사실 맞는 말이다. 복지정책은 전혀 실현하지 않고, 영·육아 보육도 지자체 예산으로 알아서 하라고 떠넘긴 박근혜 정권 역시 법인세와 소득세 인상 대신 손쉬운 간접세에 손댔다. 정확히 말하면 소득세율은 올리려고 했다. 소득공제 대신 세액공제를 도입하고 고소득층으로부터 더 많은 소득세를 거두려고 했다. 그러나 그 고소득층인 언론사 기자들이 더 많은 세금을 내게 되자 반발하여 "세금폭탄" 기사를 써서 박근혜 정권은 결국 꼬리를 내렸다. 소득세를 더 걷는 대신 담배에 부과하는 세금을 더 걷었다. 담배가 건강에 해롭기 때문이라며. 박근혜는 야당 국회의원일 당시 노무현 정권의 담뱃세 500원 인상에 반대했다. 그러나 자신이 대통령이 된 후 2,000원을 올렸다. 담뱃세 인상은 세수 확대에 크게 기여했다. 경제 불황과 박근혜 정권의 실정에 분노하고 스트레스가 쌓인 사람들이 전보다 더 많은 담배를 피웠기 때문이다.

헌법에 조세정의에 관한 규정을 넣었으면 좋겠다. "세금은 정부 운영의 재원일 뿐만 아니라 소득재분배의 효과가 있다. 따라서 조세정의와 빈부격차 해소를 위해 누진세가 적용되는 직접세는 징수의 원칙으로 삼고 불로소득에는 중과세한다."

현행 헌법 제34조 2항에는 "국가는 사회보장·사회복지의 증진에 노력할 의무를 진다"라고 하였다. 사회보장과 사회복지를 실현하고 늘리기 위해 세금이 필요하다. 그러나 대부분의 국민들은 사회보장과 사회복지의 혜택을 거의 받지 못하거나 적게 받았기 때문에 복지를 위해 세금을 내자고 하면 반대할 것이다. 언론은 "세금폭탄"이라는 자극적인 용어를 사용하여 반대를 부추길 것이다. 한국의 조세부담률과 국민부담률은 OECD 부담률보다 낮은 편이다. 조세부담률은 국세 및 지방세를 합한 조세수입이 경상 GDP에서 차지하는 비중을 뜻한다([국세+지방세/GDP]×100). 우리나라의 조세부담률은 2015년 기준 18.5%로 OECD 국가 평균 25.0에 비해 현저히 낮은 수준이다. 그나마 2012년 18.7%로 최근 5년 중 가장 높은 수준으로 상승하였으나 2013년 17.9%로 감소하였고, 2016년 19.4%로 상승하였다. 그래도 복지국가인 스웨덴(34.1%), 덴마크(45.9%)의 절반 수준이다. 국민부담률은 국세 및 지방세를 합한 조세수입과 사회보장기여금이 경상 GDP에서 차지하는 비중이다([국세+지방세+사회보장기여금/GDP]×100). 사회보장기여금은 4대 공적연금인 국민연금·공무원연금·사학연금·군인연금, 고용보험, 산업재해보상보험, 건강보험, 노인장기요양보험의 기여금을 뜻한다. 우리나라의 국민부담률은 2010년 23.4%에서 2016년 26.3% 수준으로 소폭 증가하였으나, OECD

평균인 34.3%보다는 낮은 수준이다.[84] 그러나 주변에서 세금을 덜 내거나 안 내는 사람들을 보면서 박탈감을 느끼기 때문인지, 세금을 내도 돌려받는 게 없다고 생각하기 때문인지 국민들은 증세에 부정적이다.

유승민 후보가 2017년 대선후보 토론회에서 복지를 위해 증세하자고 했던 주장은 타당하다. 그러나 심리상 쉽지 않다. 정부가 거짓말을 한 것이 어디 한두 번인가? IMF 금융위기 당시 국민들은 자발적으로 금 모으기 운동을 벌이며 국가를 위해 희생했다. 그러나 대가는 없었다. 로비에 성공한 재벌들만 배를 불리고 덩치를 키웠을 뿐이다. 이를 뼈저리게 느낀 국민들은 더 이상 금 모으기 운동에 현혹되지 않았다. 2007~2008년 금융위기를 비롯해 경제가 어려울 때마다 당시 한나라당 의원들은 금 모으기 운동을 주창했지만 차가운 외면을 받았다. 먼저 서울시와 성남시에서 했던 것처럼 쓸데없이 낭비되는 특수활동비와 각종 비용을 줄이고 복지예산에 투자하여 국민들에게 최소한 저부담 중복지의 꿀맛을 보여줘야 한다. 이후 세금을 낸 만큼 돌려받는다는 확신이 있으면 세금을 올려 고부담 고복지로 전환해도 될 것이다. 말은 쉽지만 실천은 어렵다. '복지'라는 말에 게거품 물고 무조건 반대하는 세력 때문에.

---

84) 국회예산정책처, 『대한민국 재정 2018』, 446쪽, [부록표 19] OECD 주요국의 조세부담률 및 국민부담률.

날림으로 처리되는
예산안

1948년 헌법을 만들 때 재정과 관련된 조항은 7개(제41조, 제90~95조)였다가 후에 통폐합되었다. 현행 헌법에서 예산과 관련된 조항(제54~59조)은 제3장 국회에 배치되었다. 대한민국임시정부의 헌법과 1948년 헌법에서는 예산과 관련된 조항은 헌법기관과 다른 별도의 장에 서술되었다. 1~3호 헌법에서는 7장 재정, 4~5호 헌법에서는 10장 재정에 배치되었다. 박정희 정권이 만든 헌법 6호에서 국회에 배치되어 현행 헌법에까지 이르고 있다. 아마도 국민이 세금을 내기 때문에 예산과 관련된 조항이 국민의 대표인 국회의 장에 배치되는 것은 옳은 것 같다. 헌법과 법률에서는 국민의 대표인 국회를 존중하는 것이 아니라 행정부 편의로 예산 관련 조항을 처음에 만들었고 유리하게 바꾸었다. 예산안 관련 조항이 어떻게 바뀌었는지 살펴보자.

현행 헌법 제57조 "국회는 정부의 동의 없이 정부가 제출한 지출 예산 각항의 금액을 증가하거나 새 비목을 설치할 수 없다"고 규정하였다. 이는 제헌헌법 91조부터 전혀 바뀌지 않은 조항이다. 따라서 예산안 편성은 정부(행정부)가 독점하고 국회는 정부가 제출한 예산안의 금액을 증액할 수 없고 새로운 예산 항목을 만들 수 없다. 국회의원들이 지역구민이나 이익집단의 요구에 따라 선심성 예산을 함부로 배정하는 것을 막기 위한 장치라고 한다. 취지는 좋지만 이 조항 때문에 국회의원은 예산안 심의와 의결에서 들러리에 불과하다. 그러나 너무 찜찜하다. 행정부의 독점이 말이다.

　다른 나라의 경우 어떨까? 예산안 편성에서 국회의 역할은 두 가지 유형이 있다. 첫째, 예산안 심의에서 의회가 지배적 영향력을 행사하는 형태이다. 미국과 이탈리아 등이 이에 속한다. 의회는 행정부의 예산안을 거부할 수도 있고, 의회가 예산을 편성할 권한까지 가지고 있다. 둘째, 의회가 행정부가 제안한 예산안을 거부하거나 부분적으로 삭감할 수 있는 권한만을 가지는 유형이다. 영국과 영연방국가, 개발도상국가 등에 해당한다.[85]

　다음으로 예산안 심의 기간과 과정을 살펴보자.

헌법 1호	제41조 국회는 예산안을 심의결정한다.
	제91조 정부는 국가의 총수입과 총지출을 회계연도마다 예산으로 편성하여 매년 국회의 정기회개회초에 국회에 제출하여 그 의결을 얻어야 한다. 특별히 계속지출의 필요가 있을 때에는 연한을 정하여 계속비로서 국회의 의결을 얻어야 한다. (국회는 정부의 동의없이는 정부가 제출한 지출결산 각항의 금액을 증가하거나 또는 신비목을 설치할 수 없다.)
	제94조 국회는 회계연도가 개시되기까지에 예산을 의결하여야 한다. 부득이한 사유로 인하여 예산이 의결되지 못한 때에는 국회는 1개월 이내에 가예산을 의결하고 그 기간 내에 예산을 의결하여야 한다.

---

85) 오연천, 「국회와 정부 간 재정 권한 배분의 합리적 조정 방안」, 『제헌60주년기념학술대회 자료집』, 대한민국국회, 2008; 조유진, 『헌법 사용 설명서』, 274쪽.

	제41조 국회는 예산안을 심의결정한다.
헌법 2호	제91조 정부는 국가의 총수입과 총지출을 회계연도마다 예산으로 편성하여 매년 국회의 정기회개회초에 국회에 제출하여 그 의결을 얻어야 한다. 특별히 계속지출의 필요가 있을 때에는 연한을 정하여 계속비로서 국회의 의결을 얻어야 한다. (국회는 정부의 동의없이는 정부가 제출한 지출결산 각항의 금액을 증가하거나 또는 신비목을 설치할 수 없다.)
	제94조 국회는 회계연도가 개시되기까지에 예산을 의결하여야 한다. 부득이한 사유로 인하여 예산이 의결되지 못한 때에는 국회는 1개월 이내에 가예산을 의결하고 그 기간 내에 예산을 의결하여야 한다.
	제41조 국회는 예산안을 심의결정한다.
헌법 3호	제91조 정부는 국가의 총수입과 총지출을 회계연도마다 예산으로 편성하여 매년 국회의 정기회개회초에 국회에 제출하여 그 의결을 얻어야 한다. 특별히 계속지출의 필요가 있을 때에는 연한을 정하여 계속비로서 국회의 의결을 얻어야 한다. (국회는 정부의 동의없이는 정부가 제출한 지출결산 각항의 금액을 증가하거나 또는 신비목을 설치할 수 없다.)
	제94조 국회는 회계연도가 개시되기까지에 예산을 의결하여야 한다. 부득이한 사유로 인하여 예산이 의결되지 못한 때에는 국회는 1개월 이내에 가예산을 의결하고 그 기간 내에 예산을 의결하여야 한다.
	제41조 국회는 예산안을 심의결정한다.
헌법 4호	제91조 정부는 국가의 총수입과 총지출을 회계연도마다 예산으로 편성하여 매년 국회의 정기회개회초에 국회에 제출하여 그 의결을 얻어야 한다. 특별히 계속지출의 필요가 있을 때에는 연한을 정하여 계속비로서 국회의 의결을 얻어야 한다. (국회는 정부의 동의 없이는 정부가 제출한 지출결산 각항의 금액을 증가하거나 또는 신비목을 설치할 수 없다.)
	제94조 국회는 회계연도가 개시되기까지에 예산을 의결하여야 한다. 국회가 전항의 기간내에 예산을 의결하지 아니한 때에는 정부는 국회에서 예산이 의결될 때까지 다음 각호의 경비를 전년도 예산에 준하여 세입의 범위내에서 지출할 수 있다.

1. 공무원의 봉급과 사무처리에 필요한 기본적 경비
2. 법률에 의하여 설치된 기관과 시설의 유지비와 법률상 지출의 의무있는 경비
3. 전년도 예산에서 승인된 계속사업비
전항의 경우에 민의원의원총선거가 실시된 때에는 정부는 다시 예산안을 제출하여야 하며 국회는 민의원이 최초로 집회한 날로부터 2월이내에 예산을 심의결정하여야 한다. 이 경우에 제39조 제2항단서의 기간은 10일로 한다. [전문개정 1960.6.15.]

제41조 국회는 예산안을 심의결정한다.

제91조 정부는 국가의 총수입과 총지출을 회계연도마다 예산으로 편성하여 매년 국회의 정기회개회초에 국회에 제출하여 그 의결을 얻어야 한다.
특별히 계속지출의 필요가 있을 때에는 연한을 정하여 계속비로서 국회의 의결을 얻어야 한다.
(국회는 정부의 동의없이는 정부가 제출한 지출결산 각항의 금액을 증가하거나 또는 신비목을 설치할 수 없다.)

헌법 5호

제94조 국회는 회계연도가 개시되기까지에 예산을 의결하여야 한다.
국회가 전항의 기간내에 예산을 의결하지 아니한 때에는 정부는 국회에서 예산이 의결될 때까지 다음 각호의 경비를 전년도 예산에 준하여 세입의 범위내에서 지출할 수 있다.
1. 공무원의 봉급과 사무처리에 필요한 기본적 경비
2. 법률에 의하여 설치된 기관과 시설의 유지비와 법률상 지출의 의무있는 경비
3. 전년도 예산에서 승인된 계속사업비
전항의 경우에 민의원의원총선거가 실시된 때에는 정부는 다시 예산안을 제출하여야 하며 국회는 민의원이 최초로 집회한 날로부터 2월이내에 예산을 심의결정하여야 한다. 이 경우에 제39조 제2항단서의 기간은 10일로 한다. [전문개정 1960.6.15.]

헌법 6호

제50조 ① 국회는 국가의 예산안을 심의·확정한다.
② 정부는 회계연도마다 예산안을 편성하여 회계연도 개시 120일전까지 국회에 제출하고, 국회는 회계연도 개시 30일전까지 이를 의결하여야 한다.
③ 전항의 기간안에 예산안이 의결되지 못한 때에는 정부는 국회에서 예산안이 의결될 때까지 다음 각호의 경비를 세입의 범위 안에서 전연도 예산에 준하여 지출할 수 있다.

	1. 공무원의 보수와 사무처리에 필요한 기본경비 2. 헌법이나 법률에 의하여 설치된 기관 또는 시설의 유지비와 법률상 지출의 의무가 있는 경비 3. 이미 예산상 승인된 계속비
헌법 7호	제50조 ① 국회는 국가의 예산안을 심의·확정한다. ② 정부는 회계연도마다 예산안을 편성하여 회계연도 개시 120일전까지 국회에 제출하고, 국회는 회계연도 개시 30일전까지 이를 의결하여야 한다. ③ 전항의 기간안에 예산안이 의결되지 못한 때에는 정부는 국회에서 예산안이 의결될 때까지 다음 각호의 경비를 세입의 범위 안에서 전연도 예산에 준하여 지출할 수 있다. 1. 공무원의 보수와 사무처리에 필요한 기본경비 2. 헌법이나 법률에 의하여 설치된 기관 또는 시설의 유지비와 법률상 지출의 의무가 있는 경비 3. 이미 예산상 승인된 계속비
헌법 8호	제89조 ① 국회는 국가의 예산안을 심의·확정한다. ② 정부는 회계연도마다 예산안을 편성하여 회계연도 개시 90일전까지 국회에 제출하고, 국회는 회계연도 개시 30일전까지 이를 의결하여야 한다. ③ 제2항의 기간안에 예산안이 의결되지 못한 때에는 정부는 국회에서 예산안이 의결될 때까지 다음 각호의 경비를 세입의 범위 안에서 전연도 예산에 준하여 지출할 수 있다. 1. 공무원의 보수와 사무처리에 필요한 기본경비 2. 헌법이나 법률에 의하여 설치된 기관 또는 시설의 유지비와 법률상 지출의 의무가 있는 경비 3. 이미 예산상 승인된 계속비
헌법 9호	제90조 ① 국회는 국가의 예산안을 심의·확정한다. ② 정부는 회계연도마다 예산안을 편성하여 회계연도 개시 90일전까지 국회에 제출하고, 국회는 회계연도 개시 30일전까지 이를 의결하여야 한다. ③ 새로운 회계연도가 개시될 때까지 예산안이 의결되지 못한 때에는 정부는 국회에서 예산안이 의결될 때까지 다음의 목적을 위한 경비는 전연도 예산에 준하여 집행할 수 있다. 1. 헌법이나 법률에 의하여 설치된 기관 또는 시설의 유지·운영 2. 법률상 지출의무의 이행 3. 이미 예산으로 승인된 사업의 계속

헌법은 밥이다 2

	제54조 ① 국회는 국가의 예산안을 심의·확정한다.
헌법 10호	② 정부는 회계연도마다 예산안을 편성하여 회계연도 개시 90일전까지 국회에 제출하고, 국회는 회계연도 개시 30일전까지 이를 의결하여야 한다. ③ 새로운 회계연도가 개시될 때까지 예산안이 의결되지 못한 때에는 정부는 국회에서 예산안이 의결될 때까지 다음의 목적을 위한 경비는 전년도 예산에 준하여 집행할 수 있다. 1. 헌법이나 법률에 의하여 설치된 기관 또는 시설의 유지·운영 2. 법률상 지출의무의 이행 3. 이미 예산으로 승인된 사업의 계속

헌법 제1~5호의 규정에 따르면 정부가 정기회 개회 초까지 예산안을 제출하면(제91조) 국회는 회계연도 전까지 예산안을 의결해야 했다(제94조). 헌법 1~2호에서 정기회는 12월 20일에 시작하도록 규정하였다. 이후 3~5호에서 헌법에 정기회 시작 날짜를 못 박지 않았다. 1948년부터 1953년까지 회계연도는 4월 1일에 시작하였고, 미국 원조의 의존이 심해지면서 1953년부터 미국의 회계연도처럼 10월 1일에 시작하였다. 일단 1948~1953년까지를 기준으로 하면, 헌법의 규정상 국회는 최고 100여 일 가량(단순 계산으로 102일이지만, 12월 20일이 일요일이면 다음 날에 개회하고, 윤달이 있으면 하루 더 추가되므로 기간은 해마다 101~103일 사이에서 바뀐다) 예산을 심의하여 3월 31일까지 예산안을 의결하면 되었다. 박정희 정권이 만든 1962년 헌법(헌법 제6호)에서 예산안은 회계연도 개시 120일 전까지 국회에 제출하고, 국회는 회계연도 개시 30일 전(12월 2일)까지 예산안을 의결하도록 바뀌었다. 이때는 회계연도의 시작이 1월 1일

로 바뀌었으므로, 9월 초까지 예산안을 국회에 제출하면 국회는 90일 동안 심의한 후 12월 초까지 예산안을 심의해야 했다. 이는 이전보다 10여 일 줄어든 것이다. 이후 1972년 유신헌법(헌법 제8호)에서 정부가 국회에 예산안을 제출하는 기간이 회계연도 개시 120일 전에서 90일 전으로 줄었다. 즉 예산안을 심의할 시간이 90일에서 60일로 줄어든 것이다. 국회의 정기회에서는 예산 심의뿐만 아니라 법안심의와 대정부 질문도 했으므로 실질적으로 예산을 검토하고 의결하는 시간은 더욱 적었다. 게다가 1988년 국정감사가 부활한 후 국회의원들은 해당 상임위에 속한 정부부처의 국정감사에 임해야 하니 예산을 제대로 검토할 물리적 시간은 매우 적다. 게다가 2014년에 처음 적용된 개정 국회법, 일명 국회선진화법에 따라 회계연도 개시 30일 전까지 여야가 예산안을 확정하지 못할 경우, 정부의 예산안이 자동으로 통과되도록 규정되었다. 국회는 무조건 12월 2일까지 예산안을 통과시켜야 했다. 이는 예산안 통과를 무기로 야당이 12월 31일까지 버티던 관행을 막기 위해서라지만, 국회에서 정부의 예산안을 심사하기에 턱없이 부족한 시간이다. 멍청한 국회의원들은 스스로에게 족쇄를 채웠다. 자살골도 이런 자살골이 없다. 국회의원들에게 불리한 이 조항을 왜 만들었는지 모르겠다. 당시 한나라당(새누리당을 거쳐 현재 친박당(자유당)과 비박당(바른정당)으로 분열) 국회의원들은 국회의 이익보다 대통령과 행정부의 이익을 위해 국회의원들을 손발을 묶는 법안을 통과시키는 자살 같은 행위를 택했다. 물론 방조한 당시 야당

민주당 의원들도 공범이다.

참고로 미국의 경우 연방정부가 예산안을 만드는 데 10개월, 그리고 예산안을 의회에서 심의하는 데 8개월(2월 초부터 9월 말까지. 미국의 회계연도는 10월 1일에 시작함)이 소요되며, 8개월로도 시간이 부족해서 심의 일정을 연장하는 경우가 많다.[86] 고작 실질적으로 60일도 안 되는 기간에 400조 원이 넘는 예산안을 검토하고 확정하는 것은 물리적으로 불가능하다. 이렇게 헌법과 법률로 정한 것은 행정부가 예산을 제멋대로 하겠다는 의도다.

이러한 사정을 아는 국회의원들은 국민의 혈세가 새는 것을 막는 게 아니라 예산 심의 과정에서 자기 잇속을 챙기는데 바쁘다. 국회의 위원회는 상임위원회와 특별위원회로 나뉘는데, 후자에 속하는 예산결산특별위원회가 있다. 이 위원회는 다시 예산안등조정소위원회, 추가경정예산안및조정소위원회, 결산심사소위원회가 있다. 이 가운데 정기국회의 예산을 다루는 예산안등조정소위원회가 가장 인기가 있다.

언론과 시민단체, 학계는 국회의원의 출석률, 법률안 제출 개수 등 의정활동으로 국회의원을 평가한다. 그러나 지역구 주민들은 자기 지역구에 필요한 예산을 얼마나 따오고 필요한 시설과 기관을 얼마나 유치했느냐로 국회의원을 평가한다고 한다. 이를 잘 아는 국회의원들

---

86) 조유진, 『헌법 사용 설명서』, 272쪽.

은 법률안 입안과 국정감사 등의 의정활동을 소홀히 하면서도 자기 지역구에 많은 예산이 배정되도록 로비하느라 바쁘다. 이때만 열심히 잘하면 다음 4년도 따놓은 당상이다. 예전에는 종이에 자기 지역구에 배정받기 원하는 예산 항목과 액수를 써서 예산안등조정소위원회에 참여하는 동료 의원들에게 전달하여 요구 사항을 관철했다. 이를 쪽지예산이라고 한다. 최근에는 쪽지예산이 없어졌다. 그렇다고 해서 예산 청탁이 없어진 것도 아니다. IT 기술의 발달에 따라 종이에 써서 청탁하는 대신 카톡으로 요구 사항을 전달한다. 그래서 카톡예산이라고 한다. 예산안등조정소위원회 소속 국회의원들이 자신과 동료의원들을 사적 이익을 위해 예산 액수를 바꾸는 것도 문제지만, 논의 과정을 비공개로 하는 것이 더 큰 문제다. 당연히 뭔가 찔리는 것이 있기 때문이다. 이 위원회의 국회의원들은 가끔 비공개로 예산안을 심사한다고 여론의 집중포화를 맞기도 하지만, 꿋꿋하게 비공개회의를 유지한다. 헌법 또는 법률로 예산 심의 전 과정을 기록(국회 속기록)에 남기도록 규정해야 한다.

정식 국가 예산뿐만 아니라 임시로 예산을 편성할 수도 있다. 이를 추가경정예산안이라고 하며 줄여서 추경예산안이라고 한다(제56조). 박정희 정권이 1962년 헌법 제6호를 제정할 때 끼워놓은 조항이다. 헌법에 추가경정예산안 조항이 없었을 때도 추가경정예산안은 편성되었다. 국가재정법 제89조 1항에 따르면 전쟁이나 대규모 자연재해, 경기 침체, 대량 실업, 남북 관계의 변화, 경제협력, 법령에 따라 국가

가 지급해야 하는 지출이 발생하거나 증가하는 경우에 추가경정예산
안을 편성할 수 있다. 추가경정예산안은 특별한 경우에만 편성해야
하지만, 사실상 매년 편성하여 상반기 임시국회에서 통과시킨다. 이
승만 정권과 박정희 정권 때 1년에 2~3회의 추가경정예산안을 통과
시키곤 했다. 최근에는 1년에 한 번이다. 정부는 정기국회에서 통과
시켜야 하는 예산안이 많아지면 국민과 국회의 비난을 받으므로, 이
비난을 희석시키고자 추경예산을 이용하는 것 같다. 2017년 이후 대
통령이 5월 10일에 취임하므로, 새 대통령이 공약대로 국정을 수행할
수 있도록 추경예산이 필요할 것이다. 그러나 그 외에는 국가재정법
이 규정하는 특별한 사항이 아니면 추가경정예산안 편성을 자제해야
하지 않을까?

예산결산특별위원회에서 가장 인기가 없는 소위원회는 결산심사
소위원회다. 이미 행정부가 지출한 예산을 사후 검증하기 때문에 권
력을 행사하지 못한다. 게다가 심사 기간도 짧다 보니 국회의원들이
싫어하는 소위다. 결산심사소위원회에 참여했던 국회의원들은 400
조 원이 넘는 예산을 적은 인력으로 이미 쓴 예산의 결산을 감시하는
것은 물리적으로 어렵다고 하소연한다. 실제로 2017년 현재 예산안
등조정소위원회에 15인의 국회의원이 참여하는 데 비해 결산심사소
위원회에는 7인의 국회의원밖에 없다. 이러니 결산 심사가 제대로 될
리가 없다. 국회의 주요 역할은 법안을 만들고 통과시키는 것뿐만 아
니라 행정부의 감시다. 특히 국민의 혈세가 어떻게 쓰이는지 감시하

는 역할이 중요하다. 그러나 국회의원들도 국민의 세금을 자신의 재선을 위해 지역구 예산에 배정하는 데에만 관심이 많고 예산이 잘 쓰이는지 감시하는 데 무관심하다. 사적 욕망으로 충만한 국회의원들과 달리 납세자이자 시민들은 예산이 어떻게 편성되고 어떻게 사용되느냐에 더 관심이 있다.

정창수 나라살림연구소장은 박근혜 정권 국정농단의 주범 최순실이 이 나라의 예산안에 자신 개인의 사업에 얼마나 많은 예산을 배정했는지 밝혔다. 최순실이 대필한 대통령의 연설에 따라 각 부처가 연설에서 언급한 사업에 예산을 배정한다는 사실을 발견했다. 박근혜 정권에서 스포츠토토부터 시작하여 다양한 정부 예산에 최순실의 입김이 서려 있다고 한다.[87] 기재부는 2016년 11월 9일 '최순실 예산'이 3,500억으로 추정된다고 밝혔다. 실제 액수는 이보다 많다고 한다. 박영수특검팀이 박근혜 정부의 예산 데이터베이스(DB)를 확보해 '최순실 의혹 예산' 규모와 용처, 지원 배경 등을 살펴보았다. 문화창조융합벨트, 동계스포츠 영재 지원 등 최 씨와 차은택 전 창조경제추진단장이 기획·개입한 사업들과 미르·K스포츠 재단이 기획 단계부터 참여한 사업 등의 예산이 '최순실 예산'으로 파악된다. 박근혜 정권은 이들 사업에 2015~2017년 3년간 총 1조 4,000억 원 상당의 지원 계

---

87) 정창수·이승주·이상민·이왕재, 『최순실과 예산 도둑들』, 답, 2016.

획을 세웠다고 한다.[88]

정창수 소장은 국민의 세금을 축내는 정치집단·관료·재벌의 삼각동맹이 한국 예산을 축내는 모습을 다음과 같이 서술하였다.

"정·관·재 삼각동맹은 우리 사회 기득권 구조의 핵심이다. 이들은 국가권력의 법적·제도적 수혜를 독점하고 이를 지키기 위해 강력한 정치세력을 형성해왔다. 이러한 모습은 예산구조에도 고스란히 나타난다. 우리나라 예산구조는 다음과 같은 특징을 보인다.

첫째, 정치집단 중심이다. 정치는 예산구조의 문제를 오히려 악화시켰다. 이번 예산서의 특징 중 하나는 예산설명서에 VIP(대통령을 지칭)라는 항목이 546개나 발견되었다는 점이다. 이는 관료들이 대통령의 지시사항을 핑계 삼아 본인들의 사업을 지키거나 더 나아가 만들어냈음을 보여준다.

둘째, 관료 중심이다. 우리 예산의 특징은 신규예산이 매우 적다는 점이다. 2017년 예산 중 액수 기준 신규예산은 1.7%에 불과하다. 매년 비슷하다. 물론 새롭게 시작하고, 이후 갈수록 커질 씨앗 예산이 많기 때문이다. 하지만 아무리 이해한다 하더라도 99%에 달하는 예산액이 기존 사업이라는 것은 문제가 있다. 세계 최고 수준이다. 따라서 한국은 변화를 꺼리는 관료적 질서가 지배하는 보수적 예산구조를 지니고 있다.

셋째, 재벌과 이익집단 중심이다. 개발연대 예산구조의 존속이다. 위의 언급처

---

88) 최지숙·한재희 기자, 「'최순실 예산' 1조 4,000억 비정상 집행 겨눈 특검」, 『서울신문』 2017. 1. 1.

럼 예산구조에 변화가 거의 없다 보니 과거 개발연대의 예산구조가 그대로 이어지는 것이다. 개발연대 예산구조란 개발연대 시절의 지출구조, 즉 경제투자 중심의 예산구조를 말한다. 특히 부동산 관련 개발이 계속 유지됨에 따라 토지 보상금이 더욱 증가하여 2017년에는 19조 원이 지원될 예정이다.

결국 우리 정부의 예산이 새고 있는 것이다. 도둑들이 출몰하는 곳은 훔칠 장소, 즉 예산 기생층(계층)들이 구조적으로 만들어놓은 곳들이다. 공공기관 323곳에 더하여 공직 유관단체·협회 905곳, 민간협회 113곳 등 1,300여 개가 넘는 공공부분의 조직이 예산으로 먹고사는 기생계층을 형성하고 있다. 물론 이 중에는 꼭 필요한 곳도 있고 의미 있는 일도 있다. 하지만 이에 대한 평가나 개혁은 거의 이루어지지 않았다."[89]

정 소장이 제기한 것처럼 공공기관이나 민간협회뿐만 아니라 사기업인 재벌과 대기업도 예산을 마구 좀먹고 있다. 국방부도 무기업체, 군납업자들과 유착하며 사병들에게 저질의 음식을 먹일 뿐만 아니라 미사일 없는 전투기, 레이더 없는 껍데기뿐인 군함, 총알에 뚫리는 방탄조끼를 보급하였다. 이들뿐만 아니라 전임 대통령과 청와대, 일부 국회의원들도 세금을 낭비하는 공범들이다.

문재인 대통령 취임 이후 특별활동비가 논란의 중심에 섰다. 특수 활동비는 특히 외교와 안보 분야에서 사용처를 밝힐 수 없는 용도로

---

89) 정창수,「대한민국 예산, 부패 삼각동맹의 먹잇감이 되다」,『허핑턴포스트』 2017. 1. 12.

사용하는 일종의 비상금이다. 2017년 5월 15일 한겨레신문의 단독보도에 따르면, 국정농단 사건 수사 책임자인 이영렬 서울중앙지검장과 '조사 대상'이었던 안태근 법무부 검찰국장이 수사 종결 직후인 2017년 4월 21일 휘하 간부들을 거느리고 서울 서초동 예술의전당 인근 ㅂ음식점에서 부적절한 만찬을 했다. 이 자리에서 안태근 국장은 동석한 수사팀 간부 6명에게 70만~100만 원씩, 이영렬 지검장은 검찰국 1, 2과장에게 100만 원씩을 격려금으로 줬다고 한다.[90] 돈을 준 두 검찰간부는 '우병우 사태'를 부실 수사했다는 비난을 받았기에 파문은 더욱 커졌다. 안 검찰국장은 특수활동비를 금일봉으로 주었다고 해명해서 논란이 증폭되었다. 이에 문 대통령은 5월 17일 서울중앙지검장과 검찰국장을 경질하고 법무부와 검찰에 감찰을 지시하였다.

또 문재인 대통령은 자신과 아무 관계가 없는 기재부 관료를 총무비서관에 임명한 데 이어 5월 25일 공식행사가 아닌 식비와 치약·칫솔 등 비품을 특수활동비가 아닌 대통령 월급에서 공제하겠다고 밝혔다. 그리고 특수활동비를 절약해 청년 일자리 창출에 사용하겠다고 선언하였다. 이후 이명박 정권과 박근혜 정권의 권력기관 특수활동비가 언론의 도마 위에 올랐다. 한국납세자연맹에 따르면, 10년간 이명박-박근혜 정권의 정부 특수활동비는 8조 5,000억 원에 달했다.

---

90) 강희철·서영지 기자, 「국정농단 수사팀-조사대상 검찰국장… '부적절한' 만찬」, 『한겨레신문』 2017. 5. 15.

특히 국정원에서 4조 7,000억, 국방부 1조 6,000억, 경찰청 1조 2,000억, 법무부 2,600억, 청와대 2,500억 원가량 사용됐다. 검찰 조사에 따르면 이명박 부부는 국정원의 특수활동비를 사적인 용도로 사용했다고 한다. 이명박은 2018년 3월 검찰 조사에서 10만 달러만 사적 유용을 인정했다. 원세훈 전 국정원장은 연구원 자리를 따내기 위해 국민의 세금인 특수활동비의 상당액을 빼돌려 미국 스탠퍼드대학교에 기부했다. 국민의 세금을 사적으로 유용한 파렴치한 범죄다. 무엇보다 2016년 12월 9일 국회의 탄핵 가결로 대통령의 직무정지 이후 올해 청와대에 배정된 35억이 지출되었다. 대통령이 직무정지로 쓸 수 없는 상황에서 누군가가 특수활동비를 썼다는 뜻이다. 이 보도 이후 특수활동비 명목으로 각종 기관과 간부들은 사적인 용도로 쓰고 있다는 비판이 거세졌다. 행정부뿐만 아니라 홍준표 전 의원은 상임위원장의 특수활동비를 아내에게 생활비로 쓰라고 주었고, 신계륜 의원은 아들 유학비로 썼다. 이처럼 개인의 쌈짓돈으로 사용되는 특수활동비를 줄이라는 목소리가 거세졌다.

이들이 축내는 예산을 교육과 복지에 쓰면 초·중·고 무상교육이 가능할 뿐만 아니라 국공립 대학교도 무상 등록금이 가능할 것이다. 이재명 성남시장은 마구 지출되는 예산을 아껴서 복지에 사용될 수 있음을 입증한 선출직 공무원이다. 성남에 분당과 판교 등 세수가 많이 거치는 지역이 있었기 때문에 여러 복지 정책이 성공할 수 있었다고 비판하는 사람들도 많지만, 이재명 시장은 박근혜 정권의 탄압과 견제에도 불구하고 허리띠를 졸라매고 절약한 예산으로 청년기본소득, 초·중·고 무상급식과 무상교복 등을 실시하였다. 박원순 서울시장도 지출을 줄여 한나라당 출신 시장이 늘려놓은 부채를 대폭 줄였다. 이처럼 '선정을 베푸는' 지방자치단체장이나 장관들이 등장하면 좋겠지만, 로또 당첨확률처럼 희박하기는 마찬가지다. 국민의 대표라는 국회가 국민의 혈세가 새어 나가는 현상에 무관심한 상황에서 이를 감시할 사람은 납세자인 우리들 자신이다.

나라살림연구소, 환경운동연합, 복지국가소사이어티 등 시민단체가 예산과 결산을 감시하고 있지만 이것만으로 부족하다. 국회에 회계감사원을 설치하여 행정부의 예산 사용을 조사해야 하지만 그것만으로 부족하다. 국민이 국회의 예산 심사와 행정부의 예산 집행을 감시하는 기구를 만들고 일반인들도 적극적으로 참여하는 것도 한 방법이다. 일부 학자들이 대의기구 국회와 대통령만 선출직인 행정부를 감시하기 위해 시민의회를 만들어야 한다고 주장한다. 직접민주주의를 실현하기 위해서라고 한다. 이에 대해 찬반양론이 있겠지만, 납세자들이 혈세가 잘 쓰이고 있는지 감시할 기구가 독립된 기구를 만들 필요가 있다고 생각한다.

[요약] 경제 관련 헌법 조항 변천

현행 헌법 조항		최초 제정 차수	개정 차수	개정 내용, 특징
119조	개인의 경제적 자유와 국가의 경제 개입	제헌	헌법 6호	1항에 개인의 경제적 자유와 창의 존중 조항 분리하여 추가. 2항에서 1-헌법 제4호에 있던 국가의 경제 개입 조항을 축소; "필요한 범위 안에서 경제에 관한 규제와 조정을 한다"
			헌법 9호	독과점 폐단 규제 조정 조항(3항) 신설
			헌법 10호	9차의 독과점 규제·조정 조항(120조 3항) 삭제
120조 1항	국가자원의 이용	제헌		제헌헌법에서 지하자원·수산자원 등 자연력의 국유 명시
			헌법 3호	제헌헌법에서 지하자원·수산자원 등 자연력의 국유 조항 삭제, 허가로 이용 가능 명시
120조 2항	국토개발의 수립	8차	×	국토와 자원의 국가 보호, 개발·이용 계획 수립 명시(117조 2항)
121조	농지의 소유 (소작제도)	제헌		농지 분배
			헌법 6호	농지분배 조항 삭제. 대신 소작제도 금지 명시
			헌법 9호	임대차·위탁경영 인정 조항 삽입(122조). 소작제도 금지와 무력화 조항을 병기
			헌법 10호	임대차·위탁경영 인정 조항을 121조 2항으로 분리. 1항에 경자유전의 원칙 지키는 국가의 노력 규정
(농지의 국영, 사영기업의 국영 조항)		제헌	헌법 6호	폐지
(공공성 기업의 국영·공영)		제헌	헌법 3호	폐지

125조	대외무역	제헌		대외무역의 국가 통제
			헌법 3호	대외무역의 국가 통제는 "법률에 따라"한다고 한정
			헌법 6호	대외무역의 육성, 규제·조정으로 바뀜
126조	사영기업의 국유·공유	제헌		법률에 따라 사영기업의 국유·공유 이전, 통제·관리
			헌법 3호	사영기업의 국유·공유 이전 및 통제·관리 금지
122조	국토 이용과 토지 소유권 제한	6차	헌법 9호	농지·산지의 이용·개발을 법률로 한정
			헌법 10호	"농지 산지 기타 국토"를 "국토"로 바꿈
123조	농업·어업· 중소기업 보호	6차	헌법 8호	협동조합의 중립성 조항 삭제. 1항에 농어촌 개발 계획 수립과 지역사회의 균형 있는 발전 조항 추가.
			헌법 9호	2항 중소기업 보호·육성 조항 추가. 3항 협동조합의 정치적 중립성 조항 재삽입
			헌법 10호	지역 간의 균형발전을 위한 지역경제 육성의 무를 2항에 분리·강화. 4항에 농수산물의 수급·균형과 유통구조 개선, 가격안정 도모 신설(2·4항 신설했지만 지키지 못함). 5항 자조 조직 육성, 정치적 중립 삭제
124조	소비자 보호	9차	×	
127조	과학기술 진흥	6차	헌법 8호	경제·과학 심의회의 주재자, 조직, 직무범위를 다룬 2~3항 삭제, 자문기구를 둘 수 있다고 바꿈.
			헌법 9호	국가표준제도 확립(2항) 추가

Part 3

우리가 만든
헌법,
그들이
지키지 않는
헌법

대통령부터
지키지 않는
헌법

　　　　　　이승만은 헌법 제54조에 따라 아래와 같이 선
서하고 대통령에 취임하였다.

"나는 국헌을 준수하며 국민의 복리를 증진하며 국가를 보위하여 대통령의 직
무를 성실히 수행할 것을 국민에게 엄숙히 선서한다."

'국헌'은 '헌법'이라는 뜻이다. 대통령으로 취임할 때 헌법을 지키
고, 국민을 잘 살게 하고, 국가 안보를 잘 지키겠다는 것이 선서의 내
용이다. 이승만이 이 선서를 잘 지켰을까? 그는 6·25가 터지자마자
기차 타고 대구까지 도망갔다가 너무 남쪽으로 내려왔다는 측근들의
말을 듣고 대전으로 올라갔다. 그리고 국군이 북괴군을 격퇴하고 있
으니 안심하라는 라디오방송을 내보낸 후 서울시민들이 한강을 건
너지 못하도록 한강 다리를 폭파하라는 명령을 내렸다. 그후 바로 부

산으로 도망갔다. 서울을 수복한 후 서울에 남아 있던 사람들을 북한에 부역했다고 고문하고 탄압하였으며, 연좌제로 후손들까지 괴롭혔다. 다리를 끊어서 피난 가지 못하게 한 사람이 누군데? 말로만 북진통일을 외쳤지만 정작 북한군이 쳐들어오자 재빨리 남쪽으로 도망친 대통령. 선서문에 있는 "국가를 보위하여"라는 구절을 얼마나 지켰는지 의문이다.

헌법학자들에 따르면, 이승만은 "국헌을 준수하며"라는 구절도 제대로 지키지 않았다고 한다. 앞에서 언급한 것처럼 '국헌'은 '헌법'이란 뜻이다. 1952년 최초의 개헌, 즉 발췌개헌을 추진하면서 헌법을 어겼다. 첫째, 헌법상 명시되어 있는 헌법 개정 절차를 무시했다. 이승만 정권은 무리하게 개헌을 추진하면서 헌법 개정안의 공고절차를 생략하였다. 이는 절차를 위반한 개헌이라고 한다. 둘째, 국회의원의 자유토론과 표결의 원칙을 위반했다. 경찰과 친이승만파 군중을 동원하여 통과만을 협박했으니 자유로운 토론과 비공개 표결은 처음부터 불가능하였다. 셋째, 1차 개헌으로 국회는 민의원과 참의원으로 구성된 양원제를 실시하기로 하였다. 그러나 이승만 정권이 끝날 때까지 헌법에 규정된 양원제는 실현되지 않았다. 즉, 참의원을 두지 않았다. 넷째, 헌법기관인 국무총리를 임명하지 않았다. 1차 개헌으로 탄생한 헌법 제2호에서는 국무총리의 권한을 강화하여 국무위원을 임명할 때 국무총리의 제청권을 신설했다. 이것이 자신의 권한을 제한한다고 생각했는지 그는 국무총리를 임명하지 않았다. 대신 국회의 비준 없이 국무총리 서리를 임명하였다. 일부 학자들은 국무총리 서리가 위헌이라고 주장한다. 다섯째, 소수의 의견이지만 이 개헌은 일사부재의 원칙을 위배했다고 한다. 이 시기 이승만의 패악질과 헌법 유린에 대해 관심 있는 독자는 『두 얼굴의 헌법』(김진배, 폴리티쿠스, 2013)을 읽어보기 바란다.

2차 개헌에서도 그의 헌법 무시는 계속되었다. 2차 개헌은 사사오입 개헌이라고 한다. 사실상 정족수 미달로 국회의 개헌안이 부결되었음에도 '4사5입'이라는 수학 이론(이마저 맞는 것인지 모르겠다)을 끌어들여 헌법이 요구하는 의결정족수 규정을 위반하였다. 헌법 규정을 위반한 개헌이었다. 초대 대통령에 한하여 중임 제한을 철폐한 것은 헌법이 명시한 평등의 원칙을 위반한 개헌이라고 한다.

장면 정권의 4차 개헌도 위헌 논란에 휩싸였다. 4·19 혁명 이후 개헌과 국회의원 선거로 탄생한 장면 정권 시기에 법원은 불법선거를 저지른 이승만 정권의 반민주행위자들이 가벼운 처벌을 받거나 무죄를 선고받았다. 이에 학생들과 군중들의 항의가 거세지자 반민주행위자를 처벌하기 위해 4차 개헌안을 통과시켰다. 재판의 기본인 일사부재리의 원칙을 어기고 다시 재판해야 했기 때문이다. 일사부재리는 이미 재판 결과(최종심)가 난 사건을 다시 재판할 수 없도록 한 원칙이다. 이 원칙을 따른다면 이미 가벼운 처벌을 받은 반민주행위자들은 법에 따라 다시 재판할 수 없다. 따라서 헌법 부칙에 소급입법을 가능하게 하는 조항을 넣어 부정선거관련자 처벌법, 반민주행위자 공민권 제한법, 부정축재 특별처리법, 특별재판소 및 특별검찰부 조직법 등을 통과시켰다. 법원의 솜방망이 판결을 뒤집고 다시 재판하기 위해서다. 취지가 좋다고 해도 소급입법으로 범죄자를 처벌하고 참정권과 재산권을 제한한다는 점에서 좋지 않은 선례라고 한다.

박정희 정권도 3차례의 개헌 가운데 2차례의 개헌 과정에서 헌법상의 절차를 어겼다. 헌법 개정 절차대로 국회의 의결과 국민투표라는 정상적인 절차를 따른 헌법 개정은 6차 개헌(1969)과 9차 개헌(현행 헌법, 1987)밖에 없다고 한다. 5차 개헌은 국가재건최고회의만을 거친 헌법 개정안을 국회 표결 없이 국민투표에 부쳐 통과시켰다. 7차 개헌에서도 박정희는 비상국무회의에서 개헌안을 통과시킨 후 국회의 표결 없이 국민투표에 부쳐 유신헌법을 통과시켰다. 이 헌법에는 국민의 기본권을 유린하는 독소조항이 많았다.

전두환은 1979년 12·12 사태를 일으켜 상관인 정승화 육군참모총장과 정병주 특전사령관, 장태완 수도경비사령관 등을 체포하고 권력을 잡았다. 쿠데타에 성공한 신군부세력은 1980년 5월 17일 비상계엄을 전국으로 확대하고 5월 18일 광주민주화운동을 잔인하게 진압한 뒤 6월에 국가보위비상대책위원회를 설치하였다. 그리고 8월 27일 통일주체국민회의의 형식적인 체육관 선거를 통해 9월 1일 대통령에 취임하였다. 1980년 3월 14일 발족된 헌법 개정심의위원회는 개헌안을 마련하였고, 9월 29일 국무회의의 의결을 거쳐 공고되었고 10월 22일 국민투표를 통과한 후 공포되어 실행되었다. 학자들의 견해에 따르면, 8차 개헌 역시 국회, 혹은 통일주체국민회의를 거치지 않고 통과되어 절차상 문제가 있다고 한다. 그러나 헌법 제8호(유신헌법) 조항에서는 대통령의 헌법 개정안은 국민투표를 거쳐 확정하도록 하였으므로 적법하다고 해석할 수도 있다. 전두환 정권은 헌법 제9호에 유신정권이 개악한 기본권 조항을 바꾸고 몇 가지 사회권 조항을 새로 만들었으며, 경제조항을 손질하였다. 그러나 헌법에서 신경 쓴 기본권 조항들을 실제로 실천했을까? 연좌제 금지 조항을 신설했지만, 전두환 정권 때 연좌제는 계속되었다. 부천 경찰서 성고문사건(1986), 박종철 고문치사사건(1987) 등 인권을 유린하고 신체의 자유 등 국민의 기본권을 어기기를 밥 먹듯 했다. 헌법에 기본권을 신장시키는 조치를 했음에도 불구하고 전두환 정권은 국민을 탄압한 포악한 정권으로 인식된다.

노태우는 대통령 선거 때 대통령에 당선된 후 중간평가를 하겠다는 공약을 내세웠다. 당시 사람들은 국민투표로 재신임을 묻는다고 생각했다. 대통령이 신임을 묻기 위해 국민투표를 실시하는 것은 위헌이라고 한다. 대통령의 신임을 묻는 국민투표를 영어로 'plebiscite(플레비시트)'라고 한다. 플레비시트는 현행 헌법의 국민투표 요건에 해당하지 않는다. 따라서 헌법재판소는 대통령의 신임을 국민투표로 묻는 것은 허용되지 않는다고 밝혔다. 국민투표 결과가 법적 구속력을 가지지 않으므로 대통령이 사임하지 않아도 되는 정치적 쇼였다. 노태우 정권이 출범한 해인 1988년 실시된 제13대 국회의원 총선에서 여당 민정당은 과반수 의석 확보에 실패하고, 김대중의 평화민주당이 70석, 김영삼의 통일민주당이 59석, 김종필의 신민주공화당이 35석을 얻어 여소야대 정국이 만들어졌다. 수세에 몰린 노태우는 중간평가 이행 압력을 받았지만, 이 공약을 지키지 않았다. 당시 언론의 '카더라 통신'에 따르면, 노태우 정권이 불법 정치자금 수수와 공안정국을 이용해 제1야당 신민당의 김대중 총재를 협박하여 중간평가 철회를 묵인하도록 했다고 한다. 또 노태우는 국무총리의 제청을 받아 장관을 임명하는 헌법 절차를 자주 어겼다.

이승만에 이어 두 번째 기독교 장로 출신 대통령이었던 김영삼은 대통령과 장로의 직책을 혼동하는 짓을 저질렀다. 김영삼 대통령은 기독교 목사들의 민원을 받아들여 2년제나 정식 4년제 대학으로 인정받지 못하던 신학대학을 정규 대학교로 승격시켰다. 그렇지 않아도 사립대학이 많던 이 나라는 기독교의 각 교단이 각각 대학교를 가지게 되면서 사립대학교의 수가 더욱 늘어나게 되었다. 이 기독교계 사립대는 기독교 신자만을 교수로 채용하여 헌법 제20조가 보장한 종교의 자유를 어기고 있다.

노무현 전 대통령의 이라크 파병도 위헌 시비에 시달렸다. 부시 미국 대통령이 이라크를 침공했을 때 노무현 전 대통령은 자이툰 부대를 파견하였다. 당시 부시는 "이라크에 대량학살 무기가 있을지도 모른다"라는 말을 얼버무리면서도 단호하게 이라크를 침략했다. 네오콘의 침략적인 외교정책을 받아들인 부시는 당선인 시절 클린턴 정권 말기에 북한과 외교관계를 맺기로 한 협정을 파기하겠다고 말했다. 북한과 미국의 정식 외교수립과 평화를 단칼에 날려버린 나쁜 놈이었다. 부시는 콘돌리자 라이스 등 외교 안보 관계자와 전쟁 없는 평화를 주제로 한 찬송가를 부른 후 이라크 침략을 결정했다고 한다. 침략의 명분은 대량학살 무기였는데 실제로 이라크를 정복한 후 뒤져보니 대량 학살무기가 없었다. 만약 있었다고 하면 이란-이라크 전쟁 때 이란군을 학살하라고 미국이 이라크에 준 화학무기였다. 이미오래되어 쓸 수 없는 고물이었다. 사실상 이라크는 대량학살 무기가없었던 셈이다. 미국이 이라크를 침략한 이유가 이라크의 석유 때문이라고 한다. 그런데 음모론자의 말에 따르면, 사담 후세인이 석유 판매 대금으로 달러 대신 유로를 지급하겠다고 선언하자 달러 패권이무너질 것을 우려한 미국이 이라크를 침략하여 손본 것이라고 한다.

필자 역시 이 파병은 잘못되었다고 생각했다. 헌법 제5조 1항 "대한민국은 국제평화의 유지에 노력하고 침략적 전쟁을 부인한다"라는조항을 어겼다고 생각했기 때문이다. 필자와 생각이 비슷한 '민주사회를위한변호사모임'의 최병모 회장과 육군에 입대한 아들을 둔 어머니 등 17명이 "정부의 이라크 파병 결정으로 인간의 존엄과 가치·행복추구권을 침해당했다"라며 2003년 4월에 헌법 소원을 제기하였다. 그러나 2003년 12월 18일 헌법재판소는 "청구인들은 파병 결정으로 타인의 생명을 존중하는 데서 자신의 인간다움을 확인하려는 양심과 인간성에 심각한 타격을 받게 되고, 앞으로 한반도에서 긴장이 고조되면 피해자로서 무력충돌에 휘말리게 될 위험성도 배제할 수 없게 돼 평화적 생존권을 침해받는다고 주장하지만 그런 피해는 국민 또는 일류의 일원으로서 입는 간접적인 성격을 지닌 것이거나 하나의 가설일 뿐 현재 또는 직접 침해됐다고 볼 근거도 없다"라는 이유를 제시하며 각하결정을 내렸다(2003헌마255, 256병합). 각하결정은 재판할 요건을 갖추지 않았기 때문에 재판을 하지 않는다는 결정이다. 필자는 헌법재판소 판결을 읽어보았지만 헌법 제5조 1항 위반 여부를 전혀 언급하지 않았다. 현재 법조계에서는 외교 문제에 대한 대통령의 결정은 통치행위라고 하여 헌법과 법률의 위반 사항이 아니라고 본다. 설사 이라크전쟁이 침략적 전쟁이라고 해도 침략적 전쟁에 파병한 행위 자체가 통치행위이므로 헌법 위반으로 판단할 수 없다는 논리다. 통치행위 이론을 전혀 이해할 수 없지만, 아예 위헌 소지를 없애기 위해 제5조 1항에서 "침략적 전쟁을 부인한다"라는 구절을 삭제해야 대통령에게 위헌시비에서 벗어날 면죄부를 줄 수 있다. 미국과 안보협정을 맺고 있는 이상 미국이 원하면 파병해야 하니 침략적 전쟁을 부인한다는 구절을 없애면 헌법상 걸림돌이 사라지기 때문이다.

이명박은 '사자방' 비리(4대강 사업, 자원외교, 방위산업 비리)로 유명하지만 헌법 조항 여러 개를 어겼다. 대표적인 것이 아랍에미리트와의 잘못된 '비공개 군사협약'이다. 2017년 12월 11일 임종석 청와대 비서실장이 아랍에미리트(UAE)를 방문한 사실을 두고 일부 수

구언론과 자유당 의원들은 탈원전정책, 혹은 이명박 전 대통령 사찰 때문에 아랍에미리트와 갈등을 빚었다며 문재인 정부를 비난하였다. 김태영 전 국방부 장관은 『중앙일보』(2018년 1월 9일 자)에서 "2009년 원자력발전소 수주 계약을 맺으면서 유사시 한국군의 개입을 약속하는 비공개 군사협약(협약)을 주도했다"고 인정했다. 심지어 "아랍에미리트가 군사적인 어려움이 있을 때 한국군이 가는(개입하는) 협약을 체결했다"고 말했다. 원전 수주를 위해 아랍에미리트의 전쟁에 자동 개입한다는 조항까지 넣었다는 것이다. 현행 헌법 제60조 1항에는 "국회는 상호원조 또는 안전보장에 관한 조약, 중요한 국제조직에 관한 조약, 우호통상항해조약, 주권의 제약에 관한 조약, 강화조약, 국가나 국민에게 중대한 재정적 부담을 지우는 조약 또는 입법사항에 관한 조약의 체결·비준에 대한 동의권을 가진다"라고 하였다. 이명박 정권은 국회의 동의 혹은 비준 없이 안전보장에 관한 조약을 몰래 맺은 것이다. 중대한 헌법 위반이다. 헌법을 지키지 않다 보니 조약이 아니라 MOU 성격의 군사협약으로 낮추었고 국회와 국민에게 알리지 않았다. 현재 아랍에미리트가 예멘 내전에 개입했는데, 비밀 협약에 따르면 대한민국 국군은 무조건 파병해야 한다. 그런데 이는 "국회는 선전포고, 국군의 외국에의 파견 또는 외국군대의 대한민국 영역 안에서의 주류에 대한 동의권을 가진다"라는 같은 조 2항마저 어길 수 있다. 국방의 의무 때문에 군인이 된 대한민국의 젊은이들을 다른 나라의 전쟁터에 강제로 몰아넣는 꼴이다. 재임 중 이 사실이 알려졌으면 탄핵감이었지만, 임기 후에 알려졌기 때문에 당시 대통령과 국방부 장관은 아무런 책임을 지지 않을 전망이다.

다음으로 총리실의 민간인 사찰이다. 김종익 KB한마음 대표는 이명박 전 대통령을 패러디한 '쥐코' 동영상을 인터넷상에 올렸다. 이 때문에 2008년 국무총리실 산하 공직윤리지원관실(이하 지원관실로 약칭)의 사찰 대상이 되었다. 지원관실은 김 전 대표를 사찰할 목적으로 영장 없이 KB한마음 회사를 수색했다. 또 지원관실은 김 전 대표를 횡령과 명예훼손 혐의로 경찰에 고발했다. 그리고 회삿돈을 빼돌려 정부 비판적인 활동에 사용했을 것이라는 심증을 갖고 경찰에 김 전 대표의 법인카드 사용 내역까지 뒤지게 했다. 경찰 조사 결과 김 전 대표의 횡령 혐의는 나오지 않았다. 다만 이 대통령에 대한 명예훼손 혐의로 사건을 검찰에 송치했고 나중에 기소유예 처분이 내려졌다.[91] 김 전 대표는 2010년 이 같은 불법사찰 사실을 언론에 폭로했다. 이 사건에 대통령의 고향 인맥인 영포회가 관련되었다는 의혹이 제기되었고 권력 최고 실세가 개입했다는 정황이 드러났다. 심지어 'BH(청와대) 지시사항'이라는 문구가 수시로 등장하는 것으로 보아 청와대가 개입했다는 의혹도 제기되었다. 사찰 대상에는 민간인과 야당 정치인은 물론 여당의 중진 의원들까지 포함되어 있었다. 2012년 4·11총선을 앞두고 공직윤리지원관실의 사찰 문건 2,691건이 공

---

91) 구교형 기자, 「총리실 '민간인 불법사찰 사건'이란」, 『경향신문』, 2012. 3. 5.

개되면서 민간인 불법사찰은 큰 파문을 일으켰다. 그러나 검찰은 사찰의 배후를 밝히지 않고, 이인규 전 공직윤리지원관과 진경락 전 기획총괄과장 등 사찰 실무자만 기소하였다. 대통령의 눈치를 보고 정권을 보호하기 위한 전형적인 '꼬리 자르기 수사'였다. 민간인 사찰은 국민의 사생활의 비밀과 자유를 침해하는 헌법 위반행위였다. 국민들이 헌법 위반 사실임을 알았으면 탄핵을 주장했을까? 이명박은 탄핵되지 않았다. 운이 좋았다.

이승만, 김영삼에 이어 세 번째로 대통령이 된 소망교회 장로 이명박은 이미 서울시장 때 "서울시를 하나님께 봉헌한다"라는 말을 해서 구설에 오른 적이 있었다. 그의 입김 때문인지는 모르나 국가의 인터넷 홈페이지에서 제공하는 지도에 조그만 개척교회도 표시되었지만 불교 사찰은 완전히 누락 되었다. 이는 기독교 포교용이라는 비판이 있었지만, 시정되지 않았고 불교계는 침묵하였다. 이 사건을 비롯하여 세 번째 장로 대통령 재직 시기에 기독교 편향 시비는 끊이지 않았다.

2017년 3월 10일 탄핵 된 박근혜도 마찬가지였다. 국민 연예인 김제동은 광화문 촛불집회에 나와 박근혜의 헌법 위반 사항을 나열하였다. 그의 말을 듣고 있다 보니 어긴 헌법 조항이 많기는 했다. 국민이 가장 분노한 것은 국민의 주권을 대신 행사하는 대통령이 공직을 가지지 않은 최순실에게 사실상 권력을 주고 시키는 대로 한 사실이다. 세월호가 침몰할 때 수학여행을 가던 학생들을 포함한 승객들을 구조하지 않고 방치하였다. 최근 검찰 수사에 따르면 503호는 그날 오전 10시까지 자고 있었다고 한다. 국회는 생명권 보호의무와 직책 성실의무 위반을 제기하였다. 그러나 헌법재판소의 박근혜 탄핵판결에서는 "세월호 사고는 참혹하기 그지없으나, 세월호 참사 당일 피청구인이 직책을 성실히 수행하였는지 여부는 탄핵심판절차의 판단대상이 되지 아니한다고 할 것입니다"라고 하여 헌법 위반 여부를 가리지 않았다. 그러나 재판관 김이수, 재판관 이진성의 보충의견을 추가하여 "미래의 대통령들이 국가위기 상황에서 직무를 불성실하게 수행하여도 무방하다는 그릇된 인식이 우리의 유산으로 남겨져 수많은 국민의 생명과 안전이 상실되는 불행한 일이 반복되어서는 안 되겠기에 피청구인의 성실한 직책수행의무 위반을 지적한다는 내용입니다"라고 하여 대통령이 국가의 재앙을 제대로 처리하지 않아도 된다는 면죄부를 주는 것이 아님을 밝혔다. 2018년에 공개되기 시작한 검찰 수사 결과를 보면, 세월호 사고도 헌법 위반과 탄핵 사유가 되었을 것이다.

이밖에 위헌 논란을 불러일으키는 행동도 많이 했다. 예컨대 국회는 2016년 5월 19일 제19대 국회 마지막 본회의에서 상시청문회법으로 불리는 국회법 개정안을 통과시켰다. 박근혜는 국회의원 임기를 이틀 남겨둔 5월 29일 거부권을 행사하였다. 헌법 절차에 따르면, 국회는 대통령의 거부권 행사로 반려된 법안을 다시 표결에 부쳐 2/3의 찬성을 얻으면 법률로 통과시킬 수 있었다. 그런데 나머지 이틀 동안 다시 국회를 열어서 찬반 투표를 할 수 없었다. 열흘 동안 시간을 끌다가 다시 표결할 수 없도록 임기 이틀 전에 거부권을 행사한 행위는 위헌이라는 의견이 많다. 이는 너무 사소하여 탄핵소추 사유에는 포함조차 되지 않았다.

사회적 특수계급을
묵인한
상속과 상속세

정치인들과 사회지도층이라고 부르는 지배층이 지키지 않는 조항이 현행 헌법 제11조 2항이다. 1948년 헌법의 제8조 규정으로 지금까지 글자 하나 바뀌지 않았다.

> "사회적 특수계급의 제도는 인정되지 아니하며, 어떠한 형태로도 이를 창설할
> 수 없다."

어떤 헌법학자들이나 변호사들은 이 조항이 계급이 없는 현대 사회에서 너무나 당연하므로 필요 없다고 주장한다. 대안으로 빈부의 격차에 따른 실질적인 경제적 계급을 없애는 노력을 국가의 의무로 규정해야 한다고 한다. 과연 그럴까? 현재 헬조선에 사회적 특수계급이 없을까? 법률상 사회적 특수계급은 없지만 금수저, 은수저, 흙수저

라는 말이 나올 정도로 계층 이동의 사다리는 이미 치워졌고, "개천에서 용 난다"는 속담은 호랑이 담배 먹던 시절의 일이 되어버렸다. 법률과 관행이란 이름으로 계급을 고착화하는 조치가 알게 모르게 정착되었다.

경제 만능의 자본주의 사회인 한국에서 사회적 특수계급을 막는 대표적인 방법이 상속과 세습을 막는 조세 정책이다. 이를 위해 대부분 자본주의 국가들은 상속세를 높이 부과하여 부의 세습을 막고 있다. 전 세계적으로 한국과 일본이 50%로 가장 높고 미국(45%) 프랑스·영국(40%) 독일(30%) 등의 순서다. 프랑스·영국·독일의 상속세율이 낮다고 딴지 걸지 말자. 이 세 나라는 소득세율이 50% 안팎이다. 모을 돈이 없으니 상속세율이 덜 높은 것이다. 그러나 한국의 상속세는 각종 공제가 많아서 상속액이 10억 원을 넘지 않으면 세금을 거의 내지 않는다. 부동산도 대략 30억 원 이하이면 상속세를 내지 않는다. 이처럼 상속세에 관대한 나라. 헌법에서 규정한 사회적 특수계급의 제도를 인정하는 것은 아닐까?

재벌의 이익을 대변하는 재계는 상속세가 기업활동을 과도하게 규제한다고 강변하며 상속세 폐지를 늘 요구하였다. 이는 재벌 2세와 3세들이 부모들이 일군 재벌 기업을 세금 한 푼 안 내고 상속받겠다는 꼼수이다. 그들이 유능하면 좋으련만, IMF 구제금융사건 때 경영 능력을 검증받지 않은 재벌 2세들이 무리한 문어발식 확장과 은행 대출 때문에 망한 기업들이 많았다. 기업이 망하면 그 피해는 은행들

헌법은 밥이다 2

과 직원들에게 돌아온다. 삼성가의 재벌 3세는 세금 내는 게 싫어서 국민의 노후를 보장해야 하는 국민연금을 축내도록 로비했다. 덕분에 준조세인 국민연금의 수령액은 더 줄어들 위기에 처했다. 한진가의 조현아는 땅콩 회항, 조현민은 물컵을 투척하는 무례를 범했다. 덕분에 대한항공 주식을 산 투자자와 국민연금은 주가 하락으로 손해 볼 처지다. 오너리스크는 해당 기업뿐만 아니라 국민 전체에 악영향을 미치는 세상이 되었다.

상속세를 피하는 방법이 증여세다. 생전에 증여세를 납부하고 현금과 주식, 부동산을 자녀들에게 물려주면 상속세보다 적은 세금을 낼 수 있다. 재테크의 귀재 이재용은 1995년 아버지인 이건희 삼성그룹 회장으로부터 60억 8,000만 원을 받고 증여세 16억 원을 납부했다. 이재용은 이 돈으로 삼성그룹 비상장 계열사인 에스원의 주식 12만여 주를 23억 원에, 삼성엔지니어링 주식 47만 주를 19억 원에 각각 매입하였다. 두 회사를 상장시킨 후 보유 주식을 팔아서 605억 원을 벌었으며, 시세 차익 563억 원을 남겼다. 이 돈으로 에버랜드 전환사채를 주당 7,700원에 매입하여 에버랜드의 최대주주가 되었다. 에버랜드는 삼성그룹의 지주회사 역할을 해온 삼성생명 주식을 사들여 경영권 장악에 사용하였다. 에버랜드는 제일모직과 합병하여 제일모직으로 이름을 바꾸었고 삼성물산과 합병하였다. 이재용은 증여세 16억을 내고 별도의 상속세를 내지 않고도 삼성전자를 비롯한 삼성그룹 계열사의 경영권을 장악하였다. 제일모직과 삼성물산이 합병

되는 과정에서 주식교환비율이 문제가 되었다. 이 과정에서 국민연금이 삼성물산 1주를 제일모직 0.35주로 교환하는 두 회사의 합병 비율(1:0.35)이 불리함을 알고도 두 회사의 합병을 찬성하였다. 문제는 국민연금 기금운용본부 투자위원회가 최소 3,000억 원 이상의 손실을 본다고 보고하였고, 자문기관이 합병에 반대할 것을 조언했음에도 찬성했다는 사실이다. 내부의 투자 절차까지 어겨가며 무리하게 투자한 것이다. 공무원과 국공립·사립 교직원이 아닌 대한민국 국민들은 소득의 일부를 국민연금에 강제로 가입해야 한다. 세금처럼 인식되는 국민연금 보험료를 싫어하는 사람들이 많다. 그런 정서가 팽배한 가운데 자신의 노후생활자금으로 사용되어야 하는 국민연금이 3,000~6,000여 억원 손해를 볼 것을 알면서도 삼성 편을 들어주자 국민들은 분노하였다. 게다가 삼성이 박근혜에게 돈을 주고 박근혜는 국민연금에 합병을 찬성하도록 압력을 넣었다. 이재용의 삼성그룹 세습을 위해 국민들은 노후생활자금을 손해 본 것이다. 분노한 국민들이 광화문 촛불집회에서 "박근혜 탄핵"과 아울러 "이재용 구속"을 외친 것은 당연한 결과였다. 상속세를 안 내고 16억 원의 증여세만 빼고 삼성그룹을 물려받은 것까지는 참았으나 자신들의 연금에 손해를 끼친 것은 용서하지 않은 것이다. 최근 금감원의 발표에 따르면 제일모직의 자회사인 삼성바이오로직스는 분식회계를 저질렀다. 2012년 미국 바이오젠과 3,300억 원을 합작 투자해 세운 삼성바이오로직스의 자회사인 삼성바이오에피스 지분의 시장가격(공정가치)이 4조

8천억 원으로 평가되었고, 삼성바이오에피스를 '관계회사'로 바꾸면서 이 회사의 모회사인 삼성바이오로직스가 4년 연속 당기순이익 적자를 벗어나 2015년에만 1조 9천억 원의 장부상 흑자를 기록했다. 금감원은 2018년 5월 1일 이를 '회계사기'라고 판단해 고의적 분식이라고 통보하였다. 단순히 복제약 제조를 시작한 삼성바이오에피스의 가치가 4조 8천억 원이라고 평가한 부분이 분식회계라는 것이다. 문제는 "삼성바이오에피스→삼성바이오로직스→제일모직→이재용"으로 이어지는 지배구조다. 심상정 의원의 말에 따르면, 삼성바이오에피스의 기업 가치를 부풀려 당시 삼성물산과 합병하던 제일모직의 가치를 부풀릴 수 있었다. 이를 통해 제일모직 주식을 대량 보유한 이재용은 삼성물산과 합병하여 삼성물산을 지배하고, 삼성물산이 보유한 삼성전자 주식을 통해 삼성전자와 그룹 전체를 지배하게 되었다는 것이다. 즉 삼성바이오로직스의 분식회계는 이재용의 승계작업을 위한 조치였다는 주장이다. 이 주장이 사실이라면 이미 상장되어 시가총액 10위 안에 들어가는 삼성바이오로직스에 투자한 국민연금 등이 손해를 볼 수 있다. 이재용의 승계작업이 진행될수록 국가와 국민은 손해를 보는 구조다. 시쳇말로 "이익의 사유화, 손실의 사회화"다.

최근 BBQ치킨의 윤홍근 회장이 증여세 50만 원을 내고 아들에게 수천억 원 가치의 회사를 사실상 승계하였다. 하림그룹의 김홍국 회장도 10조 원 규모의 그룹을 아들 김준영 씨에게 증여하면서 100억 원 정도의 세금만 냈다고 언론이 전한다. 두 회사는 닭고기 값을 올렸다가 김상조 공정거래위원장 취임 이후 다시 가격을 낮췄다.

이처럼 상속세를 내지 않으려고 불법과 탈법, 편법을 동원하는 재벌들의 행태에 질리다 보니 시민들은 "법대로" 상속세를 내면 지배층의 의무, 즉 노블레스 오블리주(noblesse oblige)를 실천한 위대한 기업가로 칭송하는 현실이다. 필자가 초등학교 때 교과서에서 배운 유한양행의 유일한 회장 이외에 (주)오뚜기의 창업주인 함태호 명예회장과 장남인 함영준 회장의 미담이 네티즌 사이에 회자 된다.

"상속세·증여세법에 따르면, 30억 원 이상의 상장 주식을 증여하면 증여세 50%가 부과된다. 함(영준) 회장이 낼 상속세는 1,500억 원대 넘을 것으로 알려지고 있다. 그는 상속세법에 따라 수천억대의 상속세를 나눠 내기로 했다. 5년 간의 분납이다. 상속세·증여세법에 따르면 상속세가 2,000만 원 이상일 경우 최대 5년간 분납할 수 있다. 그는 앞으로 매년 수백억 원대의 상속세를 분납해야 한다.

함 명예회장(함태호)은 2015년 말부터 두차례에 걸쳐 오뚜기 주식 13만 5,000주(3.93%)를 기부했다. 함 명예회장은 2015년 11월 오뚜기 3만주(0.87%)를 장애인복지재단인 밀알복지재단에 기부했다. 당시 오뚜기 주가 시세로 환산하면 315억 원 규모다.

또 별세하기 사흘 전인 9월 9일에도 오뚜기 10만 5,000주(3.06%)를 오뚜기재단에 기부했다. 오뚜기재단이 보유한 오뚜기 주식은 기존 17만 주(4.94%)에서 27만 5,000주(7.99%)로 늘어났다. 오뚜기재단은 대학생, 식품산업 학술 분야

장학금을 지원하고 있다. 이것은 그의 기부와 관련된 것이다.

함 명예회장은 국내 식품산업을 일군 1세대 경영자다. 1969년 풍림상사(현 오뚜기)를 설립했다. 현재 오뚜기는 케찹과 마요네즈 등 24개 제품군에서 1위에 자리하고 있다.

그는 "사람을 비정규직으로 쓰지 말라"고 했다고 한다. 때문에 오뚜기는 2015년 시식사원 1,800여 명을 전원 정규직으로 채용했다. 현재 오뚜기의 비정규직은 0명이다.

이는 당연한 납세이겠지만, 여론은 이 일을 오히려 색다름으로 받아들이고 있다. 그동안 많은 기업들이 이같은 상황에서 불법을 행했던 것을 수없이 봐왔기 때문이다. "상속세를 제대로 치르지 않고 회사 경영권을 승계시켰다"라는 기사 내용과 '증여세와 상속세 회피'와 같은 기사 제목을 우리는 수없이 보고 들어오고 있기 때문이다.

오뚜기의 상속세 납세와 관련해 여론은 긍정적 눈길을 주고 있다. 3,500억 원 수준의 액수를 상속 받았고 1,500억 원의 상속세를 낸다는 것, 편법 상속과 상속세 회피가 만연하는 이 나라 풍토를 생각했을 때 법으로는 당연하기에 놀랄 일이 될 수 없겠지만 놀랄 수밖에 없는 일이 됐다."[92]

정의당 노회찬 원내대표는 "3천억 원의 주식을 물려받은 오뚜기 회장은 1천5백억 원의 상속세를 냈는데 10조 원을 일구는 이 부회장

---

92) 박성민 기자, 「오뚜기 상속세에 놀랄 수밖에 없는 이유」, 『재경일보』, 2017. 1. 17.

의 상속세는 16억밖에 안되는 것을 용인하고 넘어갈 것이냐"라며 비판하기도 하였다.[93] 확실히 삼성의 수백 분의 일에 불과한 기업이 낸 상속세가 100배에 달하니 그런 말이 나올 법하다. 정상적인 세금 납부에 환호하고 감동한 누리꾼(네티즌)들은 오뚜기를 '갓뚜기'라고 부르며 오뚜기 상품 팔아주기 운동을 벌인다고 할 정도다. 이런 사정을 알게 된 문재인 대통령은 2017년 7월 27~28일에 열렸던 기업인들과의 간담회에 오뚜기 회장도 중견기업으로는 거의 유일하게 참가하도록 하였다. 최근 탈세·편법으로 지분 상속하는 재벌들에게 무언의 메시지를 남겼다고 해석된다. 한국 기업들이 10년째 제품 가격을 올리지 않았다는 오뚜기같다면 서민들의 시름을 덜어줄 것이다.

재벌·중소기업·언론 등 회사를 물려주는 것이 유행인 것처럼 목사들도 자식들에게 교회를 물려주고 있다. 심지어 사립학교들도 대물림 된다. 의사 집안에서 의사가 나오고 변호사 집안에서 변호사가 나오는 경향이 점점 심해지고 있다. 이처럼 직업의 세습이 굳어지고 있다. 직업에 귀천이 없다는 말도 있지만, 사람들은 직업의 소득과 사회적 영향력에 따라 등급을 구분한다. 결혼정보회사들이 남성과 여성의 등급을 나누는 기준 가운데 하나가 직업이다. 이러한 상황에서 직업, 그것도 사람들이 선망하고 고소득의 직업이 세습되면, 사회적 신분

---

93) 김선혜 기자, 「오뚜기가 상속세 1,500억 낼 때 '16억'밖에 안 낸 삼성 이재용」, 『인사이트』, 2017. 1. 17.

계급이 생길 수밖에 없다.

　의사와 변호사 등 고소득 전문직은 의대나 로스쿨을 졸업하거나 사법시험에 합격해야 한다. 이들의 세습은 특목고나 자사고, 명문대를 보내고 비싼 의대나 로스쿨 등록금이나 사법시험에 드는 돈을 감당할 재력이 있어야 가능하다. 물론 입학시험과 졸업시험을 통과해야 하므로 집안의 경제적 뒷받침뿐만 아니라 자신의 노력도 필요하다. 그러나 재벌, 대기업, 중소기업, 사립학교, 교회의 세습은 전혀 그렇지 않다. 요새 교회의 목사들도 세습에 앞장선다. 어떤 교회의 목사는 아들을 담임목사로 만들기 위해 자신의 교회와 아들이 담임목사로 있는 교회를 합병하는 변칙세습을 추진하기도 하였다. 노력하지 않고 실력을 검증받지 않은 사람들의 세습. 이들이 헌법 11조 2항을 어겨도 처벌규정이 없다. 20조 2항에 정교분리를 규정했으니 정부가 목사들에게 세습하지 말라고 명령할 수도 없는 노릇이다. 그러나 다른 분야의 세습을 막기 위한 제도적 장치는 충분히 마련할 수 있다. 소득세를 제대로 징수하고 재벌들의 세습을 막는 장치를 만들고 법대로 하면 된다. 그리고 교육제도도 모든 사람이 평등하고 공평한 기회를 가질 수 있도록 해야 한다.

　국가와 정치가들은 이를 막으려는 가시적인 조치를 하지 않았다. 오히려 정치가들과 사회지도층이라 불리는 '헬조선'의 지배층은 자신들만의 배타적인 결혼을 통해 사회적 특수계급을 만들고 이를 공고히 하고 있다. 그들에게 "사회적 특수계급의 제도는 인정되지 아니하며, 어떠한 형태로도 이를 창설할 수 없다"라는 제11조 2항은 지킬 필요도 없는 것이다. 그들은 무시할 뿐이다.

정교분리 원칙과 기독교의 정치 간섭

현행 헌법 제20조는 종교의 자유, 국교 부정, 정교분리를 규정하고 있다. 이 가운데 국교 부정과 정교분리가 잘 지켜지고 있을까? 한국에서 통용되는 종교는 기독교와 불교뿐만 아니라 원불교, 천도교 등 다양한 종교가 있다. 그러나 공휴일은 석가탄신일과 크리스마스밖에 없다. 즉 불교와 기독교의 기념일만 국가의 공휴일로 지정되었다. 사실상 이 두 종교는 국교로 인정된 것이나 마찬가지다. 이 나라가 종교의 자유를 인정하고 국교를 부정한다면, 모든 종교인에게 자신이 믿는 종교의 기념일에 하루 쉴 수 있는 기회와 권리를 주는 것은 어떨까?

정교분리의 원칙은 1948년부터 잘 지켜지지 않았다. 최초의 장로 대통령 이승만은 노골적으로 기독교 포고를 부추겼을 뿐만 아니라 기독교 목사를 비롯한 성직자들로부터 세금을 걷지 않았다. 이후 이것이 관행이 되어 지금까지 국세청은 목사나 스님, 신부들의 세금을 걷지 않는다. 1968년에 종교인 과세를 추진했다고는 하나 목사들 앞에서는 꼼짝하지 못한다. 다만 천주교(가톨릭)의 경우 국세청의 만류에도 불구하고 주교회의 결정에 따라 1994년부터 소득세를 내고 있다. 일부 국회의원들이 종교인의 과세를 추진하려고 했으나 성공한 적은 없었다. 문재인 정부도 마찬가지다. 2017년 5월 25일 한겨레신문의 보도에 따르면, "대통령직인수위원회를 대신해 만들어진 국정기획자문위원장인 김진표 더불어민주당 의원은 2018년 1월 시행 예정인 종교인 과세를 2년 더 유예하는 방안을 추진 중이다. 기독교 등 종교계의 반대 속에 어렵사리 2015년 통과된 종교인 과세 법안이 '혼란을 줄인다'는 명분으로 이미 2년이 유예된 상태인데, 2년을 더 유예하자는 것이다. 25일 김 위원장은 2018년 1월 시행하기로 한 종교인 과세 법안을 "과세대상 소득을 파악하기 쉽지 않고 홍보 및 교육이 이뤄지지 않아 종교계에 큰 혼란이 야기될 수 있다"는 이유로 2020년으로 늦추는 소득세법 개정안을 만들어 서명받고 있다. 기독교 신자 의원들을 중심으로 20여 명이 서명한 것으로 전해진다. 김 위원장은 수원중앙침례교회 장로로 민주당에서 대표적인 기독교 인사로 꼽힌다."[94] 이 문제가 심각했던지 JTBC 뉴스룸이 5월 26일 방송하며 비판하였다. 이후 청와대는 김 위원장 개인의 의견이라며 사태의 진화에 나섰지만 개운하지 않다. 결국 기획재정부는 기본급여와 상여금 등 '순수소득'에만 세금을 부과하고 목회활동비는 과세대상에서 제

---

94) 송경화, 「'종교인 과세 2년 더 유예' 총대 멘 김진표 국정기획위원장」, 『한겨레신문』, 2017. 5. 26.

외하기로 했다. 목사들이 급여와 상여금을 줄이고 목회활동비를 많이
받으면 세금을 적게 낼 수도 있도록 편의를 봐준 것이다. [95)]

목사들이 세금을 내지 않으려고 하고 국회의원들이 이를 옹호하
는 이유가 뭘까? 한 전문가의 견해를 들어보자.

"한 대형교회 담임목사는 연봉이 2억 4,000만 원이다. 하지만 그것이 전부가 아

니다. 수많은 명목의 각종 사례비가 더해져 그가 실제로 수령한 것으로 추정되

는 금액은 4억 원에 이른다. 그에게 교회를 세습하고 원로목사로 재직하고 있

는 그의 부친이 교회로부터 받는 실수령금 총액은 2억 원을 상회한다. 하지만

그에게 책정된 임금은 96,00만 원이다.

그러나 이것이 그들 부자(父子) 목사 수입의 전부가 아니다. 항간의 소문으로는

어마어마할 것이라는 또 다른 소득이 있다. 이른바 촌지수입이다. 심방비, 장례

식 집례비, 결혼식 주례비, 기타 각종 애경사에 대한 감사의 촌지 등."[96)]

한 대형교회 담임목사의 경우 연봉 2억 4,000만 원에 소위 '촌지
수입'을 포함하여 4억 원이 넘는 수입을 올린다는 것이다. 이보다 위
험한 것은 세금을 내지 않는 성역 교회를 이용한 돈세탁과 세금 탈루
이다.

"2년 전 세간을 시끄럽게 했던 무기상 이규태는 교회 재정의 불투명성을 이용

95) 최승현 기자, 「종교인 과세, '순수 사례비'만 세금 매기나」, 『뉴스앤조이』, 2017. 11. 1.
96), 97) 김진호, 「[사유와 성찰] 관건은 교회 재정의 투명한 공개다」, 『경향신문』 2017. 6. 2.

해 온갖 비리를 자행했다. 또 기업인이나 정치인들이 교회를 돈세탁의 장소로 활용하고 있다는 소문이 자자하다. 그중 사실로 입증된 경우도 몇 건이나 된다. 종교시설에 대한 면세특혜를 이용한 부동산투기는 너무나 흔한 비리에 속한 다."97)

이 대목을 읽으니 왜 많은 국회의원이 교회와 종교인 과세를 반대하는지 이유를 알 것 같다. 기업인들과 일부 국회의원들이 교회를 탈세와 돈세탁의 장소로 이용한다고 하니 충격이다.

이 나라에서 종교는 언론과 정치인, 방송이 건드리지 못하는 성역이 된 지 오래다. 누가 정권을 잡든 마찬가지다. 현행 헌법 제46조 2항에는 "국회의원은 국가이익을 우선하여 양심에 따라 직무를 행한다"라고 규정하였다. 자기가 다니는 교회 목사들이 세금을 안 내도록 애쓰는 국회의원들은 이 규정을 제대로 지키고 있는가? 반면 기독교의 본산지라고 할 수 있는 미국은 목사와 신부들에게 세금을 부과하고 있다.

1948년부터 정교분리를 헌법에 규정하고 있는 이상 이 원칙은 지켜져야 한다. 그러나 특히 교회 목사들은 세금도 내지 않을 뿐만 아니라 정치에 간섭한다. 특히 교회 설교 시간에 특정 후보를 지지하면 대부분의 교회 신자들은 목사들이 추천한 후보를 뽑는다고 한다. 그러니 국회의원과 지방자치단체 선거가 있으면, 후보자들은 목사들의 눈도장을 찍고 그 기간 동안 교회 예배에 나가면서 교회 신자의 표를 얻으려고 구걸한다. 물론 선거가 끝나면 교회에 나가지 않는다. 큰 교회일수록 국회의원이나 각종 지자체 선거결과를 좌우하기 때문에 영향력이 클 수밖에 없다. 서울시 강동구나 과천시 기독교도들이 대부분 특정의 대형교회에 다니기 때문에 과천에서 출마하는 시장과 국회의원, 도의원, 시의원 후보자들은 그 교회 신자가 아니면 안 된다는 우스갯소리가 있을 정도이다.

목사들이 선거 때마다 자기 구미에 맞는 후보를 대놓고 지지하는 것은 애교다. 그들은 자기의 영업에 반대되는 종교에 견제구를 던진다. 불교뿐만 아니라 아직 한국에서 일부 외국인이 믿는 이슬람교도 목사들의 정죄와 돌팔매질에서 벗어날 수 없다. 대표적인 것이 수쿠크법(이슬람채권법)을 둘러싼 논란이다. 한국기독교총연합회 길자연 회장은 2011년 2월 17일 여당인 한나라당 지도부를 만나서 "수쿠크법이 국회에서 통과되면 낙선 운동도 불사하겠다"고 으름장을 놓았다. 여의도순복음교회 조용기 목사도 2011년 2월 24일 정부가 추진 중인 수쿠크법(이슬람채권법)에 반대하면서 이렇게 말했다. "수쿠크법에 정부가 동의하면 나는 영원히 대통령과 싸우겠다. 대통령을 당선시키려고 기독교인들에게 많은 노력을 한 만큼 하야시키기 위해 싸우겠다." 어떤 목사와 기독교 신자인 국회의원들은 심지어 수쿠크법 통과 이후 국내에 들어오는 이슬람 자본이 이슬람 테러리스트들의 테러 자금으로 사용될 것이라며 반대했다. 목사들이 경쟁 종교인 이슬람교에 대한 혐오감을 제외한다면 수쿠크법의 문제는 과세문제다. 이슬람교에서는 이자를 주고받는 것을 금지한다. 따라서 이슬람채권을 발행해도 이자를 받는 것이 아니라 이 돈으로 장사를 하거나 부동산 임대업을 해서 월세를 받거나 주식 투자로 시세 차익을 남기는 방식으로 투자한다. 따라서 이러한 투자에 세금을 부과해야 하는지, 얼마의 세율을 부과해야 하는지가 논쟁의 핵심이지만 목사들과 기독교 신자인 국회의원들은 무조건 반대했다. 결국 한나라당은 2월 말 원내 대책 회의에서 수쿠크법안을 보류하기로 했고, 야당인 민주당도 개신교계를 의식해서 수쿠크법에 반대하기로 했다.[98]

2015년 무렵부터 전북 익산시가 국가식품클러스터 안에 유치하려고 추진했던 할랄식품단지가 기독교계의 반발로 결국 무산되었다 (2016년 1월 24일 신문보도). 할랄은 이슬람교의 방식으로 도축한 고기 음식을 말한다. 이슬람교와 유대교는 자신들의 종교의식으로 도축한 고기만을 먹는다. 국내에서 일하는 이슬람교도 외국인 노동자와 인구가 증가하고 있는 해외의 이슬람교도들에게 수출할 목적으로 대량의 할랄식품을 만들려고 했고, 익산시가 할랄식품을 만드는 공장들을 대거 유치하려고 했다.

그러나 기독교단체들은 이슬람교도를 잠재적인 테러리스트 또는 범죄자로 매도하며 반대하였다. 뉴스앤조이에 따르면, 방월석 인천주는교회 목사는 2015년 12월 22일 발생한 익산 지진이 "이슬람 테

---

98) 고나무 기자, 「헌법 11조 파괴하는 국세청·기재부」, 『한겨레21』, 2011. 9. 20.

러 세력의 확산을 우려하는 대부분 국민들과 하나님의 뜻을 계속 외면하고 정부가 할랄식품단지 조성을 강행할 경우 어떤 재앙이 내려질 수 있는지를 보여주신 마지막 경고라는 생각이 든다"라는 말을 할 정도였다.[99] 할랄식품은 도축 방식이 잔인하여 동물의 생명권을 강조하는 동물 단체와 인권 단체에서도 반대하였다. 할랄식품을 만드는 도축 공장을 만들어 벌어들이는 돈과 가축을 잔인하게 죽이는 비인간성 가운데 어떤 것을 택할 것인가를 두고 논쟁을 벌였어야 했는데, 비이성적인 교회 목사들과 신도들, 교회 단체들이 기독교와 이슬람교의 싸움으로 몰고 갔다.

이처럼 기독교 목사들과 교단, 신자들이 수쿠크법과 할랄식품 문제뿐만 아니라 각종 정치와 사회, 경제 문제에 간섭하고 있다. 요즘엔 성소수자 등 사회적 약자들에게 화력을 집중하고 있다고 한다. 이는 현행 헌법 제20조에서 규정한 정교분리의 원칙을 어기는 짓이다. 정교분리의 원칙은 종교가 국가로부터 자유로울 권리인 동시에 국가가 종교로부터 자유로울 권리이기도 하다. 종교와 국가(정치)가 서로의 영역을 인정하고 서로 간섭하지 않는다는 조건으로 종교의 자유가 인정된다. 따라서 미국은 정교분리의 원칙을 지키는 경우에만 세금 혜택을 부여한다. 미국의 연방 세법(IRC: Internal Revenue Code)에 따르면, 교회 또는 종교 단체가 종교 활동에만 전념할 경우만 일반

---

99) 강동석 기자, 「익산 지진, 할랄 사업 막는 하나님의 마지막 경고?」, 『뉴스앤조이』, 2015. 12. 25.

적인 민간 비영리단체와 마찬가지로 과세에서 제외하고 있다. 그러나 만약 교회나 종교 단체가 선거운동과 같은 정치 활동과 입법 활동을 벌이면, 규제세를 부과하거나 종교 활동에 대한 과세처분 등 세제 혜택을 없앤다. 교회 등 종교 단체가 국가로부터 세금 혜택을 받으면서 세속적인 정치 활동에 개입하는 것은 온당하지 못하다는 이유 때문이다. 이는 기독교의 교회는 물론 이슬람교의 모스크, 유대교의 시나고그, 불교의 템플 등에 모두 해당된다.[100] 만약 한국의 기독교 목사들과 교단이 정치·경제·사회 문제에 간섭하려고 한다면, 미국처럼 면세 혜택을 폐지하고 세금을 내는 등 규제를 받아야 할 것이다. 그러나 누가 그들에게 방울을 달 것인가?

지켜지지 않는
국가의 의무

현행 헌법의 31조에는 교육의 의무, 제32조에는 근로의 의무, 제38조에는 납세의 의무, 제39조에는 국방의 의무가 규정되었다. 국민만이 의무를 지닌 것이 아니다. 국가도 의무를 지녔다. 현행 헌법에 규정된 국가의 의무는 제2조 2항과 제10조, 제26조 2

---

100) 이기욱,「미국의 종교 단체 과세제도」,『조세학술논집』 26-1, 2010; 조유진,『헌법 사용 설명서』, 193~194쪽.

항, 제34조 2항과 4항에 규정되었다.

먼저 2조 2항에서는 국가는 재외국민을 보호할 의무가 있음을 규정하였다.

제2조 ① 대한민국의 국민이 되는 요건은 법률로 정한다.
② 국가는 법률이 정하는 바에 의하여 재외국민을 보호할 의무를 진다.

여기에서 재외국민은 〈재외동포의 출입국과 법적 지위에 관한 법률〉에 규정되었다. 이 법률에 따르면 재외국민은 외국의 영주권을 취득하거나 영주할 목적으로 외국에 거주하고 있는 대한민국 국민으로 정의된다. 이 조항은 대한민국 국민의 국적이 속지주의가 아닌 속인주의 때문에 생긴 것으로 보인다. 속지주의는 대한민국에서 태어난 사람은 부모의 국적과 상관없이 대한민국 국민이 될 수 있다는 원칙이다. 속인주의는 부모가 대한민국 국민이면 대한민국뿐만 아니라 다른 나라에서 태어나도 대한민국 국적을 주는 것을 뜻한다. 외국에 장기체류한 사람은 몰라도 그 나라 국민이 되기 전 단계로 영주권을 가진 사람까지 보호해야 하는 규정이 있는지 이해하지 못하겠다.

더 이해할 수 없는 것은 2010년 이중국적을 허용한 국적법 개정이다. 이 법이 2011년부터 발효되자 미국의 한 교포신문에는 이중국적을 취득하여 미국인과 한국인이 누리는 혜택을 모두 누리는 것이 가능해졌다고 보도했다. 즉 미국시민권자임을 내세워 한국에 거주함에도 군대에 가지 않아도 되고 세금 또한 안 내도 된다. 그러면서 한국의 선거에 투표할 수 있다. 미국의 국세청에 해당하는 IRS가 외국에 거주하는 영주권자와 시민권자의 납세 자료를 해당 국가의 세무당국으로부터 넘겨받기로 하면서 세금 탈루는 어려워졌겠지만, 여러 가지 혜택은 여전히 존재할 것이다. 원래 이중국적은 미국과 같이 국적취득에 출생지주의(속지주의)를 채택한 나라에 필요한 원칙이다. 이중국적 제도는 병역기피, 탈세, 기타 각종 범죄에 악용될 수 있을 뿐만 아니라 '한 사람이 두 개 이상의 나라의 주권자가 될 수 있느냐'라는 문제를 야기한다. 그래서 오늘날 대부분 나라는 이중국적을 허용하지 않는다고 한다.[101]

다른 나라의 영주권이나 시민권을 가지고 있거나 이중국적을 가지고 있는 옛 대한민국 국민, 즉 재외국민을 보호해야 하는지도 회의적이다. 그나마 대한민국이 재외국민을 제대로 보호하며 의무를 잘 수행하고 있는지는 더욱 회의적이다. 대한민국의 외교관들은 외교관의 특권을 이용하고 국민의 세금으로 술 마시며, 국회의원이나 권력을 가진 사람들의 관광 가이드 역할은 열심히 한다. 그러나 그들은 해외의 대한민국 국민을 보호하는 데에는 소홀하다. 얼마 전 대만을 다녀온 여성이 택시기사가 준 음료수를 마시고 기절하여 성폭행당하자 영사관에 신고하였다. 담당 영사는 한밤중에 잠을 깨웠다며 신경질을

---

101) 조유진, 『헌법 사용 설명서』, 130쪽.

냈다고 한다. 이 여성의 사연은 인터넷과 SNS에서 논란이 되자 부랴부랴 해명하는 데 그쳤다. 이 밖에 영사들의 외면으로 재판에서 도움을 받지 못해 억울하게 감옥 간 대한민국 국민이 많다. 일부만이 인터넷을 통해 알려지자 외무부가 마지못해 도와줘서 감옥살이하지 않았을 뿐이다. 그나마 문재인 정부는 이 문제에 신경을 쓰기 시작하는 것 같다. 2018년 3월 26일 가나 근해에서 해적에게 피랍된 선원들을 구하기 위해 문무대왕함을 파견했고, 남북 정상회담 하루 뒤인 4월 28일 풀려난 것으로 알려졌다. 이전 정권이었다면 신경도 쓰지 않았을 것이다. 그러나 관성에 젖은 외교관들이 계속 대한민국 국민의 안전에 관심을 둘지 지켜봐야 할 것 같다. 그들에 대한 불신이 너무 깊기 때문이다.

제10조 모든 국민은 인간으로서의 존엄과 가치를 가지며, 행복을 추구할 권리를 가진다. 국가는 개인이 가지는 불가침의 기본적 인권을 확인하고 이를 보장할 의무를 진다.

제10조에 따르면, 국가는 인간의 존엄성과 가치, 행복추구권, 불가침의 기본적 인권을 보장하는 의무를 지닌다. 인간의 존엄성과 가치, 행복추구권, 불가침의 기본적 인권이 너무 추상적이어서 국가가 이런 권리를 보장하는 방법도 추상적이다.

행복추구권은 1776년 미국 독립선언에서 유래하였다. 독립선언서에 따르면, "우리는 모든 인간이 평등하게 태어났으며, 박탈될 수 없는 천부적 권리를 부여받았고, 그 속에는 생명, 자유 및 행복추구가 포함되어 있다고 믿는다." 여기서 '행복추구'가 행복추구권의 개념으로 발전하였다. 행복추구권을 헌법에 일찌감치 명시한 일본에서는 생명, 자유, 행복추구의 세 가지 권리를 통칭해서 '행복추구권'이라고 부른다.[102]

다음은 국민 청원권 조항이다.

제26조 ① 모든 국민은 법률이 정하는 바에 의하여 국가기관에 문서로 청원할 권리를 가진다.

② 국가는 청원에 대하여 심사할 의무를 진다.

제26조 2항에서는 국가가 국민의 청원을 심사할 의무가 있다고 규정하였다. 일반 공무원들이 국민의 청원을 잘 심사했을까? 국민의 성별과 직업 등에 따라 다른 것 같다. 필자도 국민신문고에 민원을 제기한 경험이 있는데, 2015년 9월 10일 감사원이 접수한 민원에 대한 답변을 2018년 5월인 현재까지 듣지 못했다. 필자 같은 사람들이 많았기 때문일까? 청원권이 제대로 작동하지 못한다고 생각했는지 문재인 정부가 2018년 3월에 발표한 헌법 개정안에는 현행 헌법의 제

---

102) 조유진, 『헌법 사용 설명서』, 152~153쪽.

26조 2항을 "국가는 청원을 심사하여 통지할 의무를 진다"라고 바꾸었다. 국민의 청원을 심사하고도 무시하던 관행에서 벗어나, 청원 심사 결과를 해당 민원인에게 직접 알려줘야 한다고 명시한 것이다. 만약 이렇게 헌법이 바뀌면 필자처럼 청원이나 민원을 제기하고 답변을 받지 못하는 경우는 없어질 것이다. 그러나 이 개헌안이 묻히면서 청원권의 개선은 물 건너가는 형세다.

다음으로 사회보장과 사회복지에 관한 조항을 살펴보자.

제34조 ① 모든 국민은 인간다운 생활을 할 권리를 가진다.

② 국가는 사회보장·사회복지의 증진에 노력할 의무를 진다.

③ 국가는 여자의 복지와 권익의 향상을 위하여 노력하여야 한다.

④ 국가는 노인과 청소년의 복지향상을 위한 정책을 실시할 의무를 진다.

⑤ 신체장애자 및 질병·노령 기타의 사유로 생활능력이 없는 국민은 법률이 정하는 바에 의하여 국가의 보호를 받는다.

⑥ 국가는 재해를 예방하고 그 위험으로부터 국민을 보호하기 위하여 노력하여야 한다.

제34조 2항에서 "국가는 사회보장·사회복지의 증진에 노력할 의무를 진다"라고 하였고, 4항에서 "국가는 노인과 청소년의 복지향상을 위한 정책을 실시할 의무를 진다"고 하였다. 제34조 2항은 헌법 제9호 때 신설되었고 4항은 현행 헌법에서 신설되었다. 이 두 조항을

읽으면서 우리는 고개를 갸웃거리게 된다. 권리가 국가의 노력이 아닌 '의무'로 규정하였지만 대한민국이 사회보장과 사회복지의 증진 의무를 얼마나 수행했는가? 4항에서 노인과 청소년들을 위한 복지정책을 실시할 의무를 규정했다. 그런데 노령연금 등 노인들을 위한 정책은 있지만 청소년들을 위한 복지정책은 무엇인가? 청소년들에게 물질적인 도움을 주기는커녕 입시 위주의 교육정책과 통제로 청소년들을 질식시키지 않았는가? 국가의 의무 조항을 보면서 씁쓸하기만 하다. 국민은 대한민국을 위해 교육·납세·근로·국방의 의무를 잘 이행하고 있지만 대한민국은 헌법에 규정된 네 가지 혹은 다섯 가지의 최소한의 의무조차 제대로 지킨다고 실감하는 국민들은 적을 것이다.

현행 헌법에는 존재하지 않지만 1948년 헌법 5조에 수록된 대한민국의 의무가 있다.

제5조 대한민국은 정치, 경제, 사회, 문화의 모든 영역에 있어서 각인의 자유, 평등과 창의를 존중하고 보장하며 공공복리의 향상을 위하여 이를 보호하고 조정하는 의무를 진다.

1948년 헌법의 제5조는 대한민국이 공공복리의 향상을 위해 국민의 자유와 평등, 창의성을 보호하고 조정할 의무를 진다고 규정하였다. 여기서 말하는 자유와 평등, 창의성을 구체적으로 명시하지 않아서 추상적이다. 1948년 헌법 제정 당시 전진한 의원이 이 조항이 노동자와 자본가의 갈등, 경제문제규정의 결함 때문에 제대로 실현되기 어렵다고 지적하였다. 여기에서 자유에는 근대헌법이 규정한 자연권적 기본권이 아니라 노동자의 노동권이나 국민의 복지 등에 관한 규정도 포함될 수 있음을 알 수 있다. 그렇기 때문일까? 이 조항이 단순한 자유와 평등이 아니라 경제적 평등이나 복지 등을 국가가 책임질 의무라고 해석되기 때문인지 박정희 정권이 만든 헌법 제6호에서 삭제되었다. 박정희 정권이 개정한 헌법 제6호에서 이 조항과 함께 노동자의 이익분배 균점권(제18조)이 삭제된 것을 보면, 제5조의 자유와 평등은 노동과 사회복지 등을 포함한 사회권으로 해석할 수 있었을 것이다. 어떤 해석이든, 박정희 정권은 지키기 싫었기 때문에 아예 이 조항을 없앴다.

몇 개의 헌법 조항을 살펴본 것처럼 역대 정권은 국가의 의무를 규정했지만 제대로 지키지 않았다. 박정희 정권은 헌법 제1~5호에 있었던 공공복리의 향상을 위해 국민의 자유와 평등, 창의성을 보호하고 조정할 의무(헌법 제5조)와 노동자의 이익분배균점권(제18조) 등 지키기 싫은 조항은 삭제하였다. 그리고 장식용으로 두기 알맞은 사회보장과 사회복지 등의 조항은 신설하거나 남겨두었다. 물론 헌법에 명시된 국가의 의무를 지키기 위해서가 아니라 멋진 헌법임을 과시하는 장식품으로 말이다.

그들이 지키는
헌법 조항,
방치되는 기본권

      1948년 헌법 이후 헌법 조항들의 변화 과정을 보면서 느낀 점이 있다. 이승만이나 박정희 등 대통령과 정치인, 재벌은 자신들에게 필요한 헌법 조항을 새로 추가하고, 그 조항은 악착같이 지켰다. 반면 자신들에게 불리한 조항들, 예컨대 국민의 기본권이나 사회권과 관련된 조항은 지키지도 않고 방치하였다.

    1948년 헌법에서 거주·이전의 자유, 통신의 비밀, 언론·출판·집회·결사의 자유 등은 법률로 제한할 수 있었다. 이처럼 국민의 기본권을 법률로 제한하는 것을 자연권의 법률 유보라고 한다. 1948년 헌법은 이승만 혼자 만든 것이 아니었고, 각종 자유와 권리를 법률로 제한한 이유는 남북 분단과 좌익과 우익의 폭력 사태 등 국방과 치안의 불안 때문이라고 한다. 그러나 이승만이 법률로 자유와 기본권을 제한할 수 있다는 조항을 이용하여 경찰을 이용해 폭압적으로 국민을 통치한 것도 사실이다. 이승만은 자신이 국회에서 대통령으로 당선될 가능성이 없자 대통령직선제로 헌법을 바꾸었다. 헌법에서 대통령의 3선을 금지하자 부칙을 고쳐 죽을 때까지 대통령 해 먹으려고 했다. 또 미국의 경제원조를 받기 위해 경제조항 제85·87·88조를 바꾸거나 삭제하였다. 1차 개헌 이후 헌법에 명시한 국무총리를 임명하지 않더니 2차 개헌에서 아예 국무총리를 없애버렸다. 대통령·부통령 선거와 국회의원 선거에서 이기기 위해 경찰 등 공권력을 동원하였고 보통·평등·직접·비밀선거의 원칙을 어겼다.

박정희도 절대권력을 강화하기 위해 대통령의 지위와 권한을 강화하고 국회의 권력을 약화하는 방향으로 개헌하였다. 헌법에 존재했지만, 실제 지켜지지 않은 노동 균점권을 헌법 제6호에서 삭제한 것은 임금을 낮추고 성장의 과실을 독차지하려는 재벌의 요구를 받아들인 결과였을 것이다. 반면 미국의 요구대로 수출 중심의 경제체제를 만들기 위해 무역의 통제 규정을 무역의 육성으로 바꾸었고, 수출과 함께 수입자유화도 추진하였다. 자신이 대통령의 3선 금지 조항을 만들어놓고 3선이 가능하게 하도록 헌법을 바꾸었다. 그것도 부족하자 영구집권이 가능하도록 유신헌법을 만들었다. 또 국민을 통제하기 위해 각종 자유와 기본권을 이승만 정권 수준으로 후퇴시켰다. 유신헌법에는 국민의 기본권을 더욱 제한하였고, 국민의 저항을 막기 위해 긴급명령권을 헌법에 추가하였으며, 명목상 존재하던 지방자치를 통일 이후로 미루며 사실상 없애버렸다. 검사의 영장 청구권을 명시하여 검찰을 권력 유지의 한 축으로 활용하는 정치를 만들었다. 그나마 남아 있던 사회권에 규정된 복지는 외면하였다. 헌법의 기본권도 제대로 지키지 않는데 법률을 지킬 리가 없다. 전태일 열사가 온몸에 불을 붙이고 평화시장을 돌아다니며 마지막으로 한 말은 "정부는 근로기준법을 준수하라!"였다. 당시 법률은 주로 일본법을 베꼈다. 일본 역시 미국이나 유럽 선진국들의 법률을 베껴서 만들었다. 법률만 보면 선진국과 동일한 조항이 많았을 것이다. 그러나 정부와 재벌, 사회지도층은 이 법률 가운데 자기들에게 유리한 것만 지키고 불리한 것은 모르쇠로 일관하며 방치하였다. 게다가 이마저 이 핑계 저 핑계로 노동 3권을 악화시켰다. 전태일 열사의 말처럼 근로기준법 등을 제대로 지켰다면 노동자들이 병들어가며 오랜 시간 쥐꼬리만큼의 월급을 받고 살지 않아도 되었을 것이다. 그들에게 지켜지지 않을 헌법과 법률 조항은 대외적으로 완벽한 법률제도를 갖춘 정상국가임을 선전하는 장식물에 불과했다.

전두환 정권도 마찬가지다. 전두환 정권이 헌법에 삽입한 제20조 2항을 살펴보자.

"언론·출판은 타인의 명예나 권리 또는 공중도덕이나 사회윤리를 침해하여서는 아니 된다. 언론·출판이 타인의 명예나 권리를 침해한 때에는 피해자는 이에 대한 피해의 배상을 청구할 수 있다."

이 조항은 현행 헌법 제21조 4항에 있다. 장면 정권은 국민의 기본권을 신장시켰다. 제13조에는 "모든 국민은 언론, 출판의 자유와 집회, 결사의 자유를 제한받지 아니한다"라고 하였다. 법률에 의해 제한한다는 구절을 삭제했기 때문에 언론·출판·집회·결사의 자유를 헌법에 무제한으로 보장하였다. 이 때문에 장면 정권이 혼란하고 무질서하다고 생각했을까? 박정희 정권은 이 자유들을 법률로 제한할 수 있도록 하였고, 특히 언론에 재갈을 물리기 위해 위 인용문의 첫 번째 문장을 제18조 5항에 신설하였다. 전두환 정권은 여기에 두 번째 문장을 삽입한 것이다. 언론과 출판물이 다른 사람의 명예나 권리를 침해할 때 피해자가 배상을 청구한다는 규정은 어떻게 보면 당연해 보인다. 전두환 정권은 이 규정을 국민을 위해 만들었을까? 전두환 정권이 정권 초에 한 것이 언론 통폐합을 비롯한 언론 탄압이었다. 안기부 직원들이 신문사에 상주하며 검열은 일상이었다. 이러한 상황에서 언론이 다른 사람의 명예를 침해할 수 있었을까? 이러한 언론통제를 뚫고 정권을 비판하는 언론사와 언론인을 겨룰 최후의 무기였을지도 모른다.

이 조항 덕분에 명예훼손 소송이 가능해졌다. 역대 정권과 재벌, 국회의원들은 이를 언론과 비판자들을 길들이는 데 사용하였다. 정부나 정치가를 비판했다고 소송을 제기하면 위축되기 마련이다. 탐사보도 전문기자인 시사IN 주진우 기자는 너무나 많은 소송을 당하다 보니 변호사 수준의 법률 지식을 가지게 되었다. 그래서 쓴 책이 『주기자의 사법활극』(주진우, 푸른숲, 2015)이다. 이 책의 부제는 "소송전문기자 주진우가 알려주는 소송에서 살아남는 법"이다. 김어준은 "파파이스"에서 2012년 대선 부정 개표 가능성을 고발한 "더 플랜"을 상영하며 최진성 감독이 주진우 기자와 이명박이 빼돌린 돈을 찾는 다큐멘터리 "저수지"를 상영할 계획이라고 밝혔다. 그리고 소송이 폭주할 것이라며 자신은 소송이 무서워 제작에서 빠졌다고 너스레를 떨었다. 웃으면서 한 말이지만 소송 때문에 마음고생 한 티가 났다. 명예훼손 소송은 형사소송인 경우도 있지만 배상금을 달라는 소송도 있다. 돈 문제가 걸리면 하늘이 노래진다. 형사소송도 변호사를 고용하는데 돈이 많이 들어가는데 하물며 손해배상금 소송이면 막대한 경제적 손실이 발생한다. 전 이코노미스트 한국 특파원 다니엘 튜더는 명예훼손법이 민주주의를 어떻게 파괴하는지 다음과 같이 썼다.

> "한국에 있는 외신 기자라면 누구나 놀라는 것이 있다. 바로 명예훼손법이다.
> … 명예훼손으로 유죄판결을 받으면 막대한 손실이 따르기 때문에 개인적으로
> 커다란 위험을 감수하지 않고서는 쉽사리 나서서 진실을 말할 수 없다. 이는 민
> 주주의를 위협한다."[103]

다니엘 튜더의 말처럼 전두환 정권이 명예훼손법의 근거를 헌법에 만든 것도 당연히 정권 유지를 위해 비판의 목소리를 막으려는 시도였다.

40~50대에게 악명 높은 전두환 정권도 헌법을 인권에 충실한 기본권과 사회권 조항으로 바꾸거나 신설하였다. 그러나 이러한 조항을 제대로 지켰을까? 헌법 제9호(5공 헌법)에서 지방자치를 법률에 따

---

103) 다니엘 튜더 지음, 송정화 옮김, 『익숙한 절망 불편한 희망-서양 좌파가 말하는 한국 정치』, 문학동네, 2015.

라 점차적으로 실시한다고 헌법 부칙에 넣었지만, 전두환 정권이 끝날 때까지 지방자치단체장과 의원 선거는 끝내 실시되지 않았다. 전두환 정권은 제32조 2항에서 "국가는 사회보장의 증진에 노력하여야 한다"라는 구절을 "국가는 사회보장·사회복지의 증진에 노력할 의무를 진다"라고 바꾸었다. 필자가 초등학교에 다닐 때, 몇 년 후에 복지국가가 달성될 것처럼 교육받았다. 그러나 '사회복지'라는 단어를 추가하고 사회보장과 사회복지 증진을 '의무'로 규정했지만, 지금까지도 사회보장과 사회복지가 잘 갖춰진 선진국과 비교하면 걸음마 수준이고 빈부격차도 줄이지 못하고 있다. 일부 정치인들은 복지에 투자하면 국민들이 게을러진다며 복지예산을 반대한다. 그러면서 사회복지에 쓸 돈을 토건족, 재벌, 정부예산에 기생하는 사람들에게 퍼준다. 그들끼리 나눠 먹기도 모자라니 복지에 돈을 쓰기 싫은 것이다.

이처럼 한국에서 헌법과 법률은 대통령과 정치인, 재벌을 비롯한 사회지도층들이 필요한 조항만 바꾸거나 새로 추가하였고, 지키기를 강요하였다. 반면 국민의 실제 생활을 바꿀 수 있는 자유와 평등 같은 자연권적 기본권과 삶을 향상하는 사회권은 모르쇠로 일관하였다. 이런 이중적인 전형적인 태도는 박근혜의 '법치주의'에서 찾아볼 수 있다. 박근혜는 국민에게 '법치' 혹은 '법치주의'를 강요하였다. 악법도 법이니 지키라는 것이다. 그러나 자신이 국회에서 탄핵 되고 검찰과 특검의 수사 대상이 되자, 법률을 따르지 않고 조사를 거부하였다. 국민에게는 법을 준수할 것을 요구하면서 자신은 지키지 않는 행태. 대한민국 국민은 법 앞에 평등한 대로 구치소에서도 특별 대우를 해달라는 특권의식. 이는 비단 박근혜뿐만 아니라 정치인들과 사회지도층에서 공통으로 발견된다. 막말로 파면당한(이후 소송을 통해 복직에 성공) 나향욱 씨의 말처럼 "국민은 개·돼지"이거나 국가에 꼬박꼬박 세금을 내고 병역의 의무를 준수하는 착한 백성일 뿐이다. 생각할수록 화가 난다. 헌법 제1조 1항에서 "대한민국은 민주공화국이다"라고 규정하여 모든 사람이 평등한 나라이지만, 현실은 신분제의 속박이 심한 조선시대같은 착각이 드니 말이다.

그들은 헌법과 법률에 있는 권리를 군이 국민에게 알리지 않는다. 국민들도 자기 삶이 바빠서, 관심이 없어서 헌법과 법률에 규정된 권리를 찾아보지도 않거나 모르고 넘어간다. 헌법이 보장된 기본권을 알고 지키라고 요구하지 않는 이상, 그들은 우리를 대한민국 시민이 아닌 조선의 백성으로 간주하고 대우할 것이다.

정치인만을 위한
개헌론

이렇게 재벌과 지배층, 정치인들은 자신들이 써먹을 헌법과 법률 조항을 만들고 헌법에 있는 인권과 평등, 사회권은 모르는 척한다. 그러면서 개헌 타령이다. 지금까지 9차례나 개헌을 했지만, 아직도 부족한가? 개헌 타령이 1987년 이후 그치지도 않는다. 이는 새로운 것이 아니었다. 이승만 정권에서 최소 9차례의 개헌론이 제기되었다. 간단하게 사실만 나열해 본다.

1950년 1월 27일 민국당이 내각책임제 개헌안을 제출했으나 부결되었다.

1951년 11월 30일 이승만 정권은 대통령·부통령 선거를 직선제로 바꾸는 개헌안을 국회에 상정하였으나 부결되었다.

1952년 4월 17일 야당은 내각책임제 개헌안을 제출하였다.

1952년 5월 14일 이승만 정권은 전년에 제출한 대통령·부통령 선거를 직선제로 바꾸는 개헌안을 제출하였다. 4월 17일 야당이 제출한 개헌안과 함께 서로 다른 정치체제를 담은 2개의 개헌안이 동시에 국회에 제출되었다.

1954년 1월 23일 정부는 경제조항을 자유화하는 개헌안을 제출하였으나, 3선을 위한 헌법 개정안과 결부시키고자 3월 9일 철회하였다.

1954년 9월 8일 여당인 자유당은 이승만의 3선을 가능하게 하는 개헌안을 제출하였다.

1956년 김수선, 신도성 등 자유당 비주류 세력이 경무대를 방문하여 내각책임제 개헌을 주장하였다.

1957년 3대 국회 마지막 회기에서 국무총리는 대통령이 임면하고 대통령 유고 시 국무총리가 권한을 대행한다는 내용의 개헌안 제출하였다.

1959년 1월 10일 민주당의 조병옥이 이기붕을 방문하여 내각책임제 개헌을 논의하였다. 이후 자유당의 박충식 의원의 별장에서 이재학과 조병옥이 만나고 개헌 논의를 지속하였다. 4월 초 부통령제 폐지, 국무총리 부활, 대통령 간선제 등을 골자로 한 개헌 논의를 공식화하였다.

날짜별로 나열된 개헌론을 보면 기가 막히다. 1948년 헌법을 만든 지 2년 만에 이미 개헌론이 제기된 것이다. 심지어 6·25 전쟁이 끝나지도 않은 1953년까지 4차례의 개헌론이 제기되었고, 이승만은 대통령이 되기 위해 부산정치파동을 일으키고 기어이 첫 번째 개헌에 성공하였다. 이승만의 대통령 출마를 위한 개헌을 제외하면, 대부분 개헌론의 핵심은 의원내각제였다. 당시 의원내각제 개헌이 인기를 끈 배경은 두 가지이다. 첫째, 이승만 정권의 독재 때문에 생긴 대통령중심제에 대한 거부감이다. 즉 대통령중심제는 "독재"이고, 의원내각제는 "자유" 혹은 "민주주의"라는 프레임이 야당과 이승만 정권 비판자들 사이에 확산되었다. 둘째, 끼리끼리 나눠 먹자는 정치적 이해다. 이미 1948년 당시 친일 지주들이 중심이 된 한민당은 의원내각제를 선호하였다. 1인의 권력자를 배제할 수 있는 의원내각제의 속성상 총리와 장관 자리를 나눠 먹을 수 있었기 때문이다.

4·19혁명 이후 의원내각제 개헌이 통과되면서, 민주당의 숙원은 실현되었다. 그러나 학자들의 연구에 따르면, 민주당 의원들이나 대다수 국민은 내각제를 제대로 이해하지 못하였다. 게다가 막상 의원내각제를 실시했지만, 정치와 행정이 제대로 돌아가지 않았다. 공적인 독재자(이승만)와 부역자(자유당)를 몰아내는 데 성공했지만, 국무총리와 장관 자리를 두고 민주당 구파와 신파가 당파싸움을 벌였기 때문이다. 당파싸움에 지쳐 의원내각제에 진절머리를 낸 신민당 의원들이 1961년 4월 대통령중심제 개헌을 주장할 정도도 인기를 잃

었다. 신민당은 민주당의 구파가 탈당하며 만든 정당이고, 숙적 민주당 신파와 1년 동안 정쟁을 일삼았다는 사실을 망각한 무책임한 행위였다. 5·16 쿠데타가 의원내각제에 마침표를 찍었다.

민주당의 장면 정권을 긍정적으로 평가하기도 하지만 쿠데타로 정권을 잡은 박정희 정권은 장면 정권의 무능과 의원내각제의 비효율성을 과장하여 홍보하였다. 박정희 정권 이후 지금까지 대통령중심제가 계속되었기 때문에 국민들에게 대통령중심제는 일상이 되었다. 이승만 정권에 반발한 야당은 의원내각제를 주장했지만, 박정희 정권을 비판한 야당 신민당은 의원내각제를 주장하지 않았다.

전두환 정권이 막바지로 치닫던 1986년 민정당의 이치호 의원이 의원내각제를 주장하였다. 당시 전두환 정권은 의원내각제 개헌을 통해 영구집권을 꿈꾸었다. 당시 한 개의 지구당에서 2명의 국회의원을 뽑는 중선거구 제도가 여당인 민정당에 유리했다. 무조건 민정당 후보가 당선되고 관제야당 민한당과 국민당, 기타 야당이 한 자리를 두고 다투는 구도였다. 1980년 헌법에서 처음 명시된 비례대표제(당시에는 '전국구'라 불렀다)는 지역구 의석수에 비례하여 각 정당에 배분되기 때문에(헌법재판소의 위헌 판결 이후 정당별 배분 방식에서 정당득표율 배분방식으로 바뀜) 지역구에서 거의 과반수를 얻은 민정당에 유리하였다. 민정당이 과반수 확보가 가능한 상황에서 의원내각제를 실시하면 민정당이 계속 권력을 차지할 확률이 높았다. 야당과 전두환 정권을 비판하는 사람들이 이를 모를 리 없었다.

이러한 상황에서 야당인 신민당 총재 이민우는 1986년 12월 24일 삼양동 자택에서 열린 기자회견에서 민주화 7개항이 실현되면 내각 제를 받아들일 수 있다는 이민우 구상을 발표하였다. 이에 반발한 김대중의 동교동계와 김영삼의 상도동계가 탈당하여 통일민주당을 만들었다. 이후 두 사람과 재야, 학생들이 중심이 된 1987년 민주화운동의 구호 가운데 하나가 대통령직선제 관철이었다.

1987년 헌법이 통과되어 5년 단임의 대통령직선제가 실시되었다. 이후 노태우 정권을 비롯하여 대부분 정권 말기에 개헌론이 제기되었다. 자신들에게 유리한 중선거제(한 선거구에서 국회의원 2인을 뽑음)를 소선거제로 바꾼 선거법을 날치기 통과시킨 자충수를 둔 여당 민정당이 총선에서 패하자 김대중의 평민당, 김영삼의 민주당, 김종필의 공화당 등 야당에 정국 주도권을 내주었다. 여소야대 정국과 아울러 노동자들의 파업이 많아서 혼란한 시기라고 기억하는 사람들도 많을 것이다. 지금 와서 생각하면, 민주적인 법률이 많이 통과되었던 시기였다. 3저 호황의 경제 활황이 계속되었고 노동자의 임금은 올라갔으며 풍족하게 소비할 경제력이 있는 사람들이 많았다. 그러나 대통령중심제에서 여소야대는 대통령의 권한약화를 뜻했다. 이에 노태우가 생각한 꼼수가 3당 합당이다. 노태우, 김영삼, 김종필은 3당 합당을 추진하여 민주자유당, 약칭 민자당을 만들었다. 일본의 일당독재 정당인 자민당의 이름을 베꼈냐는 비아냥을 들은 민자당은 의원내각제를 전제로 급조된 정당이었다. 그러나 이해관계는 서로 달랐다. 노태우 정권의 황태자 박철언과 박태준 등 민정당계 의원들, 김종 필의 공화당 의원들은 의원내각제를 선호하였다. 의원내각제 개헌 각 서에 서명한 김영삼은 여전히 대통령중심제를 고집하였다. 양자의 정 치투쟁 결과 처음에는 각서를 폭로한 구민정계 세력이 우세했지만 당 무를 거부하고 마산으로 내려가 칩거하며 몽니를 부린 김영삼이 결국 승리하였고 대통령이 되었다. 이에 반발한 김종필과 옛 민정계 의원 일부가 탈당하여 다시 자민련(자유민주연합)이란 정당을 만들었다.

1997년 대통령선거에서 김대중은 선거에서 이기기 위해 충청도를 지역 기반으로 하는 자민련과 손을 잡았다. 당시 두 정당의 우두머리 인 김대중과 김종필의 영문 약자를 따서 DJP 연합이라고 부른다. 자 민련이 총리와 주요 장관직을 나눠 가진 연합정권이었기 때문에 국 무총리의 권한도 이전보다 막강하였다. 김종필과 박태준 등이 이끄는 자민련은 의원내각제 개헌을 선호하고 개헌을 주장했지만 실현되지 않았다. 김대중 대통령이 의원내각제 개헌에 찬성하지 않자 자민련은 연정을 탈퇴했다.

2002년 대통령선거 전후로 다시 개헌론이 불거졌다. 2001년 12월 22일 당시 한나라당 내 소장파 의원 모임인 미래연대의 오세훈 공동 대표는 개헌을 주장하였고, 미래연대는 2002년 1월 말이나 2월 초 선 거법 개정에 관한 공청회를 개최할 계획임을 밝혔다.[104] 한나라당 국

---

104) 김동욱 기자, 「"개헌론 불씨 지필 때", 오세훈 의원 주장」, 『한국경제신문』, 2001. 12. 24.

　　　　　　　　　　　　　　　　　　　　　헌법은 밥이다 2

가혁신위원회는 2002년 5월 17일 최종 보고서에서 이회창 후보가 집권할 경우 차기 정부 임기 안에 4년 중임제와 정·부통령제, 내각제뿐만 아니라 대통령의 사면권 행사 제한, 감사원의 국회 이관, 선거제도 변경, 국무총리제 존폐여부 등 권력구조 개편을 포함해 전면적인 개헌을 논의할 것이라고 밝혔다.[105]

대통령 선거운동이 한창이던 2002년 하반기에도 개헌론의 불씨는 꺼지지 않았다. 당시 한나라당의 이회창 후보가 우세한 가운데 반이회창 세력은 후보 단일화를 추진하였다. 월드컵의 성공적 개최 때문에 국민의 지지를 얻었던 정몽준 후보와 당시 여당의 노무현 후보가 결국 후보 단일화에 성공했다. 결국 노무현 후보가 단일 후보가 되었지만, 이때 중요한 현안은 분권형 개헌이었다. 노무현 후보가 당선되면 국무총리가 될 정몽준 의원은 국무총리의 권한이 강한 분권형 개헌을 선호했다는 것이다. 이에 맞불을 놓은 것일까? 2002년 12월 8일 선거를 열흘 앞두고 당시 한나라당 이회창 후보는 임기 중 개헌을 추진할 것이라고 선언하였다. "4년 중임제, 내각제, 현 제도 유지 등 모든 가능성에 대해 국민적 논의를 거쳐 합의를 도출하고 개헌으로 인해 필요한 경우 임기 중 일부도 포기하겠다"라고 말하였다.[106]

이회창 후보를 불과 2.3퍼센트포인트 차이로 간신히 꺾고 당선된

---

105) 박성원·이종훈 기자, 「한나라 "집권 때 전면 개헌 검토"」, 『동아일보』, 2002. 5. 17; 홍윤기, 「국민 헌 법에서 시민헌법으로-」, 『헌법 다시 보기』, 28~29쪽.
106) 정연욱·이종훈 기자, 「선택 2002 D-10, 이회창 후보 회견-"비리 연루 땐 직극 퇴진"」, 『동아일 보』, 2002. 12. 8; 홍윤기, 「국민헌법에서 시민헌법으로」, 28쪽.

노무현 대통령 당선자는 대통령직 인수위원회 정무분과에 '정치개혁 연구실' 설치를 지시하였다. 그는 여러 정치 개혁과 함께 개헌도 검토하였다. 노무현 당선자는 2004년 총선 이후 다수당에 총리 지명권을 주고, 2006년께부터 개헌논의에 착수하겠다고 밝혔다.[107] 이에 '조중동'으로 상징되는 보수 언론도 개헌론에 불을 지피고 민주노동당을 제외한 정당들이 개헌에 관심을 가졌다. 그러나 2004년 대통령 탄핵과 17대 총선, 열린우리당의 과반수 의석 확보, 대통령 탄핵 기각, 2005년 7월 노무현 대통령의 대연정 제안 등 정치적 격변을 거치면서 개헌 논의는 탄력을 잃었다.

2007년 대통령선거 이전에 헌법학자와 여러 전문가가 참여한 '함께하는 시민행동'은 개헌을 주장하며 학문적 성과를 담은 『헌법 다시 보기』를 펴냈다. 이 책에서는 현행 헌법의 문제점을 지적하고 정치, 문화, 여성, 환경, 시민운동 등 다양한 분야에서 개헌의 필요성과 대안을 제시하였다. 홍윤기 교수는 "87년 헌법은 철저하게 대통령 직선제를 기축으로 한 채, 국민을 일단 관중으로 설정한 후 '독재 이후 국가'의 '정치인 과두체제'를 설계한 것에 불과했다"라고 평가하였다.[108] 이 책의 공동 저자들은 2007년이 대통령과 국회의원 임기를 맞출 수 있는 20년 만의 기회라며 개헌을 주장하고 대안을 제시하

---

107) 김교만 기자, 「중·대선거구제 등 공약 구체화 연구」, 『문화일보』, 2002. 12. 30.
108) 홍윤기, 「국민헌법에서 시민헌법으로」, 38~39쪽.

였다. 그러나 이들의 주장은 묻히고 말았다. 대화문화아카데미의 새 헌법조문화위원회도 주로 헌법학자 등을 모아 토론을 거쳐 개헌안을 만들어 책으로 펴냈다.

이명박 정권 시절 김형오 국회의장은 개헌을 준비하기 위해 헌법 연구 자문위원회를 만들고 1년간 연구를 통해 2009년 이원집정부제 를 규정한 개헌 연구보고서를 발간하였다. 이를 필두로 이명박 정권 시절 의원내각제 개헌론이 들끓었지만 실행에 옮겨지지 않았다. 임기 내내 개헌을 반대했던 박근혜는 최순실 국정농단 때문에 국민의 분 노가 치밀어 오르는 국면을 돌파하려고 개헌을 주장했으나 개헌 논 의의 불꽃은 하루도 되지 않아 꺼졌다.

박근혜 탄핵의 여운이 채 가시지 않은 2017년 친박당(자유한국 당)과 비박당(바른정당), 국민의당은 의원내각제 개헌을 추진하는 해 프닝이 있었다. 자유한국당 정우택, 바른정당 주호영, 국민의당 주승 용 원내대표가 2017년 3월 15일 오전 국회 귀빈식당에서 개헌안을 논의한 후 언론에 발표하였으나 반나절 만에 물거품이 되었다. 이들 의 반발을 의식한 더민주당은 2018년 지방자치단체장·지방의회 선 거 때 개헌안도 동시에 국민투표에 부치자는 절충안을 제시하였다. 문재인 대통령은 취임 후 열흘도 되지 않은 2017년 5월 19일 국회 5 당의 원내대표를 초청한 자리에서 2018년 지방선거 때 개헌안을 국 민투표에 부칠 것이라고 말했다. 그러나 문재인 대통령이 2018년 3 월에 개헌안을 발표하자 정의당을 제외한 야당들은 이 핑계 저 핑계를 대며 자신들이 불과 1년 전에 대선공약으로 내걸었던 지방선거와 개헌안 동시투표를 거부했다. 자신들의 선거에 불리하다는 이유다. 대통령이 헌법의 절차를 지키며 만든 개헌안을 무시하며 개헌안 제정권이 국회에만 있다고 사기 치는 그들. 거짓말을 밥 먹듯 하면서도 살아남는 신공이 존경스럽다.

2인자를 두지 않는다는 아버지의 철칙을 물려받은 박근혜는 재임 도중 후계자 자리를 예약한 2인자를 두지 않았다. 임기 4년 차인 2016년 후계자 구상을 해야 하는 상황에서 최순실의 국정논란이 폭로되면서 최순실 게이트 사건으로 탄핵당해 물러났다. 문재인을 비롯한 대통령 후보가 넘쳐난 더민주당과 달리 변변한 대통령 후보가 없었던 새누리당, 그리고 분당 후에 갈라진 친박당과 비박당은 보수세력과 인구가 가장 많은 영남지역을 기반으로 삼고 있었기 때문에 차기 총선에서 다수당이 될 가능성이 높다. 그리고 2017년 대통령선거에서 당선 가능성이 없었기 때문에 당연히 의원내각제를 선호했다. 호남지역을 기반으로 하는 국민의당(현재는 2개로 분당 됨. 안철수가 비박당인 바른당과 합당하여 바른미래당을 창당하자, 이에 반발한 호남계 의원들이 민주평화당을 만듦)도 지역감정과 지역대결 구도 때문에 호남 출신 대통령을 배출하기 어려운 상황에서 실세 총리와 장관 자리를 차지하기 위해 의원내각제를 선호하였다.

이들은 겉으로 제왕적 대통령제 폐해를 내세운다. 1948년 이후 대부분 대통령의 말로가 비참했다. 이승만은 4·19 혁명으로 물러났고,

박정희는 젊은 여성들과 술 마시다 심복 김재규의 총에 맞아 죽었으며, 전두환과 노태우는 각각 사형과 22년 6개월 징역을 선고받았다. 노무현은 이명박 정권의 탄압으로 스스로 목숨을 끊었고 무리하게 노 전 대통령의 장례식에 참석한 김대중은 지병 악화로 서거했다. 박근혜는 최초로 탄핵당해 물러나 검찰에 구속되어 구치소에 있다. 전과 11범(한때 전과 14범으로 알려졌으나 검찰의 구속영장과 고소장을 통해 전과 11범임이 드러남)인 이명박 역시 국민의 세금을 착복한 죄로 박근혜의 뒤를 이어 구속되었다. 이후 그의 범죄 사실은 늘어날 것이다. 억울하게 죽은 대통령들도 있지만, 대부분 자기 마음대로 권력을 휘두르다 자초하였다.

제왕적 대통령제를 비판하는 국회의원들은 대통령과 행정부를 견제하기 위해 얼마나 노력했는가? 노무현 전 대통령은 제왕적 대통령제의 폐해를 시정하기 위해 정당의 총재 자리를 맡지 않았다. 최초의 일이다. 이후 대통령은 여당 대표를 맡지 않는 관례가 정착하였다. 대신 당원들이 선거로 당 대표를, 국회의원들이 원내대표를 선출하여 형식상 당내 민주화가 진전되었다. 그러나 한나라당(새누리당) 출신 대통령들은 당직이 없음에도 불구하고 보이지 않는 손을 통해 국회의원 공천에 영향력을 행사하는 등 당을 통제하고 지배하였다. 심지어 새누리당 원내대표들은 청와대의 전화를 받고 원내대표들끼리 합의한 사항을 뒤집는 짓을 반복했다. 일부 새누리당 국회의원들은 국정감사장이나 국회본회의에서도 청와대의 지시대로 행동하는 꼭두

각시에 불과했다. 그 당만 그랬을까? 역대 대통령 가운데 가장 의회주의자라는 김대중이 대통령이 된 후 당 대표들을 청와대가 보내준 문서를 읽는 대독 대표로 전락시켰다.

국회가 제왕적인 대통령과 행정부의 횡포를 견제할 수단은 많다. 미국처럼 정부의 예산 집행을 감사하는 회계감사원을 국회에 두고 행정부의 예산 낭비를 감시할 수 있다. 이미 국회의 입법조사처가 국회의원 대신 행정부를 감시하고 있다. 상시 국정감사를 실시하고 국회청문회를 강화하면 행정부를 감시할 수 있지만 안 한다. 2016년 12월부터 2017년 2월까지 지속된 '박근혜-최순실 게이트' 청문회를 보니 기가 찼다. 청문회에 참석하지 않은 증인들도 많았고, 위증하거나 성의 없이 대답하는 증인들도 많았다. 이를 막기 위해 출석하지 않거나 위증하는 증인을 처벌하는 법을 만들면 되지만, 국회의원들은 만들지 않는다. 대통령이나 행정부를 조사하는 특검을 국회의 통제하에 두는 법을 만들 수도 있지만 모르쇠로 일관한다. 비리 검사 개인을 탄핵할 수 있는 권한도 있지만 모른 척한다. 그러면서 제왕적 대통령을 견제하기 위해 의원내각제로 헌법을 바꾸잔다. 개헌이 애들 장난인가? 국회의원들의 의무도 제대로 실행하지 않으며 권력욕 때문에 개헌하자는 국회의원들에 환멸을 느낀다. 최근에는 개헌 레임덕을 각오하고 먼저 손을 내밀어 개헌을 제안한 대통령을 끝내 외면하고 국민투표법을 통과시키지 않는 방법으로 지방선거 동시 개헌을 무력화한 그들이 경멸스럽다.

개헌?
우리를 위한 헌법
조항부터 지키자

그들이 말하는 개헌은 언제나 자신들이 한자리 하고 싶다는 욕망과 동의어였다. 제왕적 대통령제를 바꾸는 것도 중요하지만 국민은 먹고사는 문제가 중요하다. 『헌법은 밥이다』에서 살펴본 헌법 개정의 역사를 상기해보자. 역대 대통령들과 정치인들은 국민들이 대통령직선제, 3선 개헌 등 권력구조 개편에 관심을 보이는 동안 기본권을 제한하는 조항이나 그들에게 유리한 경제조항을 끼워넣었다. 1987년 헌법 개정을 위한 국민투표 때가 생각난다. 동네 어른들이 삼삼오오 모여 선거관리위원회에서 동네 벽마다 붙여놓은 헌법 개헌안을 읽는 모습. 지금은 인터넷으로 찾아보니 편하기는 하지만, 그 긴 문장을 시간을 내서 정성 들여 읽는 사람들은 별로 없었다. 그러다 보니 자신들이 원하거나 관심 있는 부분, 즉 대통령직선제, 의원내각제 등 권력구조 개편 부분만 보고 찬성표를 던졌다. 혹은 관성적으로 아무 생각 없이 찬성표를 던졌을지도 모른다. 어쨌든 '묻지마 투표'였다. 그러다 보니 우리의 삶을 규정하는 조항들이 바뀌거나 새로 추가되는 것을 놓치게 된다. 1948년 헌법의 특징인 사회민주주의적인 경제조항은 3선 개헌에 묻혀 슬그머니 바뀌었다. 노동자의 이익 균점권은 군부 쿠데타가 의원내각제에서 대통령중심제로 바꾼 헌법 제6호에서 삭제되었다. 자세히 보지 않으면 알 수도 없는 무역에 대한 조항은 통제에서 무역 육성으로 바뀌었다.

역대 대통령과 정치인들이 권력구조 개편을 개헌의 중심에 놓고 국민의 관심이 쏠리는 동안 우리의 삶과 생계에 중요한 조항들이 빠지거나 추가되었다. 모두 치밀한 계획에 따라 경제조항을 넣거나 빼거나 고쳤다. 이런 개헌의 역사를 보면, 이번에도 정치권이 의원내각제와 이원집정부제, 4년 중임제 등 권력구조 문제로 싸우고 국민들의 관심을 그쪽으로 돌리면서 또 슬그머니 경제조항이나 각종 기본권조항을 바꿀 것 같은 두려움이 앞선다. 일부 언론에서는 재계가 소위 제119조 2항의 경제민주화 조항을 삭제하여 국가가 재벌들에 전혀 간섭할 수 없도록 할 것이라고 전망하기도 한다. 또 노동 3권 조항을 삭제하여 노조 활동을 원천적으로 봉쇄하려고 단단히 벼르고 있다.

현행 헌법은 기본권과 경제조항만 보면 전두환 정권이 만든 5공 헌법(헌법 제9호)보다 못하다. 바꾸거나 새로 넣어야 할 기본권과 경제조항이 많다. 이를 위해 많은 이해 당사자들이나 단체가 모여서 토론하고 합의해야 한다. 그렇지 않고 기본권과 경제조항, 국민주권과 직접민주주의를 보장하는 시민 참여 등이 개선될 가능성이 없으면 개헌을 하지 않는 게 차라리 낫다.

이번에 개헌하게 된다면 이전의 개헌처럼 국민투표는 또 요식행위가 될 가능성이 크다. 의원내각제이든, 이원집정부제이든 권력구조 개편만이 중요한 것이 아니다. 우리들의 삶을 결정할 수 있는 기본권을 그대로 두느냐, 새로운 조항을 넣느냐, 고치느냐라는 중요한 문제를 결정하기 위해 먼저 현행 헌법을 읽어보고 공부하고 생각하며 토론할 시간이 있어야 한다. 전두환 정권과 야당의 김영삼·김대중이 1987년에 협상하며 만든 헌법이 30년 이상 지속될 것이라고 생각한 사람들은 많지 않았을 것이다. 그러니 대충 만든 티가 났다. 이중배상 청구 금지와 검찰의 영장신청 독점 등 유신헌법의 잔재가 묻어난 각종 헌법 조항이 이를 보여준다. 4년 중임 대통령제를 주장했으나 이승만·박정희의 3선 개헌의 암울한 기억 때문인지 받아들여지지 않았고 5년 단임제로 봉합했다. 대통령중심제임에도 불구하고 헌법과 법률에 총리의 권한을 강화한 것을 두고 뒷말이 많았다. 6·29선언과 현행 헌법의 막후 실세인 전두환이 수렴청정을 위해 국가원로자문회의 의장이 되고 자당 의원들을 수족으로 부리며 심복을 총리로 임명하여 대통령을 견제하고 사실상 행정부를 장악하려고 한다는 음모론. 사실인지 전두환에 대한 반감인지 모르겠으나, 노태우 정권은 이 음모론을 언론에 흘리며 전직 대통령이 현직 대통령에게 영향력을 미칠 수 있는 국가원로자문회의법을 무력화시켜 친정 체제를 갖췄다. 졸속으로 만든 땜질 헌법의 허점투성이 때문에 5년도 안 되어 의원내각제 개헌이 제기되었고, 이후에도 마찬가지였다. 그런데도 30년 넘게 개헌이 실현되지 않았다. 이번에 개헌하게 된다면, 마찬가지로 다시 헌법을 바꾸기까지 오래 기다려야 할 것이다. 그래서 우리의 삶에 영향을 주는 기본권과 경제조항은 졸속으로 결정해서 안 된다. 이번 개헌에는 시간이 걸리더라도 헌법의 기본권 조항을 읽어보고, 정치

인들이 장난치지 못하도록 감시해야 한다. 그리고 국민이 요구하는
기본권 조항을 집어넣을 수 있도록 노력해야 한다.

먼저 현행 헌법의 기본권과 경제조항을 읽어보자. 그러면 여러분
들은 웃거나 화를 낼 것이다. 정반대의 표현 방식이지만 그 원인은 모
두 헌법 조항이 실제로 지켜지지 않았음을 알게 된 후의 반응일 것이
다. 아래는 필자가 일상생활에 중요하다고 생각하는 기본권 가운데
몇 가지를 나열해 본 것이다.

제7조 ① 공무원은 국민전체에 대한 봉사자이며, 국민에 대하여 책임을 진다.

② 공무원의 신분과 정치적 중립성은 법률이 정하는 바에 의하여 보장된다.

제11조 ① 모든 국민은 법 앞에 평등하다. 누구든지 성별·종교 또는 사회적 신

분에 의하여 정치적·경제적·사회적·문화적 생활의 모든 영역에 있어서 차별

을 받지 아니한다.

② 사회적 특수계급의 제도는 인정되지 아니하며, 어떠한 형태로도 이를 창설

할 수 없다.

제13조 ③ 모든 국민은 자기의 행위가 아닌 친족의 행위로 인하여 불이익한 처

우를 받지 아니한다.

제17조 모든 국민은 사생활의 비밀과 자유를 침해받지 아니한다.

제18조 모든 국민은 통신의 비밀을 침해받지 아니한다.

제20조 ① 모든 국민은 종교의 자유를 가진다.

② 국교는 인정되지 아니하며, 종교와 정치는 분리된다.

제21조 ① 모든 국민은 언론·출판의 자유와 집회·결사의 자유를 가진다.

② 언론·출판에 대한 허가나 검열과 집회·결사에 대한 허가는 인정되지 아니한다.

제31조 ① 모든 국민은 능력에 따라 균등하게 교육을 받을 권리를 가진다.

② 모든 국민은 그 보호하는 자녀에게 적어도 초등교육과 법률이 정하는 교육을 받게 할 의무를 진다.

③ 의무교육은 무상으로 한다.

④ 교육의 자주성·전문성·정치적 중립성 및 대학의 자율성은 법률이 정하는 바에 의하여 보장된다.

제32조 ① 모든 국민은 근로의 권리를 가진다. 국가는 사회적·경제적 방법으로 근로자의 고용의 증진과 적정임금의 보장에 노력하여야 하며, 법률이 정하는 바에 의하여 최저임금제를 시행하여야 한다.

② 모든 국민은 근로의 의무를 진다. 국가는 근로의 의무의 내용과 조건을 민주주의원칙에 따라 법률로 정한다.

③ 근로조건의 기준은 인간의 존엄성을 보장하도록 법률로 정한다.

④ 여자의 근로는 특별한 보호를 받으며, 고용·임금 및 근로조건에 있어서 부당한 차별을 받지 아니한다.

⑤ 연소자의 근로는 특별한 보호를 받는다.

제33조 ① 근로자는 근로조건의 향상을 위하여 자주적인 단결권·단체교섭권 및 단체행동권을 가진다.

② 공무원인 근로자는 법률이 정하는 자에 한하여 단결권·단체교섭권 및 단체

행동권을 가진다.

③ 법률이 정하는 주요방위산업체에 종사하는 근로자의 단체행동권은 법률이 정하는 바에 의하여 이를 제한하거나 인정하지 아니할 수 있다.

제34조 ① 모든 국민은 인간다운 생활을 할 권리를 가진다.

② 국가는 사회보장·사회복지의 증진에 노력할 의무를 진다.

③ 국가는 여자의 복지와 권익의 향상을 위하여 노력하여야 한다.

④ 국가는 노인과 청소년의 복지향상을 위한 정책을 실시할 의무를 진다.

⑤ 신체장애자 및 질병·노령 기타의 사유로 생활능력이 없는 국민은 법률이 정하는 바에 의하여 국가의 보호를 받는다.

⑥ 국가는 재해를 예방하고 그 위험으로부터 국민을 보호하기 위하여 노력하여야 한다.

제36조 ① 혼인과 가족생활은 개인의 존엄과 양성의 평등을 기초로 성립되고 유지되어야 하며, 국가는 이를 보장한다.

② 국가는 모성의 보호를 위하여 노력하여야 한다.

③ 모든 국민은 보건에 관하여 국가의 보호를 받는다.

제121조 ① 국가는 농지에 관하여 경자유전의 원칙이 달성될 수 있도록 노력하여야 하며, 농지의 소작제도는 금지된다.

제123조 ① 국가는 농업 및 어업을 보호·육성하기 위하여 농·어촌종합개발과 그 지원등 필요한 계획을 수립·시행하여야 한다.

② 국가는 지역간의 균형 있는 발전을 위하여 지역경제를 육성할 의무를 진다.

③ 국가는 중소기업을 보호·육성하여야 한다.

④ 국가는 농수산물의 수급균형과 유통구조의 개선에 노력하여 가격안정을 도모함으로써 농·어민의 이익을 보호한다.

⑤ 국가는 농·어민과 중소기업의 자조조직을 육성하여야 하며, 그 자율적 활동과 발전을 보장한다.

여기에 나열된 조항들은 우리의 삶, 특히 가정 경제와 직업, 지역 사회 등에도 영향을 주는 조항이다. 이 조항들 가운데 지켜지고 있는 조항이 몇 가지인지 세어보자. 남·녀의 성별, 거주 지역, 직업, 사회생활의 경험에 따라 지켜지고 있다고 느껴지는 조항의 수가 달라질 것이다. 그러나 대부분 조항이 지켜지고 있다고 생각하는 사람들은 적을 것이다.

개헌은 중요하다. 더 나은 기본권을 바꾸거나 신설하자. 좋다. 그러나 새로 바뀌거나 신설된 기본권을 지킨다는 보장이 있을까? 지금까지 헌법의 조항을 지키기 위해 노력조차 하지 않은 대통령, 국회의원, 판사, 검찰, 국정원, 기타 공무원들이 헌법을 새로 고친다고 새로 추가된 기본권을 지킬까? 앞에서 언급한 것처럼 현행 헌법의 기본권과 경제조항이 이전의 헌법보다 반드시 나은 것은 아니다. 역대 헌법 가운데 장면 정권 시기인 헌법 제4~5호의 기본권과 경제조항이 제일 좋았다. 그 정도는 아니지만, 현행 헌법은 최악은 아니다. 먼저 헌법에 보장된 기본권과 경제조항을 지키자고 요구하자.

헌법에 규정된 국민의 기본권을 알아야 정치인들이 거짓말이나 다른 말을 못한다. 2011년 무상급식이 한국 사회를 달구었다. 당시 여당인 한나라당 의원들은 "이건희 손자도 공짜 점심을 먹어야 하느냐?"라는 논리로 초·중·고 학생들의 무상급식을 반대했다. 이건희·이재용 부자는 편법 상속을 통해 손자가 수백억 년 공짜 점심을 먹을 수 있는 돈을 아꼈는데도 말이다. 야당 의원들은 "누구는 공짜로 주고 누구는 돈 내고 먹으면 학생들 사이에 위화감이 생긴다"라고 말하며 찬성했다. 그 당시 어느 누구도 헌법 제31조 3항의 "의무교육은 무상으로 한다"를 인용하며 이 문제에 진지하게 접근하지 않았다. 지금에야 노회찬 의원 등이 이 조항을 근거로 교육문제를 언급하긴 한다. 무상급식은 언론이 만든 잘못된 용어이고 의무급식이 올바른 용어다. 학교에서 점심밥을 먹는 것이 교육의 일부라면 의무교육은 공짜라는 헌법 조항을 따라야 하는 것이 이치에 맞다. 차라리 학교에서 밥 먹는 것이 교육이냐 아니냐를 따지는 것이 수준 높은 토론이었을 것이다. 제31조 2항에 따르면 초등교육까지만 의무이고, 초등학교 이후 교육은 법률로 정한다. 현재는 중학교까지 의무교육이다. 덕분에 중2병에 걸린 일부 중학생들이 나쁜 짓을 해도 퇴학시킬 수 없다. 서울시교육청이 정유라의 고등학교 졸업을 취소했지만, 중학교 졸업을 취소하지 못한 이유도 이 헌법 조항과 법률 때문이다. 정유라의 고등학교 졸업을 취소한 이유는 법률에서 정한 출석일을 어겼기 때문이다. 정유라는 중학교 때도 학교에 거의 나갔지 않았지만 중학교는 의무교육이기 때문에 퇴학도 안 되고 무조건 졸업장을 줘야 한다. 반대로 헌법과

헌법은 밥이다 2

법률에 따르면, 초등학교와 중학교가 의무교육이고 무상이므로 학생들은 돈을 낼 필요가 없다. 그러나 육성회비, 기성회비, 수업료 등을 내고 있지 않은가? 이것은 사기다. 우리가 헌법 제31조 3항을 알지 못하기 때문에 항의하거나 요구하지 못해서 생긴 현실이다. "의무교육은 무상으로 한다"라는 헌법 조항과 그 취지를 들은 학부모들은 지금까지 '속았다'라는 표정을 짓는다. 교육문제뿐만 아니라 다른 조항도 마찬가지이다.

대통령과 국회의원들, 도지사, 시장, 구청장, 군수, 교육감, 공무원들에게 요구하자. 헌법에서 보장한 기본권 조항을 지켜라! 경제조항을 지켜라! 그러면서 헌법 개정을 논의하자.

Part 4

헌법
조항들이
실현되는
사회를
꿈꾸며

헌법은
최고 규범이다

원칙적으로 헌법은 한 나라의 최고 규범이다. 따라서 헌법 밑에 있는 법률과 명령, 규칙은 헌법의 범위를 넘을 수 없다. 그러니 헌법에 따라 살아야 한다는 뜻이다. 헌법에 민주주의를 포함하면 민주국가에 걸맞은 법률을 만들어야 한다. 이런 헌법을 가진 나라에 사는 사람들은 자유와 평등, 인권 등 민주적인 헌법과 법률을 지키며 살아야 한다. 반면 재산권을 제한하거나 재산을 몰수할 수 있다는 공산주의 이념을 헌법에 채택하면, 토지나 회사의 소유권, 경영권 등 소위 '생산수단'을 개인으로부터 빼앗고 국가가 독점할 수 있다. 북한과 중국에서 보듯이 심지어 생산수단 이외에 개인의 재산도 쉽게 몰수할 수 있다. 반면 헌법에서 사형을 금지하면, 수백 명을 죽인 살인마라 한들 사형에 처할 수 없다. 헌법이 한 나라의 최고 규범이라고 아무 원칙이나 함부로 정하면 안 된다. 미국 의회는 1919년 1월 29일 금주법을 수정조항 제18조로 비준하였다. 이후 미국에서 술을 만들거나 팔거나 사거나 마시는 것이 불법이 되었다. 아무리 독

실한 기독교도들이 산다고 하더라도 술을 안 마시고 살 수 있나? 금
주법 조항 덕분에 알 카포네 같은 밀주업자와 갱들만 노났다. 음주도
술의 매매도 금지하기 어렵고 심각한 부작용이 있음을 알아챈 미국
정치인들은 결국 1933년 12월 5일 수정헌법 제21조를 비준하여 금
주법을 삭제하였다. 최고의 규범이라고 해도 나라의 구성원들이 지킬
수 있는 원칙과 규정을 만들어야 한다.

1948년 만들어진 헌법은 대한민국임시정부 헌법 혹은 헌장, 조소
앙의 건국강령과 바이마르헌법을 반영하여 사회적 기본권을 강조하
였다. 좀 심하게 말하면, 공산주의나 사회주의적 요소도 받아들였다.
노동자의 이익균점권과 유진오 박사가 직접 밝힌 '사회정의'의 개념,
모든 자원의 국가 소유 등의 조항에서 이를 확인할 수 있다. 그러나
이러한 조항은 대한민국 정부수립 이후 제대로 실현된 적이 없었다.
그리고 나중에 개헌에 묻혀 소리소문없이 사라졌다. 이 나라의 지배
층과 정치인들은 자신들에게 유리한 조항을 헌법에 집어넣었다. 통치
에 편하게 하기 위해서다. 반면 국민의 기본권과 복지에 관한 조항은
알려지지 않기를 바랐다. 그들에게 헌법은 종교의 경전과 도덕책처럼
좋은 말로 치장한 장식품에 불과했다.

정치인들과 언론은 4년 중임 대통령제, 분권형 대통령제, 이원집정
부제, 수사권과 영장 청구 등 자신들이 관심 있는 조항만 주장하거나
보도한다. 1987년에도 그랬다. 1987년 6월 항쟁의 결과, 의원내각제
를 포기한 전두환 정권은 야당과 대통령직선제 개헌을 협상했다. 대

통령직선제와 5년 단임제로 합의를 봤지만, 이때 아무도 주목하지 않은 조항이 소리소문없이 사라졌다. 특히 헌법 제9호(5공헌법) 제120조 3항인 "독과점의 폐단은 적절히 규제·조정한다"라는 조항이다. 특히 IMF 금융위기 이후 소수 재벌과 대기업이 각 산업 분야에서 독과점의 지위를 구축하고 원재료나 원-달러 환율상승을 이유로 짬짬이 가격을 올리는 횡포를 부리는 지금 절실한 조항이다. 물론 이 조항이 없더라도 공정거래위원회가 독과점을 조사하고 벌금을 부과할 수 있다. 만약 어떤 기업이 공정거리위원회를 골탕 먹이기 위해 헌법재판소에 제소하면 어떻게 될까? 현행 헌법 제119조에는 3항이 삭제되었다. 판단은 헌법재판소 마음이다. 정치인들이 정치와 관련된 조항으로 협상하다가 기본권이나 경제조항 가운데 어떤 조항을 없애거나 바꿀지 모르는 일이다. 일부 수구세력은 "국가는 모든 국민에게 생활의 기본적 수요를 충족시키는 사회정의의 실현과 균형 있는 국민경제의 발전을 위하여 필요한 범위 안에서 경제에 관한 규제와 조정을 한다"라는 현행 헌법 제119조 2항을 없애거나 바꾸려고 벼르고 있다. 노동 3권도 빼려고 시도할 것이다. 이 두 조항이 빠진다면? 재벌과 대기업의 횡포는 불법이 아닌 합법이 되고 노동자들은 단결권, 단체행동권, 단체교섭권을 가지지 못하여 노조 결성 및 가입과 파업 자체가 해석에 따라 헌법을 위반한 행위가 될 수 있다.

지금까지 대한민국의 구성원들은 헌법에 무관심하다 보니 헌법이 가지는 최고 규범의 성격을 알지도 실감하지도 못하였다. 그들은 이

점을 악용하여 이런저런 조항들을 없애거나 바꾸었다. 노동자의 이익균점권이 지금까지 남아 있었다면 노동자들이 기업들이 거둔 수익 일부를 나눠 달라고 해도 '빨갱이'라고 비난할 수 없었을 것이다. 그리고 재벌과 대기업들이 남긴 이윤을 투자하지 않고 쌓아만 두는 만행도 저지르지 못했을 것이다. 또다시 권력구조 개편 논의라는 그들만의 장막 뒤에서 우리들의 기본권과 삶에 영향을 주는 경제조항이 바뀌거나 사라지지 않을까 걱정된다.

헌법재판소가 출범한 1987년 이후 모든 문제를 헌법재판소에 제소할 수 있고, 헌법재판소의 판결에 따라 과외금지, 행정수도 이전, 간통죄도 무효가 될 수 있는 세상이 되었다. 따라서 헌법 조항 하나하나가 소중하다. 권력구조보다 우리의 절실한 밥인 기본권과 경제조항에 관심을 기울여야 한다.

필자는 특별히 진보적이거나 수구적이지 않지만, 이 책의 내용 중 일부가 과격하다고 느낀 독자가 있다면, 그것은 대한민국의 최고 규범인 헌법의 가치와 민주주의, 인권, 사회적 기본권 조항을 지켜야 한다는 필자의 생각이 독자들에게 낯설기 때문이다. 특히 1948년 헌법의 논리에 익숙해진다면 말이다. 만약 헌법에 전제군주 체제를 규정하고 나라의 구성원들에게 자유와 평등을 비롯한 기본권을 주지 않고 의무만을 강조한다면 이 책의 내용도 그와 같이 바뀔 것이다. 백성들의 의무만을 강조한 전근대 시대 역사교과서나 개설서처럼. 그러나 현행 헌법의 민주주의와 사회적 기본권이 지켜졌다면, 대한민국의 구

헌법은 밥이다 2

성원은 당연히 민주주의 사회의 시민으로 살고 사회보장과 사회복지의 혜택을 받으며 살고 있어야 했다.

국민에서
시민으로

한 나라의 구성원을 지칭하는 단어에 백성, 신민(臣民), 국민, 시민 등이 있다. 백성과 신민은 전근대 시대 황제나 왕, 영주 등 군주의 지배를 받는 사람이란 뜻이 강하다. 국민은 직역하면 나라의 백성이다. 한 나라의 구성원이라는 뜻이다. 이 단어는 일본이 군국주의를 추진하며 만든 단어이고 1948년 헌법에 사용된 후 박정희 정권 때부터 본격적으로 사용되던 단어라고 한다. 한국사를 '국'사, 한국어를 '국'어로 표기하고 국사학과와 국어국문학과라는 이름이 지금도 사용된다. 해외에 나가보면 '국민'이라는 단어는 같은 한자 문화권에서 잘 사용되지 않는다. 중국과 대만에서는 '국민' 대신 '공민'이라는 단어를 쓴다. 미국과 유럽에서는 시민이라고 쓴다.

국민이든 시민이든 용어는 중요하지 않다고 생각할 수 있다. 그러나 언어는 사유(생각)를 지배한다는 어떤 언어학자의 주장처럼 어떤 용어를 사용하느냐에 따라 자기의 사고 범위를 좁힌다. 대한민국에서 국민은 군인이나 일부 엘리트의 지배를 받으며 납세와 국방의 의무를 비롯한 국민의 의무를 잘 이행하는 수동적 존재였다. 적어도 지배층들은 그렇게 생각했다. 그러니 헌법 제8호(유신헌법)의 제1조 2항에서는 "대한민국의 주권은 국민에게 있고, 국민은 그 대표자나 국민투표에 의하여 주권을 행사한다"라고 하였다. 유신헌법 이래 대한민국 국민은 투표만으로 주권을 행사할 뿐이었다. 현재의 구절은? "대한민국의 주권은 국민에게 있고, 모든 권력은 국민으로부터 나온다." 현행 헌법에서는 국민이 주권과 모든 권력의 주체이자 근원이라고 규정하였다. 국민, 국민교육헌장, 국사 등 나라 '국'을 강조했던 유신시대에 주권을 가진 국민은 투표할 때만 주권을 행사한다고 하였다. 자신들이 이기는 투표에 동원된 순종적인 사람들이란 어감이 강하다. 반면 '시민'은 민주주의 사회에 살고 민주주의를 위해 능동적으로 활동하는 사람이란 뜻이 강하다. 미국과 유럽 등 정치적 선진국, 혹은 민주주의 국가에서 사용되므로 그렇게 생각할지도 모른다. 특히 촛불집회 이후에 일제강점기와 군부통치 시기에 사용했던 국민이라는 단어 대신 '시민'을 사용하는 사람들이 늘어나는 추세다. 필자도 국민대신 시민을 사용해야 한다고 생각하지만, 국가와 민족, 국민이라는 단어에 익숙하다 보니 섞어 쓰게 된다. 이 책에서는 '국민'에 익숙한 독자들을 위해 주로 '국민'이라는 단어를 사용하였다.

민주주의 사회를 지향하려면 대한민국의 얼굴인 헌법에 '국민' 대신 '시민'을 사용해야 한다. 용어만 바꾼다고 해결되는 것이 아니다. 헌법과 헌법이 담고 있는 민주주의와 인권, 자유와 평등, 복지국가 등을 현장에서 실현해야 한다. 말이 쉽지 실천은 어렵다. 최근에는 중학교와 고등학교에서 민주주의와 인권을 어느 정도 가르치고 있다. 민주주의와 인권의 세례를 받은 중학생과 고등학생들이 쇠고기 촛불집회부터 2016~2017년 촛불집회까지 중요한 사건 때마다 참여하고 있다. 그들은 집회에서 자신들에게도 투표권을 달라고 호소하였다. 최근에는 국회의원 출마자격을 25세로 규정한 공직선거법을 헌법재판소에 위헌으로 제소하였다. 나이 많은 사람들이 보기에 당돌해 보여도 스스로 자신들의 권리를 찾으려고 노력하는 모습이 아름답다. 그러나 필자가 중·고등학교를 다닐 때에는 민주주의나 인권을 배울 기회가 없었다. 요새는 금지된 교사들의 구타와 체벌은 너무나 당연시되었던 시절이었다. 심지어 필자의 동생이 다니던 고등학교에서는 학생들이 직선제로 뽑은 학생회장을 교사들이 폭행하고 학생회장 자리에서 내쫓은 후 공부 잘하는 모범생으로 대체하는 만행을 저질렀다. 1990년대만 해도 그런 시절이었다. 그러다 보니 시민이라기보다 국가와 직장에 순종하는 백성 혹은 신민, 국민에 가까웠다. 세대 차이는 물리적인 나이뿐만 아니라 교육의 내용에 따라 나뉜다. 즉 민주주의와 인권에 친숙한 세대와 그렇지 않은 세대로 나뉜다. 전자의 사람들이 많아지면 보다 많은 사람들이 민주주의와 인권을 이야기할 것이고, 사회는 이를 실현하는 방향으로 바뀔 것이다.

2016~2017년 진행된 촛불집회, 즉 '촛불혁명'은 '시민'이 아니라 '국민'으로서 일방적인 폭압에 순응했던 대한민국의 장삼이사들이 모여서 성공시킨 평화 집회였다. 질서 있고 평화롭게 6개월 가까

이 진행된 촛불집회의 구호 중 하나는 "대한민국의 주권은 국민에게 있고, 모든 권력은 국민으로부터 나온다"라는 헌법 제1조 2항이었다. 이 조항을 외치거나 노래로 부르면서 누구나 주권이 대한민국의 구성원에게 있음을 실감하였다. 대한민국 국민에서 대한민국 시민으로 거듭나는 전환점으로 역사에 기록될 것이다. 필자처럼 헌법에 관심을 가지고 헌법과 관련된 책들을 보는 사람들이 많아지는 것도 '촛불혁명' 이후의 더 나은 미래를 위한 준비다.

야당의 반대로 헌법 개정이 무산되더라도 헌법을 공부하며 헌법의 가치를 실현하는 민주사회의 시민이 되도록 자질을 갖추어야 한다. 그래야 다음 헌법 개정 때 시민이 참여하는 '우리'의 헌법을 제정할 수 있을 것이다.

헌법을
가르치고 배우자

헌법재판소가 설문 조사를 통해 세상을 바꾼 재판 10가지를 공개하였다. 1위는 친일재산 몰수 규정 합헌이다. 그래봤자 친일파들은 이미 법원 재판을 통해 재산을 모두 찾아갔다. 유신헌법 시절 대통령 긴급조치 위헌, 국회의 노무현 대통령 탄핵 기각, 국회의 법률안 날치기 통과 위헌, 본인 확인 인터넷 실명제 위헌, 공무원 시험 나이 제한 헌법 불합치, 정부의 위안부 피해 외교적 방치 위헌, 호주제 헌법 불합치, 표현의 자유를 제한한 통신 금지 조항 위헌, 5·18 주모자 처벌 법률 합헌이 나머지 9개다. 헌법재판소의 자화자찬 같지만, 헌법재판소의 판결은 우리들의 삶에도 직접 혹은 간접적으로 영향을 준다.

중학교 3학년 때 사회 선생님은 사회교과서 뒤쪽에 부록으로 붙어 있던 헌법을 공책에 써서 제출하라는 여름방학 숙제를 내주셨다. 4·19 당시 시위에 앞장서고 정치에 뜻이 있어서 대학교 총학생회장 선거에 출마하려다가 상대 후보가 보낸 깡패의 협박에 굴복해 선거를 포기하고 결국 정치인의 꿈을 포기하셨다는 선생님. 지금 생각해 보면 그분이 왜 그런 숙제를 내주셨는지 이해하고 공감하지만, 그때는 숙제가 싫었다. 헌법이 내 삶에 영향을 줄 것이라고 생각하지 않았기 때문이다. 그러나 바로 그해. 현행 헌법이 공식적으로 효력을 발휘했던 1988년, 헌법재판소는 과외 금지를 위헌으로 판결했다. 이후 개인교습(과외)이 허용되었고 학원 수강도 가능해졌다. 한동안 과외금지 위헌 판결 때문에 충격을 받았고, 필자의 삶에도 영향을 주었다. 최근에는 간통죄가 위헌으로 판결되었다. 일부 사람들에게는 간통죄 위헌 판결이 새로운 해방구일 수 있고, 다른 사람들에게는 재앙이 될 수 있다. 이처럼 헌법은 우리의 삶에 영향을 준다. 그러니 헌법을 알아야 뒤통수 맞지 않는다. 그러나 중등교육의 현실은 입시를 위한 경쟁이 교육의 전부다. 헌법이란 과목도 없고 제대로 가르치지 않으면 제대로 배울 수도 없다.

어떤 헌법학자는 헌법이 우리나라에서 사람들의 삶에 영향을 주며 중시된 것이 1987년 현행 헌법 제정 이후라고 술회하였다. 즉 낙후된 경제, 국가 운영의 비전문성, 민주주의의 경험 부족 때문에 1948년 선진적인 민주주의 헌법을 만들었지만 제대로 지켜질 수 없었다는 것이다. 지금까지 우리 사회를 짓누르는 반공 이데올로기와 국가보안법은 헌법보다 상위법처럼 군림하였고 헌법은 장식물에 불과하였다. 헌법재판소가 출범한 1988년 이후 비로소 헌법이 최고 규범으로 사람들의 삶에 영향을 주기 시작했다. 심하게 말하면 1987년까지 헌법 부재의 시대였다.[109] 전에는 헌법의 내용을 알려면 서점이나 도서관에서 책을 사거나 빌려야 했다. 지금은 헌법과 헌법재판 판례, 각종 법률을 인터넷으로 검색해서 원문 전체를 읽을 수 있다. 기술의 발전 덕분에 헌법에 접근하기 쉬운 환경에서 살게 되었다. 마음만 먹으면 헌법은 멀리서 바라만 보는 유물이 아니라 우리의 친구나 동반자가 될 수 있다.

헌법 교육을 확대하기 위해 중학교와 고등학교 교과 과정에 헌법 수업을 추가해야 한다. 학생들로부터 외면당하지 않도록 헌법 과목을 수능 필수 과목으로 정하면 어떨까? 공무원 임용 시험에 헌법을 과목으로 넣으면 어떨까? 박근혜 정권에서는 공무원 면접시험에서 애국가를 4절까지 부를 수 있는지 시켜봤다고 한다. 차라리 헌법 암기 시

---

109) 강경선, 『헌법 전문 주해』, 에피스테메, 2017, 56~57쪽.

험이 공무원의 자질을 평가하는데 적절할 것이다. 공무원이 되면 헌법에 따라 법률이나 명령, 규칙 등을 제정해야 하고 헌법정신이 구현된 정책을 입안하고 실천해야 한다. 자영업자나 기업을 경영하는 사람, 노동자, 목회자들도 헌법을 알아야 노동 3권을 지키고 정교분리의 원칙을 따르고 정교일치의 전근대 시대에나 통할, 헌법을 어긴 막말을 하지 않을 것이다.

이 책에서 살펴본 것처럼 헌법을 통해 대한민국의 역사와 현실을 알 수 있다. 헌법은 그 나라의 정치, 경제, 사회의 기본을 규정한 원칙이기 때문이다. 단순하게 헌법 규정을 외우거나 분석하는 것만큼 헌법을 통해 인권과 민주주의뿐만 아니라 대한민국의 역사와 정치, 경제, 사회의 문제와 연결지어 가르치거나 배울 수 있다. 1948년 헌법('제헌헌법')의 전문을 공부하면, 대한민국이 1948년이 아닌 1919년에 세워졌음을 알 수 있다. 이명박·박근혜 정권에서 문제가 된 건국절 논쟁과 대한민국의 정체성 문제를 확실히 교육하고 배울 수 있다. 그러면 앞으로 건국절 논쟁이나 일제강점기를 미화한 주장은 설 자리를 잃을 것이다. 또 기본권에 해당하는 자유와 평등, 사생활의 자유(프라이버시권), 사회보장, 사회복지 등의 개념을 배울 수 있다. 책과 인터넷을 통해 우리나라뿐만 아니라 다른 나라의 사회보장과 사회복지가 어떻게 다른지 비교해 볼 수 있다. 또 해당 기본권이 어떻게 만들어졌는지를 거슬러 올라가면, 영국과 미국, 프랑스 등의 헌법 제정 과정과 시민혁명, 민주주의의 발전 과정을 배울 수 있다. 관심이 적은 세계사까지 배울 수 있다.

나아가 학생들과 공무원뿐만 아니라 모든 시민(국민)이 헌법을 읽고 외우고 배워야 한다. 헌법 조항이나 헌법재판소의 판결이 사람들의 삶에 영향을 주거나 바꾸기도 한다. 예컨대 과외 금지 위헌 판결이다. "법(학원의 설립·운영에 관한 법률) 제3조에 의하여 제한되는 기본권은 배우고자 하는 아동과 청소년의 인격의 자유로운 발현권, 가르치고자 하는 부모의 교육권, 과외교습을 하고자 하는 개인의 직업선택의 자유 및 행복추구권이다(헌재 2000. 4. 27일 자, 98헌마 429등)." 개인적으로 부모의 교육권과 개인의 직업선택의 자유, 행복추구권 못지않게 부모의 경제력에 따라 달라지는 교육의 평등이 중요하다고 생각하지만 당시에는 고려 대상이 되지 못했다. 요새는 개인교습보다 학원 수강이 많은데, 학원비 때문에 교육비가 많이 든다. 그래서 금수저와 흙수저란 자조적인 신조어가 나타났고 개천의 용을 멸종시켰다. 서울대에 입학시키기 위해선 "조부모의 경제력과 엄마의 정보력, 아빠의 무관심"이 필요하다는 말까지 나돌았다. 이러다 보니 교육비 때문에 아이를 적게 낳거나 아예 낳지 않는 저출산 현상이 생겨났다. 물론 저출산에는 육아의 책임과 경제적 부담을 개인에게 떠넘긴 사회 분위기, 일본보다 비싼 부동산 가격과 전·월세 비용, 정규직보다 비정규직이 많고 저임금에 시달리는 현실이 더 큰 영향을 끼쳤다. 만약 헌법재판소에서 과외 금지를 합헌으로 판결했다면 사회는 지금과 달라졌을 것이다. 대부분 시민(국민)들이 현행 헌

헌법은 밥이다 2

법 제34조 2항의 "국가는 사회보장·사회복지의 증진에 노력할 의무를 진다"라는 구절과 4항의 "국가는 노인과 청소년의 복지향상을 위한 정책을 실시할 의무를 진다"라는 구절을 잘 알고 있었다면 어땠을까? 복지를 마약처럼 금기시하고 복지라는 판도라의 문이 열리지 않길 바라는 이 나라의 지배층과 기득권층은 어떻게든지 복지를 막으려고 한다. 우리가 헌법 제34조 2항과 4항의 내용을 지키라고 하면 어떻게 될까? 헌법에 국가의 의무라고 규정된 사회보장과 사회복지의 실현을 더 이상 거부할 수 없을 것이다. 야당은 2018년 예산안 협상과정에서 대통령 선거 공약이었던 아동수당과 노인 기초연금에 필요한 예산안을 거부하였다. 2018년 지방선거 전에 아동수당과 노인 기초연금을 도입하면 자기 당의 선거에 악영향을 끼친다는 것이 속내다. 뿐만 아니라 문재인 대통령이 선거 공약으로 내걸었던 정책은 무조건 반대하였다. 나라가 망하든 시민(국민)이 가난에 허덕이든 관계없고 자신들의 재선에만 관심이 있는 선출직 공무원들(국회의원)을 우리는 국민의 '대표'라고 부른다. 의무교육을 무상으로 규정한 제31조 3항을 알고 국회에 중학교 혹은 고등학교 무료교육을 요구한다면? 소위 '국민의 대표'들은 유권자의 눈치를 볼 것이다. 그렇지 않다면? 다시 촛불을 들어야 할까?

헌법을 읽기 쉽게
써달라고
요구하자

헌법 교육과 대중화에는 정부의 의지뿐만 아니라 수용자인 시민의 배우려는 의지와 노력이 필요하다. 이와 함께 친숙하게 읽힐 수 있도록 헌법을 쉽게 써야 한다. 평균적인 교육을 받은 사람들이 헌법을 쉽게 읽고 이해할 수 있어야 한다. 유은혜 의원과 경향신문에 따르면, 현행 헌법에는 맞춤법과 표현의 오류가 234건이라고 한다.[110] 게다가 헌법과 법률, 재판의 판결문은 일상생활에서 잘 사용하지 않는 한자를 사용했고, 문장 호응이 되지 않는 만연체의 긴 문장으로 쓰여있다. 이를 일반 시민들이 사용하는 쉬운 단어와 문장으로 바꿔 달라고 하자. 헌법과 일상적으로 사용하는 용어가 다를 수 있다. 이에 대한 해설이 필요하다. 헌법을 종이나 책으로 만들면 이런 용어 해설은 각주로 처리해야 하지만 인터넷 환경에서는 해당 용어를 링크로 걸어두면 해당 개념을 쉽게 보고 이해할 수 있다. 현행 헌법의 '환경권'(제35조)은 주거나 생활 환경인지, 자연보호와 관련된 환경인지 해석이 모호하다. 헌법전문과 제4조에 등장한 '자유민주주의' 혹은 '자유주의적 질서'도 논란이 심한 불명확한 개념이다. 이를 구체적으로 풀이해서 링크로 걸어두면 어떨까?

---

110) 이효상 기자, 「헌법 조문 살펴보니…맞춤법·표현 등 오류 234건」, 『경향신문』 2018.01.08.

헌법은 밥이다 2

그리고 현행 헌법은 이미 공포되어 불가능하지만, 헌법을 개정할 때 모든 회의기록을 남겨야 한다. 어떤 헌법 조항을 왜, 어떻게 바꾸려고 했는지, 도입한 용어는 어떤 뜻인지 기록에 남겨야 헌법을 해석하는 헌법재판소와 판사, 변호사뿐만 아니라 일반인들도 해당 조항을 이해할 수 있다. 1948년부터 지금까지 존재한 10개의 헌법 가운데 1948년 헌법 제정 때에만 회의록과 속기록이 남아 있다. 또 헌법 초안을 쓴 유진오 박사가 헌법을 쓴 취지를 기록으로 남겼다. 이는 해당 용어를 이해하는 데 도움이 된다. '사회정의'의 예를 들어보자. 1948년에 제정되어 박정희가 쿠데타를 일으키기 전까지 제84조에는 "대한민국의 경제질서는 모든 국민에게 생활의 기본적 수요를 충족할 수 있게 하는 사회정의의 실현과 균형 있는 국민경제의 발전을 기함을 기본으로 삼는다. 각인의 경제상 자유는 이 한계 내에서 보장된다"라고 기록하였다. 여기에서 사용한 사회정의는 우리가 알고 있는 개념과 다르다.

"특히 제83조는 이 경제문제에 관한 우리나라의 기본원칙을 게양한 것입니다. 모든 사람의 경제상 자유를 인정하지마는, 그 경제상 자유는 사회정의의 실현과 균형 있는 국민경제의 발전이라는 그 두 가지 원칙 하에서 인정되는 것입니다. 사회정의라는 것은 대단히 막연한 것 같습니다마는, 이 조문에는 사회정의의 내용에 정의를 내리고 있습니다. 즉 모든 국민에게 생활의 기본적 수요를 충족살수 있게 하는 사회정의입니다. 자유경쟁을 원칙으로 하지마는 만일 일부 국민이 주리고 생활의 기본적 수요를 충족시키지 못한다고 하면, 그것을 광정한 한도에서 경제상의 자유는 마땅히 제한을 받을 것입니다. 우리 헌법은 그러므로 균등경제의 원칙을 기본정신으로 하고 있다고 말씀할 수가 있겠습니다. 다시 말씀하면 경제상의 약자를 다만 도와줄 뿐만 아니라, 국민경제의 전체에 관해서 균형있는 발전을 하는 것을 우리나라 경제의 기본정신으로 하는 것입니다. 국가적 필요로 보아서 어떠한 부문의 산업을 진흥시킬 필요가 있을 경우 또 국가적 필요로 보아서 어떤 산업을 제한할 필요가 있는 경우, 그러한 때에는 국가권력으로써 이 모든 문제에 관해서 조정을 할 것입니다. 대개 이러한 것이 경제에 관한 기본적 제 원칙이라고 말씀하겠습니다(유진오, 『대한민국헌법 제안 이유 설명』 중에서)."[111]

일반적인 사회정의는 일반인의 통념으로 판단한 올바른 사회적 윤리라는 뜻이다. 유진오 박사가 사용한 사회정의는 대한민국 국민이 기본적인 생활을 할 수 있는 상태라고 규정하였다. 윤리를 강조한 '사회정의'의 사전적 정의보다 경제적 측면이 더 강조되었다. 조금 더 적극적으로 해석하면, 국가가 사회보장과 사회복지을 실현할 의무를 규정한 현행 헌법 제34조 2항과 4항의 조항과 일치한다고 볼 수 있다. 그러나 유진오 박사가 일상적으로 사용하는 '사회정의' 개념과 다름을 기록하지 않았다면 우리는 1948년 헌법의 제84조의 사회정의를

---

111) 강경선, 『헌법 전문 주해』, 에피스테메, 2017, 200~201쪽에서 재인용.

사전적 의미로 잘못 해석했을 것이다. 앞으로 개헌하게 된다면 모든 회의록을 기록에 남기고 공공기록물로 출간하여 헌법을 이해하려는 사람들에게 공개해야 한다. 이는 헌법을 잘못 해석하는 것을 막기 위한 필수적인 장치이다. 그리고 헌법을 읽고 공부하며 연구하는 사람들에게도 필요한 자료와 지침서가 될 것이다.

헌법 가치의
실현

헌법을 실천하려면 먼저 헌법 조항들을 잘 알아야 한다. 2017년 3월 10일 헌법재판소의 탄핵판결 이후 대통령 보궐선거에서 문재인 후보가 당선되었다. 문재인 대통령은 전임 대통령의 실수를 거울삼아 국민(시민)과의 소통에 힘쓰고 있다. 미국 백악관을 본떠 청와대에 20만 명의 서명을 받은 청원에 청와대가 답변하는 제도를 도입하였다. 국민(시민)은 낙태(임신중절) 문제를 비롯한 다양한 청원을 한다. 필자도 청원에 서명해달라는 SNS 요청을 받는다. 최근에는 국민(시민)을 상대로 댓글 작업을 주도한 김관진 전 국방장관과 임관빈 전 국방부 정책실장이 구속되었다가 구속적부심 심사를 통해 석방되었다. 이 판결을 주도한 판사를 파면해달라는 청원도 있었다. 우리나라 사람들은 대통령을 전지전능한 권력자로 생각한다. 그래서 그 사람도 그런 청원을 했을 것이다. 헌법을 읽어 보면 대통령에게 판사를 파면할 권한이 없다. 판사는 임기가 보장되었고, 10년마다 재임용 심사를 하는데 그때가 판사를 자를 수 있는 '기회'이다(기준이 없다 보니 성범죄, 뇌물수수 행위를 저지른 판사들보다 SNS로 자신의 생각을 피력한 서기호 판사 등이 유탄을 맞는다). 그 권한은 대통령이 아닌 대법원장이 가진다. 박정희 정권 때 대통령이 무소불위의 권력을 행사하다 보니 헌법과 상관없이 대법원에 압력을 넣어 판사도 자를 수 있었다. 대법원장 위에 군림했으니 말이다. 그러다 보니 판사들이 순치되었다고 한다. 그러나 지금은 불가능하다. 이처럼 헌법을 제대로 알지 못하면 위헌에 가까워 답변하기 어려운 청원을 할 수도 있다.

헌법을 읽고 배우면서 시민 개개인이 헌법을 실천해야 한다. 헌법이 우리의 삶에 영향을 준다. 헌법은 밥이다. 그런데 이 나라의 지배층이나 기득권층은 헌법을 지키지 않거나 모르쇠로 일관한다. Part 3에서 정치인과 재벌, 기독교 목사들이 헌법을 무시하는 태도를 보였음을 살펴보았다. 우리도 헌법을 배우고 실천하면서 그들에게도 헌법을 지키도록 요구하자. 그리고 헌법을 무시하고 지키지 않는 태도가 습관이 된 그들을 늘 감시하자. 누구보다도 국민(시민)의 대표를 자처하며 국회의원 선거에서 당선된 후 헌법을 망각하고 반헌법적 언행을 일삼는 정치인들을 감시하자. 필자는 『헌법은 밥이다』 Part 5에서 국회의원을 견제할 수 있는 장치로 국회의원 임기를 2년으로 단축하거나 유권자의 성별, 나이, 거주 지역 등을 그대로 반영하여 추첨으로 뽑은 시민의회를 활용하는 대안을 제시하였다. 헌법 조항에는 있으나, 쩜쩜이 무시하는 국회의원 징계권을 시민의회가 장악하고 국회의원을 견제하면 유권자의 대표들은 제대로 일할 것이다.

헌법을 배우고 우리의 현실과 비교하면 많은 것을 깨닫게 된다. 미사여구의 학문과 법률 개념으로 포장된 '국민의 권리와 의무', 경제조항이 빛 좋은 개살구라는 사실을. 필자는 이 사실을 깨닫고 느낀 분노 때문에 이 사실을 알리기 위해 이 책을 쓰게 되었지만 말이다. 헌법과 법률, 혹은 현실사회가 다르다면 이를 일치시키는 노력을 해야 한다. 헌법에 맞게 법률을 바꾸거나 헌법의 이상과 정신에 맞는 정책과 제도, 법률을 만드는 방법이 있다. 전자의 예를 들면, 집회와 결사의 자유를 보장하기 위해 집회와 시위를 막는 경찰의 시행령은 없어지고 사실상 허가제인 신고제도 바뀌어야 한다. 새 개헌안을 만든 한 단체에서는 이를 명확히 한 조항을 넣었다. 후자의 예로 국가의 의무로 규정된 사회보장, 사회복지, 노인과 청소년의 복지 등의 실현이다. 반면 헌법이 현실 상황과 다르다면, 헌법을 바꿀 수도 있다. 제121조 경자유전의 원칙이다. 농사를 짓지 않는 도시 사람들이 투기 목적으로 땅을 사들인 부재지주가 된 지 오래되었다. 이들은 개발정보를 미리 입수하여 가격이 쌀 때 사들였다. 농민들은 땅이 없어서 남의 땅을 부치거나 자기 땅을 가지고 있더라도 더 넓은 농지에서 농사를 짓기 위해 남의 땅을 빌리기도 한다. 따라서 현실적으로 경자유전의 원칙은 지켜지지 않는다. 따라서 어떤 학자들은 이 조항을 없애야 한다고 주장하기도 한다. 어떤 경우든 헌법과 우리가 사는 현실이 일치되도록 노력해야 한다. 헌법의 정신에 맞도록 법률과 제도를 바꾸는 것이 이상적인 대안이다. 반대로 지켜지지 않는다면, 헌법 개정을 통해 바꾸거나 없애야 한다.

이와 함께 생활에서 민주주의와 인권, 자유, 평등 등 헌법정신을 실천해야 하지만 쉽지는 않다. 2016년 국정농단 청문회에서 삼성물산과 제일모직 합병에 찬성하라는 삼성의 압력을 밝혀 스타가 된 주진형 전 한화증권 사장은 『경제, 알아야 바꾼다』(메디치미디어, 2017)라는 책을 썼다. 이 책은 손혜원 의원과 주진형 전 사장이 팟캐스트 방송 '경제알바'에서 했던 이야기를 풀어낸 책이다. 이 책에서 가장 인상적인 부분은 직장 민주화다. 정부조직이나 회사는 직책에 따라 상하 서열이 정해져 있다. 그리고 상사는 부하직원에게 일방적으로 명령을 내린다. 헌법에 보장된 민주주의나 평등은 낄 자리가 없다. 정부나 회사에는 각종 위원회 등 합의 혹은 회의 기구가 있지만, 대개 위원장이나 목소리 큰 사람의 결정에 휘둘린다. 주진형 전 사장은 어떤 회사의 회의 풍습을 소개하였다. 임원들이 임원 후보자 자료를 보면서 품평을 했다. 이 사람은 임원감이야, 저 사람은 임원이 되어서는 안 돼. 그러나 사장이 들어와 일방적으로 임원 후보자를 골라내자 그들만의 품평은 전혀 반영되지 않았다. 이사들은 침묵했다. 사장의 말대로 모든 것이 정해지는 것이다. 사장 대신 장관이나 대학교 총장, 교장, 위원장, 팀장, 직장 상사를 집어넣어도 똑같은 현상이 벌

헌법은 밥이다 2

어진다. 유가사상의 장유유서 분위기에, 군부정권이 만든 권위적인 위계질서와 계급. 이런 것들이 직장과 사회의 민주화를 막는 걸림돌이다. 수백 년 이상 이어진 나이와 서열을 중시하는 장유유서 문화가 쉽게 바뀔 것 같지는 않다. 그렇다고 해서 현재의 상황을 그대로 둔다면 사회는 바뀌지 않을 것이다. 법률과 제도의 도움과 함께 실천을 통해 현장에서 민주주의와 인권이 실현되는 사회를 만들어야 한다.

기업이나 종교단체, 각종 조직도 형식적으로 민주적인 조직구조나 절차를 지니고 있다. 민주주의와 양립하기 어렵다는 자본주의의 꽃인 주식회사도 마찬가지다. 민주주의가 유권자 한 사람이 1표를 행사하는 1인 1표의 원칙을 택했다면, 주식회사는 1원 1표를 원칙으로 한다. 돈을 많이 가진 사람이 더 많은 영향력을 행사할 수 있다. 돈 많은 사람에게 유리한 구조지만, 1주라도 주식을 가진 주주는 주주총회를 통해 그들의 대표인 이사를 뽑을 의결권을 행사한다. 이론상 소액주주가 뭉치면 자신의 의사를 관철할 수 있다. 그 이사들이 모인 이사회가 국회와 행정부의 역할을 한다. 이사회와 회사를 감시하기 위해 감사가 있다. 이들이 서로 견제하면 주식회사는 불평등하지만, '민주적'으로 잘 굴러간다. 그러나 주식의 과반수도 가지지 않은, 심지어 5% 미만의 주식을 가지거나 주식을 아예 가지지 않은 주주가 회사의 주인으로 군림한다. 1억 원어치 주식을 가졌으면서 50억 원어치 주식의 의결권을 행사한다. 이사와 감사를 미리 내정하면 주주총회와 상관없이 임명하는 꼴이다. 심지어 회사의 법적 임원이 아니면서 '회장'이란 직함을 가지고 명령을 내린다. 그러다 보니 권한만 행사하고 책임지지 않는다.

세습 논란이 불거지는 교회의 담임목사도 마찬가지이다. 한국 교회의 다수를 차지하는 장로교(예수교 장로회와 기독교 장로회)와 기타 교파에서는 초대교회의 예를 따라 담임목사와 부목사들이 목회에 전념할 수 있도록 교회 사무를 처리하기 위해 집사와 장로를 둔다. 특히 장로들이 교회의 중요한 일을 결정하는 구조다. 그러나 일부 담임목사들이 자기 말을 잘 듣는 사람을 장로로 낙점하면 교인들의 형식적인 투표를 통해 확정된다. 담임목사의 말을 잘 듣는 장로들이 과반수의 표를 얻으면 국회 역할을 하는 장로회의는 국회처럼 거수기로 전락한다. 그러다 보니 담임목사가 장악한 장로회의와 교인 전체 회의를 통해 추대와 투표 등 형식적인 '민주적인 절차'로 아들을 후임 담임목사로 꽂을 수 있다. 사실상의 목사 세습이다.

아마도 1948년 이후 헌법과 법률보다 주먹이나 총칼이 잘 먹혔고 법률과 규정을 어겨도 된다는 사고방식이 우리 사회에 뿌리내렸다. "유전무죄, 무전유죄"는 법원뿐만 아니라 행정부와 국회의 정책 결정이나 입법과정에서도 통용되는 것처럼 보인다. 또 시간이 적게 걸리고 효율적이라는 이유로 법률이나 각종 규칙에 있는 민주적인 조직 구성과 절차도 무시하기 일쑤다. 그러다 보니 조직과 절차는 민주적이지만 비민주적이고 독재적으로 실행하고 집행하는 관행이 일상화되었다. 이런 것부터 고쳐야 헌법 가치인 민주주의를 일상생활에 뿌리내릴 수 있지 않을까?

정부 정책도 마찬가지다. 행정부에서 정책을 결정하거나 입안할
때 이해 당사자들의 의견을 듣지 않고 자기들 마음대로 한다. 형식적
으로 공청회를 하더라도 지지하는 사람들만 모아놓고 형식적으로 끝
낸다. 그러다 보니 마을 사람들의 의사를 묻지 않아 해군기지 건설을
둘러싼 강정마을의 비극이 생겼다. 미국의 입법과정을 보면, 의회의
해당 위원회가 청문회를 개최한다. 우리나라에는 국정조사 청문회만
있지만, 미국에는 입법 청문회, 인준 청문회, 심사 청문회, 조사 청문
회의 네 종류가 있다고 한다. 이 가운데 입법 청문회에서는 다양한 이
해관계를 가진 단체나 로비스트들이 모여 자신의 의견을 말하고 토
론한다.[112] 우리나라처럼 통법부 역할을 하는 일본에서는 공무원들
이 그나마 이해 당사자들의 의견을 잘 청취한다. 예전에 우리나라를
비난하는 『추한 한국인』이라는 책이 일본에서 인기를 끌었다. 한 재
일교포가 협박과 회유를 받고 썼다고 알려진 그 책에서 한국에는 화
(和)가 없다고 비난했다. '화합', '화해' 등 '화' 자가 들어간 단어가 있
는데도 '화(일본어로는 와)'가 없다는 주장을 이해할 수 없었지만 지
금은 이해가 간다. 자유무역협정(FTA)을 체결하지 않았던 일본은 미
국이 주도한 환태평양 경제 동반자 협정(TPP)에 가입하려고 했다.

---

112) Oleszek, Walter J, Congressional Procedures and the Policy Process, Washington, D.Cl: CQ Press,
    1966(국회사무처 의사국 옮김, 『미국의회 의사절차』, 국회사무처, 2000); 윤용희, 『현대 미국의회
    정치론』, 청림, 2006; 조지형, 『헌법에 비친 역사』, 푸른역사, 2007, 160쪽.

그래서 무역업자들과 농민, 어민 등 다양한 산업에 종사하는 사람들과 단체들의 의견을 청취하였다. 그들의 이해관계를 조절하고 이해를 구하고 피해를 최소화하는 데 몇 년이 걸렸다. 한미 FTA를 추진할 때 이 나라의 국회의원들도 내용을 몰랐다. 통상교섭본부는 원문조차 주지 않고 모니터로 보고 베끼라고 했다. 그리고 국회에 통과시켜 달라고 '협박'했다.

일상에서 민주주의가 생활화되지 않는 상황에서 헌법의 주요 가치인 '민주주의와 인권의 실천'을 외치는 것은 뜬구름 잡는 이야기라고 비판할 수 있다. 맞는 말이다. 헌법을 만드는 것도 사람이지만, 지키는 것도 사람이니까. 말은 쉽지만 실천은 어렵다. 일상생활에서 민주주의와 인권을 실천하고 싶어도 자신이 이해 당사자가 되면 태도가 돌변하기 쉽다. 조물주 위에 있다는 건물주가 착취하는 천문학적인 월세와 과당경쟁에 시달리는 자영업자가 되면 아르바이트를 하는 청소년 혹은 청년들에게 헌법과 법률이 보장한 최저임금, 노동시간 준수 등을 지키기가 어렵다. 대한민국 구성원 대대수가 민주적인 운영보다 학교와 군대, 회사에서 상명하달식 권위주의적 지시에 익숙한 것도 영향을 주었다. 이러한 상황에서 세 살 버릇 여든까지 간다는 속담처럼 민주주의와 인권을 일상생활에서 실천하기 쉽지 않다. 그렇다고 해도 포기해서는 안 된다. 늦더라도 헌법의 가치인 민주주의와 인권, 사회복지 등이 실현될 수 있도록 우리 모두 노력하고 지혜를 모아야 한다.

시민이 참여하는
개헌

시민들이 헌법에 익숙해지고 헌법에 규정된 자유와 평등, 인권, 사회적 기본권을 제대로 알고 실천한다면. 아울러 정치인들에게 헌법의 내용을 지키도록 끊임없이 요구하고 감시한다면, 대한민국은 지금보다 훨씬 민주주의가 실현되고 인권이 보장되며 시민들의 기본적인 삶이 보장되는 사회보장과 사회복지의 천국이 될 것이다. 헌법정신이 잘 구현되더라도 과학기술의 발전, 사회의 변화, 시민들의 의식 변화 등 여러 가지 이유로 새로운 인권이나 기본권을 요구하게 될 것이다. 가족, 동성 결혼, 동물권 등 일부는 벌써 헌법 개정 때 신설하기를 원하는 기본권이 되었다. 예컨대 결혼은 남성과 여성이 하는 의식 혹은 법적 절차였다. 보수적이고 완고한 미국 사회에서 동성연애자들의 요구와 투쟁의 결과 2013년 6월 연방대법원은 동성 간의 결혼을 헌법상의 권리로 인정한 판결을 내렸다. 그 결과 동성 결혼이 합법화되고 법적 가족 개념이 바뀌게 되었다. 1928년 미국의 대법관 브랜다이스(Louis Brandeis)가 처음으로 사용한 프라이버시권(right of privacy)은 본래 "혼자 있을 수 있는 권리"였다. 인터넷과 페이스북, 인스타그램, 트위터 등 SNS가 발전하면서 내 정보의 유출을 막을 수 있는 권리(개인정보통제권)도 포함하게 되었다. 자신이 잊고 싶은 사진이나 동영상, 글을 지워달라고 요구할 수 있는 상황이 되었다. 연애할 때 찍었던 누드 사진이나 섹스동영상을 헤어진 이후 올려 피해를 보는 여성들이 많아지자[이를 리벤지 포르노(revenge porno)라고 한다] 문재인 정부는 그 비용을 가해자에게 부담하도록 하는 조치를 취하기도 하였다. 개인 정보를 강조한 프라이버시권을 보장하기 위해 법률로 부족하면 헌법 조항에 추가할 수 있다. 현행 헌법 제37조 1항에는 "국민의 자유와 권리는 헌법에 열거되지 아니한 이유로 경시되지 아니한다"라고 하였다. 37조 이전에 나열하지 않은 자유와 권리도 헌법이 보장하지 않는 것이 아니라 보장한다는 뜻이다. 그러나 현실적으로 헌법에 규정되어 있지 않으면 헌법재판소 재판관이나 정치인들이 무시할 수 있다. 실제 헌법과 민주주의 선진국인 미국에서 대법원이 소득세 부과를 위헌으로 판결하자 헌법에 소득세 부과를 명시한 수정헌법 제16조를 통과시켰다. 그 후 소득세는 미국 시민들이 반드시 납부해야 하는 세금이 되었다. 당연히 소득세 부과가 위헌이라는 소송은 불가능하게 되었다. 부끄럽지만 박정희 정권은 군인과 경찰 등이 법률이 정한 소액의 보상만 받고 더 이상 국가에 배상을 청구하는 것을 금지하는 조항을 유신헌법에 넣었다. 베트남 전쟁에 참전한 군인들이 받지 못한 월급과 치료비 등을 청구하는 소송을 막기 위해 강제로 삽입한 참 나쁜 조항이다. 이런 예처럼 새로운 자유와 권리 혹은 기본권을 추가할 필요가 있다. 혹은 사회의 변화에 따라 기존의 정치제도를 바꿀 필요성이 있을 것이다. 이처럼 헌법의 일부 혹은 전부를 바꾸는 것을 개헌이라고 한다.

『헌법은 밥이다』Part 1 '씁쓸한 개헌의 역사'와 이 책의 Part 3 '그들이 지키지 않는 헌법'에서 살펴본 것처럼 9차례 개헌 가운데 대부분은 권력욕에 가득 찬 소수를 위한 개헌이었다. 의회를 협박하거나 다수당의 거수기를 이용해 헌법안을 국회에서 통과시킨 후 국민투표에 부쳤다. 현재까지 모든 국민투표가 부결된 적도 없었으니 헌법안은 쉽게 통과되었다. 심지어 헌법에 규정된 국회 통과마저 생략한 헌법들도 국민투표를 통해 정당성을 얻었다. 공교롭게 모두 쿠데타를 일으킨 군인들이 한 짓이다. 개헌에서 국민은 들러리에 불과했다. 다음에 헌법을 개정한다면 더 이상 시민들이 들러리 서는 일이 있어서는 안 된다. 헌법 규정을 바꾸어 일정 수 이상의 유권자가 헌법 개정을 발의할 수 있도록 해야 한다. 즉 시민들이 헌법 조항을 바꿀 권리를 주자는 것이다. 헌법학자와 인권 전문가, 정치인, 법률가도 아닌 시민들에게 헌법을 바꿀 권리를 주자고? 시민들은 헌법 전문가도 아닐뿐더러 명문대학을 나오지도 않았고, 이렇다 할 스펙도 없으며 아는 것도 없잖아? 그들은 그렇게 반론을 제기하며 역공할지도 모른다. 그렇다. 시민 한 사람 한 사람은 모든 것을 알고 현명한, 플라톤이 말하는 '철인'도 아니며, 될 수도 없다. 그러나 인터넷의 보급 이후, 특히 '촛불혁명'에서 경험했듯이, 집단지성의 위력은 대단하다. 서로의 토론과 소통, 비판, 협력을 통해 상식과 이치에 맞는 모범답안을 찾는 집단지성. 그 집단지성이 존재하는 한 시민 개인이나 일부가 아닌 다수가 집단지성의 힘으로 준비한 헌법 개정안이 일부 전문가나 지배층이 만드는 헌법 개정안보다 못할 까닭이 없다. 다수의 국민이 '중

우정치'에 빠져 잘못된 결정을 내리거나 잘못된 헌법을 만들 수 있다고? SKY로 상징되는 명문대나 법대, 경제학과 등 선망하는 학과를 나온 사람들이 국회의원의 다수를 차지하고 관료집단의 상층부를 차지했다고 해서 그들이 제대로 된 헌법이나 법률을 만들었을까? 소수의 엘리트들이 자신들의 이익과 사심으로 헌법과 법률을 망치고 대한민국의 정치와 경제를 위기로 몰아넣었던 적이 한두 번인가? 모든 정보가 열린 인터넷 시대에 그들만이 똑똑하다는 오만은 버리시라. 우리 시민 개개인은 부족할지 몰라도 시민이 뭉쳐서 만든 집단지성의 힘은 상식적이었고 합리적이었다. 앞으로도 그럴 것이다.

이와 함께 헌법 투표 방식도 바꿀 필요가 있다. 지금까지 헌법 개정안은 전체에 대해 찬반 의사를 묻도록 하여 투표하였다. 이런 방식으로 찬성과 반대를 결정하는 것은 불합리한 점이 있다. 대통령의 임기를 4년 중임으로 하고 순수 대통령제로 입안된 헌법 조항에는 동의한다고 해도 국민의 기본권과 경제조항이 마음에 들지 않을 수가 있다. 이 경우 찬성을 해야 할까 반대를 해야 할까? 대부분 울며 겨자 먹기로 찬성하거나 반대하는 양자택일밖에 없다. 김진애 전 의원이 김어준의 뉴스공장에 출연하여 밝힌 바에 따르면, 일부 국가는 개헌안을 국민투표에 부칠 때 바뀌거나 새로 추가된 조항별로 투표한다. 이 경우 자신이 마음에 드는 조항은 찬성, 싫어하는 조항을 반대할 수 있다. 선택의 폭을 늘리자는 것이다. 이렇게 되면 자신의 정치관, 경제 상황, 종교 등에 따라 자신이 원하는 조항을 골라서 투표할 수 있

헌법은 밥이다 2

어 헌법 개정에 더욱 관심을 가질 것이다. 예컨대 개헌안에 동성 결혼 합법 조항이 있다면 동성 결혼을 반대하는 유권자는 반대표를 던지면 된다. 이전의 개헌 국민투표처럼 개정 사항을 하나로 묶어서 찬반을 묻는 방식보다 개별 조항의 찬반을 묻는 방식이 시민의 의사를 더 잘 반영할 수 있을 것이다. 시민의 의사가 반영된 개헌안이 가능하지 않다면, 선택의 폭이라도 넓혀주자는 뜻이다.

헌법을 바꾸려고 하면 현재의 헌법을 잘 알아야 한다. 그리고 그 헌법이 제대로 실현되고 있는지 알아야 한다. 우리가 살고 있는 현실을 알아야 한다는 뜻이다. 그래야 헌법을 바꿔야 할지 헌법에 따라 법과 제도를 바꿔야 할지 판단하고 결정할 수 있을 것이다. 헌법은 밥이다. 우는 아이에게 떡 하나 더 준다고, 헌법의 권리를 그들에게 요구하자. 그 전에 헌법을 제대로 알고 실천하는 자세가 필요하다. 그리고 바꿔야 할 것은 바꾸려고 노력하자. 그렇지 않으면 우리는 밥을 눈앞에 놓고도 굶을 수밖에 없다.

1. 연구서·잡지

강경선, 『헌법 전문 주해』, 에피스테메, 2017

김진배, 『두 얼굴의 헌법』, 폴리티쿠스, 2013

다니엘 튜더, 『익숙한 절망 불편한 희망』, 문학동네, 2015

미 하원 국제관계위원회 국제기구소위원회, 『프레이저 보고서』, 레드북, 2014

박광주, 『한국 권위주의 국가론』, 인간사랑, 1992

박근호, 『박정희 경제 신화 해부』, 회화나무, 2017

박명림, 『한국 1950 전쟁과 평화』, 나남, 2002

박홍순, 『헌법의 발견』, 비아북, 2015

심용환, 『헌법의 상상력』, 사계절, 2017

윤용희, 『현대 미국의회 정치론』, 청림, 2006

정은정, 『대한민국 치킨전』, 따비, 2014

정창수, 이승주, 이상민, 이왕재, 『최순실과 예산 도둑들』, 답, 2016

정회철, 『기본강의 헌법』, 여산, 2011

조유진, 『헌법 사용 설명서』, 이학사, 2012

조지형, 『헌법에 비친 역사』, 푸른역사, 2007

차병직, 윤재왕, 윤지영, 『지금 다시, 헌법』, 로고폴리스, 2016

한국정치연구회사상분과, 『현대민주주의론』, 창작과비평사, 1992

함께하는시민행동,『헌법 다시 보기』, 창비, 2007

홍성방,『헌법학(상)』, 박영사, 2010

2. 신문

강동석 기자,「익산 지진, 할랄 사업 막는 하나님의 마지막 경고」,『뉴스앤조이』, 2015. 12. 25.

강희철·서영지 기자,「국정농단 수사팀-조사대상 검찰국장… '부적절한'만찬」,『한겨레신문』, 2017. 5. 15.

고나무 기자,「헌법 11조 파괴하는 국세청·기재부」,『한겨레 21』, 2011. 9. 20.

구교형 기자,「총리실 '민간인 불법사찰 사건'이란」,『경향신문』, 2012. 3. 5.

김교만 기자,「중·대선거구제 등 공약 구체화 연구」,『문화일보』, 2002. 12. 30.

김동욱 기자,「"개헌론 불씨 지필 때", 오세훈 의원 주장」,『한국경제신문』, 2001. 12. 24.

김새봄 기자,「가습기 살균제 사망 1,112명인데 징역 7년-"대한민국에 정의는 없다"-」,『뉴스타파』, 2017. 1. 6.

김선혜 기자,「오뚜기가 상속세 1,500억 낼 때 16억'밖에 안 낸 삼성 이재용」,『인사이트』, 2017. 1. 17.

김의겸·김창금·방준호 기자,「K스포츠 이사장은 최순실 단골 마사지 센터장」,『한겨레신문』 2016. 9. 20.

김진호 제3시대 그리스도교연구소 연구실장,「[사유와 성찰] 관건은 교회 재정의 투명한 공개다」,『경향신문』, 2017. 6. 2.

나현준 기자,「2,000만 원 이하 임대소득 비과세 2년 더 연장된다」,『매일경제신문』, 2016. 11. 30.

박성민 기자,「오뚜기 상속세에 놀랄 수밖에 없는 이유」,『재경일보』, 2017. 1. 17.

박성원·이종훈 기자,「한나라 "집권 때 전면 개헌 검토"」,『동아일보』, 2002. 5. 17.

송경화 기자,「'종교인 과세 2년 더 유예'총대 멘 김진표 국정기획위원장」,『한겨레신문』, 2017. 5. 26.

오승철,「자유민주적 기본질서, 그 베일을 벗겨라」,『한겨레신문』, 2011. 12. 1.

윤성민·최승욱 기자,「국회의원 41.5% 119명이 다주택자」,『국민일보』, 2018. 3. 29.

이동준 기자,「삼성·교보·한화 자살보험금 '꼼수'지급… 나흘 뒤 징계결정」,『세계일보』, 2017. 2. 19.

이상훈·유성열 기자,「'따뜻한 시장경제의 모델' 협동조합이 뜬다」,『동아일보』, 2012. 11. 12.

이혜리 기자,「'비선 실세 의혹'최순실 딸 SNS에 "돈도 실력… 니네 부모를 원망해"」,『경향신문』, 2016. 10. 19.

이효상 기자,「헌법 조문 살펴보니… 맞춤법·표현 등 오류 234건」,『경향신문』, 2018. 01. 08.

전병역 기자,「구멍 뚫린 월세 임대소득 과세, 전세난 키운다」,『경향신문』, 2016. 5. 7.

정동권 기자,「"靑 안종범 수석, 500억 모금 개입 의혹"」,『인터넷 조선일보』, 2016. 7. 27.

정연욱·이종훈 기자, 「선택 2002 D-10, 이회창 후보 회견- "비리 연루 땐 적극 퇴진"-」, 『동아일보』, 2002. 12. 8.

정창수 나라살림연구소장, 「대한민국 예산, 부패 삼각동맹의 먹잇감이 되다」, 『허핑턴포스트』, 2017. 1. 12.

정회성 기자, 「5·18헬기사격은 광주가 외롭게 저항했던 27일 새벽 이뤄졌다」, 『연합뉴스』, 2017. 5.

최승현 기자, 「종교인 과세, '순수 사례비'만 세금 매기나」, 『뉴스앤조이』, 2017. 11. 1.

최지숙·한재희 기자, 「'최순실 예산' 1조 4,000억 비정상 집행 겨눈 특검」, 『서울신문』, 2017. 1. 1.

허승 기자, 「다주택자 월세소득 연 20조… 18조는 세금 한 푼 안 내」, 『한겨레신문』, 2017. 7. 13.

황재하 기자, 「1년 음료 제공'행사해 놓고 1잔 준 스타벅스… 소송 졌다」, 『연합뉴스』, 2017. 5. 24.

3. 연구논문·정부간행물·자료집

국회예산정책처, 「지방자치단체 재정력 지표」, 『대한민국 재정 2018』, 2018

국회예산정책처, 「통합재정수입 현황」, 『대한민국 재정 2018』, 2018

국회예산정책처, 『2016 조세의 이해와 쟁점』, 2016

김동훈, 「한국 헌법과 공화주의」, 서울대학교 박사학위논문, 2010

김승대, 「헌법 개정과 남북한통일」, 『공법연구(39권 2호)』, 2010

김정현, 「이탈리아 헌법과 협동조합법제」, 『홍익법학(14권 1호)』, 2013

서주실, 「국무회의의 헌법상 지위」, 『고시계(통권 제432호)』, 1993

신용옥, 「대한민국 헌법 경제조항 개정안의 정치·경제적 환경과 그 성격」, 『한국근현대사연구 44집』, 2008

오연천, 「국회와 정부 간 재정 권한 배분의 합리적 조정 방안」, 『제헌 60주년 기념 학술 대회 자료집』, 대한민국국회, 2008

이기욱, 「미국의 종교 단체 과세제도」, 『조세학술논집』, 2010 한국사교과서집필자협의회 외, 「민주주의를 무시하고 졸속 교과서를 강요하는 교육과정 고시를 철회하라」, 2011년 개정 교육과정 고시 철회를 요구하는 역사학계, 역사교육계 성명서, 2011

행정안전부, 『2017년도 지방자치단체 통합재정개요』, 2017